U0565354

承志奋进　永立潮头

上海市行知实验中学
兴学陶师陶展行实风华实录

杨卫红◎主编

上海三联书店

图书在版编目(CIP)数据

26载：承志奋进　永立潮头：上海市行知实验中学兴学陶师陶展行实风华实录/杨卫红主编.—上海：上海三联书店，2019.10

ISBN 978-7-5426-6756-4

Ⅰ.①2…　Ⅱ.①杨…　Ⅲ.①中学－办学经验－上海　Ⅳ.①G637

中国版本图书馆CIP数据核字(2019)第176505号

26载：承志奋进　永立潮头

——上海市行知实验中学兴学陶师陶展行实风华实录

主　　编 / 杨卫红

责任编辑 / 方　舟
装帧设计 / 一本好书
监　　制 / 姚　军
责任校对 / 张大伟

出版发行 / 上海三联书店
(200030)中国上海市漕溪北路331号A座6楼
邮购电话 / 021-22895540
印　　刷 / 上海展强印刷有限公司

版　　次 / 2019年10月第1版
印　　次 / 2019年10月第1次印刷
开　　本 / 640×960　1/16
字　　数 / 265千字
印　　张 / 23.75
书　　号 / ISBN 978-7-5426-6756-4/G・1541
定　　价 / 78.00元

目录

第二章　学陶立人　培育“真人”

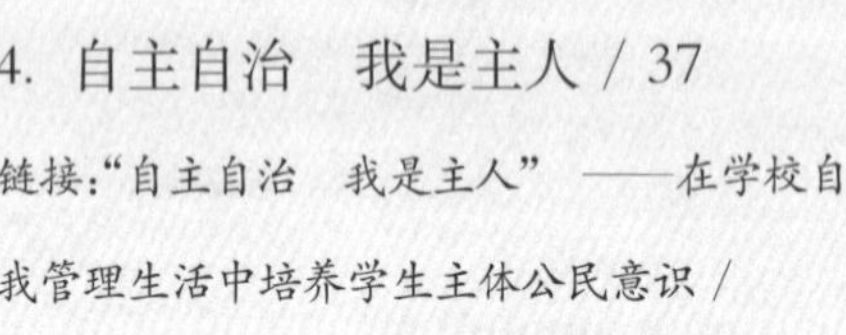

第三章　创新立业　特色凸显

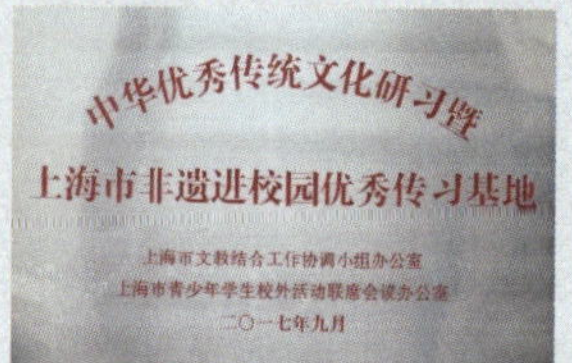

卷二　科研引领　求真创造

卷三　雪泥鸿爪　岁月流金

前　言

陶行知，中国现代史上一个传奇式的人物。他的横空出世，改写了中国传统社会的教育思想、教育理念；他的艰难探索，在当时的教育水潭中激起了一阵波澜；他的实践经历，孕育了影响后来人的教育思想。陶行知是现代平民教育思想的拓荒者，是培养“真人”学生的实践者，是既有鲜明观点与理论支撑又有实体办学实践验证的自成一家教育思想的开创者、集大成者。

时光转到20世纪90年代，在上海市宝山区大场地区，在陶行知先生当年迁校东移沪上的办校旧址上，上海市行知实验中学当之无愧地接过传承与弘扬陶行知教育思想的大旗，用自己的情怀、自己的智慧、自己的担当、自己的奋勇，不断开垦新时期学陶师陶的新“苗圃”，努力培育陶行知先生期望的新一代“真人”。行实人明白自己肩上的责任，知晓举旗践行陶行知教育思想对于保留这份独特珍贵的教育遗产、丰富宝山区教育元素多样化的重要意义，守望而又前行，笃信而又创新，26年致力于耕耘，终于迎来了一批丰硕的果实。

承担光荣使命不易，掷地有声更可贵。在曾经的“陶土”上办学是一种荣幸，有责任的担当、敢攀的勇气更是难得的品质。把传承当责任，把弘扬作使命；把育人当天职，把办学作奉献，是行实人的教育情怀。正是在这种情怀驱使下，行实人一步一个脚印，脚踏实地，忠实地传承、大力地弘扬，把陶行知教育思想的真谛再加以全新诠释，与新时

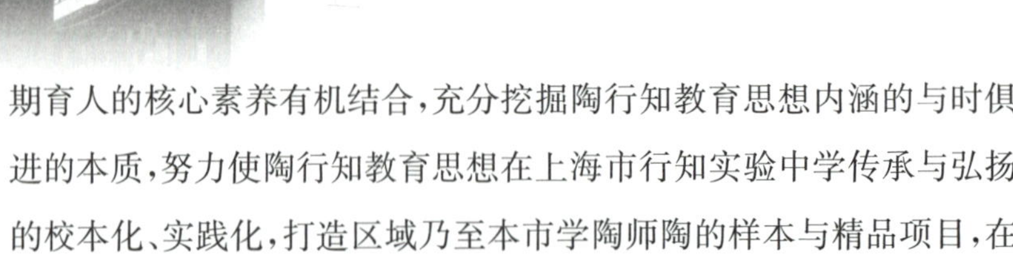

期育人的核心素养有机结合，充分挖掘陶行知教育思想内涵的与时俱进的本质，努力使陶行知教育思想在上海市行知实验中学传承与弘扬的校本化、实践化，打造区域乃至本市学陶师陶的样本与精品项目，在“陶源”旧址上焕发出兴陶新陶的光泽。

如果说把上海市行知实验中学的定名履新看作是一场赶考，那么时间是最好的见证人。26 年坚定而又沉着的步履，留下了行实人一个又一个的奋斗足迹，产生了具有陶行知教育思想本质内核的、又融入当今教育新要求、新元素的实践成果，在育人、教育教学、教师队伍建设等许多方面取得了诸多的成就，实现了与陶行知教育思想一次次的握手，使得陶行知教育思想在其故土上得以重发生机，后继有人。

在迎来上海市行知实验中学定名 26 周年之际，总结办学经验，回望过去成就，对于再启程、再远航具有节点上的转换意义。成绩只能证明过去，但是它能激励当下、鼓舞未来，给行实人以信心。把行实人历经四分之一世纪时光的学陶师陶成果展现出来，不仅仅是行实人对自己劳动成果的爱惜与尊重，而且是对陶行知及其教育思想传承与弘扬的回应。

时空，留下了行实人勤奋耕耘的痕迹；文字，则留下了行实人勇于实践的写照。

卷一

矢志不渝 砥砺奋进

第一章

传承立校 历练重塑

如同陶行知教育思想是不断丰富和完善的一样，陶行知办学实体也是由小变大、由简易变为现代、由漂泊不定变为校有居所的，并且在陶行知曾经办学的地方，如今都发展出了现代意义的学校。上海，作为陶行知生前最后的办学选址点，不仅其物理形态的空间格局得到了保护，而且陶行知的教育思想得到了空前的继承、研究、应用，上海市行知实验中学作为具有“嫡传”因子的特定学校，担负着传承弘扬陶行知教育思想的重任。

陶行知及其教育思想是根，行知实验中学就是这个根上的枝，根是生命，枝离开了根就会枯萎。传承陶行知教育思想是行知实验中学的生命、存在的价值。以传承为己任办好学校，是行知实验中学的天然职责。

行知实验中学不光因有着陶行知的名字而沾光，更应以陶行知名字命名而自豪，更应该在传承的基础上做出新和成绩来。到了行知实验中学接棒的这一茬，行实人做到了，行知实验中学办到了。

1. 历史沿革 发展壮大

陶行知教育思想及其陶先生本人的亲身办学实践，是我国现代教

育思想极其重要的组成部分，是至今还在熠熠闪光的宝贵“财富”。

陶行知教育思想和办学理念发端于20世纪初。自此起，陶先生致力于“生活即教育”“社会即学校”“教学做合一”的教育思想的实践，在进行了一系列的从教、办校、办社尝试后，于1939年在重庆创办育才学校，历经艰辛，备尝磨难，直至1946年7月25日在上海病逝。其间育才未辍，后来行知接力。陶先生的教育思想为一代代教育工作者薪火相传，愈燃愈旺。

（1）困苦坚守　矢志不渝（重庆育才中学1939—1947）

1939年陶行知在重庆创办育才学校，提倡创造教育，含辛茹苦为人民培育英才。

育才学校，是以生活教育理论中的创造思想为理念，以战争中难童为主要招收对象，以活动实践为教育途径的一所新型学校。这所学

古圣寺大门

假日的闲暇生活，钟老师说“请你讲”（摄于古圣寺）

1940 年，“氧气出来了！”自然组学生在做化学实验，左起吕长春，甘烈春，魏义成

校的培养目标是："引导学生团结起来做追求真理的小学生；团结起来做自觉觉人的小先生；团结起来做手脑双挥的小工人；团结起来做反抗侵略的小战士。"学校的教学是按照学生的特长和爱好展开的，设有社会、自然、文学、美术、音乐、戏剧、舞蹈 7 个组，专家任教，除学习专业外，也学习语文、数学、外语、体育等文化课。育才学校要求学生德、智、体、美全面发展，师生们关心时政，开展丰富多彩的政治、文娱、体育活动，并学习延安大生产运动，自己动手开荒种田。

（2）迁址再造　重心东移（上海育才学校 1947—1951）

1947 年 3 月，成立育才学校顾问委员会。同年 4 月，上海大场赵家花园主人赵竹林先生将自置赵家花园土地、房屋无偿赠与学校，解决了学校东迁上海的校舍问题。1947 年夏，由马侣贤校长率领，先是艺术组，后是自然组和社会组，分两批搭船东下。

育才学校旧址（大场）

教师、学生在四合院门口

育才学校内的四合院、广玉兰

（3）调整时期　平稳过渡（行知艺术学校 1951—1953）

1951 年 9 月，上海育才学校更名为上海市行知艺术学校，下设艺术部、师范部、中学部。后来，艺术部迁往梵皇渡路（今万航渡路）435

上海市行知艺术学校

1953 年上海市行知艺术学校艺术部、师范部师生合影

1951 年，上海市行知艺术学校学生跳苏联红军舞

号，中学部仍在大场。1952 年秋，艺术部师生并入本市相关艺术院校，原址又组建师范部。

1953 年 9 月，为纪念陶行知先生，中学部定名为上海市行知中学，马侣贤任校长。师范部发展为上海市艺术师范学校，励俊年任校长。

（4）开启行知　培育“陶子”（上海市行知中学 1953—1993）

这一阶段，是新中国成立后我国教育恢复发展时期。上海市行知中学在举办普通中等教育的同时，把陶行知的教育思想融入办学之路，为本地区经济社会发展提供了大量优秀的人才。学校 1978 年被批准为上海市 26 所市重点中学之一，2005 年被上海市教委批准为全市首批 28 所上海市实验性示范性高中之一。

上海市行知中学校门口

马侣贤校长在行知中学校门口

行知中学(前育才学校)建校四十周年庆祝大会

（5）旧址重建　行实起航（上海市行知实验中学 1993—至今）

根据宝山区教育改革发展需要，1993 年在原上海育才学校旧址上，挂牌组建上海市行知实验中学，旨在大力弘扬陶行知教育思想，进一步探索陶行知教育思想及其办学理念在当今实践的路子，为培养符合具有现代意识和国际视野的新型人才提供有益经验。

上海市行知实验中学校门（原国务委员　张劲夫题写校名）

行知育才旧院（育才学校办学旧址）

校园

2. 行实实践 屡创佳绩

26 年来，行实人不负众望，珍视嫡传，坚定信念，抱定宗旨，在丰厚底蕴的传承上，在赋予新意的开拓上，向区域各界交出了满意的答卷，在区域教育发展中发挥了行知实验中学的排头兵作用，确立了行知实验中学的"龙头"地位，同时也得到了相应的荣誉。

（1）理念锤炼 顶层架构

办学理念是在教育理念引导下的关于"办怎么样的学校"和"怎样办好学校"的深层思考与期望，是学校办学定位与走向的集中反映。行知实验中学于 1993 年 5 月 5 日在原育才学校旧址上重建命名，学校定名为"上海市行知实验中学"，一是为纪念伟大的人民教育家陶行知先生，二为标明本校办学宗旨在于继承陶行知先生教育思想并与当今形势结合以推进教育的现代化。基于这样的认识，随着学校学陶师陶的不断实践和发展，行知实验中学对办学理念进行了求变不离宗的探索，对办学理念的定位也更加精准。可以这样说，学校的每一个阶段的工作重心转移、每一项重大决策的出台，都是与办学理念的及时完善并在其引导下分不开的。在办学理念的梳理与确立上，行实人的认识是到位的，头脑是清醒的，效果是明显的。

通过梳理办学理念的嬗变过程，就能清晰地看出行实人在学陶师陶实践中的与时俱进的品格与不断自我加压的勇气。还原办学理念的完善过程，更能体会到行实人对办学理念进行顶层思考、精准表达的严谨办学态度。

办学理念的雏形阶段。 2005 年宝山区启动了区实验性示范性高中创建工作。为主动响应上级教育主管部门的工作部署，提升学校办学层次，办好老百姓家门口的好学校以更好地适应区域教育发展、满足区域百姓对优质教育的期望，2006 年初，学校制定了以“行知实验，实验行知”为主题思想的创建规划，应该说这一理念是行知实验中学办学探索初期朴实的想法，就是以实验为手段，探知陶行知教育思想与行知实验中学工作实际的契合，此时还没有轮廓出清晰的“靶心”，聚焦出关键的重点。

办学理念的发展阶段。 在摸索中前进，在实践中感知，在过程中提升。认识是实践的产物，理念是探索与思考的结晶。到了 2008 年，学校在已有发展的基础上，承前启后，磨合出新，提出了学校新的发展思路和有效模式，把“行知实验，实验行知”提升为“实验行知，求真创新”作为学校办学理念，并用来作为创建工作的主题思想。变换后的办学理念是基于这样的出发点：从学校自身特点和基础条件出发，坚持以求真创新精神培养为重点，努力构建符合校情的课程，注重持续

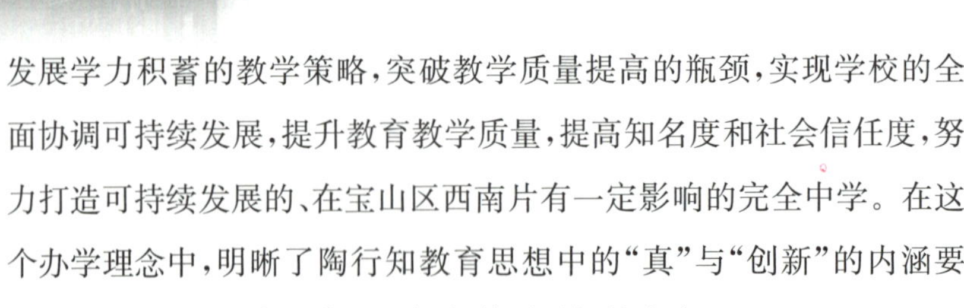

发展学力积蓄的教学策略，突破教学质量提高的瓶颈，实现学校的全面协调可持续发展，提升教育教学质量，提高知名度和社会信任度，努力打造可持续发展的、在宝山区西南片有一定影响的完全中学。在这个办学理念中，明晰了陶行知教育思想中的"真"与"创新"的内涵要求，点出了学校学陶师陶的目标与传承弘扬的内容。

在创建的过程中，学校深化了对办学理念的认识，进一步明确和丰富了"实验行知，求真创新"的内涵，努力将"知行合一"、"教学做"统一、"真人"教育、"创造"教育、"明师"策略等陶行知教育思想中的核心理论加以现代价值的解读诠释，并用以指导学校的创建工作，建构了"真人"教育德育工作体系、"明师"工程策略模式，在实施中取得显著成效，学校的育人环境逐步完善，发展规划预定的创建目标达成度较高，且在某些方面有所发展和创新，学校总体的发展态势良好。

办学理念的成熟阶段。 2011 年 12 月，依据区实验性示范性高中终结性评审专家组的意见及发展规划实施的体会，基于学校创始人陶行知先生《创造教育》理论在学校积极实践的现状，学校及时将"求真创新"凝练为"求真创造"，尽管是一字之差，反映的却是行实人把握陶行知教育思想的精准。

新的办学理念的意蕴为：

实验行知： 陶行知先生的教育思想博大精深，他明确提出"知行合一"、"教学做合一"的教育理论，主张"行是知之始，知是行之成"(《谈生活教育》)，"以行动始，以思考终；再以有思考之行动始，以更高级融会贯通之思考终；再由此而跃入真理之高峰"(《育才二周年前夜》)。毛泽东同志曾将陶行知的"知行合一"解读为："这在马克思主义讲来，就是理论与实践的统一，理论就是'知'，实践就是'行'。""他提倡生活教育，把教的学的做的都统一起来。"(《抗战教育与小学

教员》)

求真创造： 学校坚守陶行知的“千教万教教人求真，千学万学学做真人”的校训，把“真人教育”作为师生双向求真的教育目标。以课程为载体，培养和发展“求真创造”的学生、教师及管理者。将“明师策略”与“真人教育”相融共促，以真人育真人，以明师育真人。“求真创造”是践行陶行知“真人教育”育人目标的行动指南和价值追求。

通过学校对陶行知办学传统及其文化的逐步梳理，全校师生对办学理念的认识在不断升华，增强了学校加快发展的责任感和紧迫感，进一步转变了发展理念、完善了发展思路、创新了发展举措，同时也加快了自身的发展。

（2）校训基石　三风鼎立

办学理念的确立，为校训、校风、学风、师风内涵的奠定打下了基础。

① 校训的确立

校训是全体师生共同遵守的基本行为准则与道德规范，它是学校办学理念、治校精神的反映，是校风、学风、教风的集中表现，是学校灵魂的体现。

行知实验中学将校训确立为“千教万教教人求真，千学万学学做真人”，把陶行知教育本源、办学宗旨的经典原话直接作为校训，意在要求学校所有师生员工都应该恪守这一信条，作为自己从教、求学、工作的准则。校训中的“求真”、“学做真人”，已渗透到了学校各项工作中，成为行实人的信念。

② 三风的确立

一是校风：文明、团结、求真、进取。

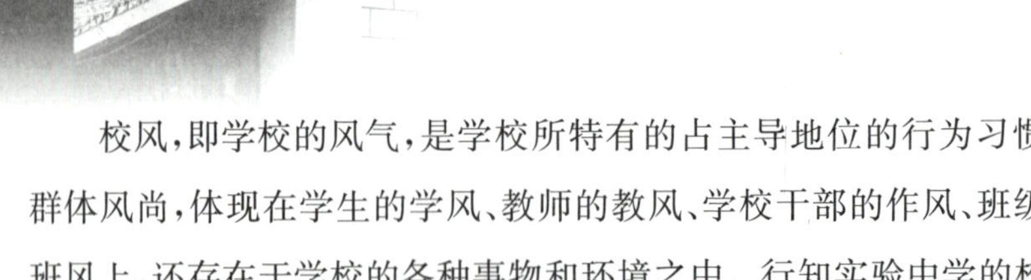

校风，即学校的风气，是学校所特有的占主导地位的行为习惯和群体风尚，体现在学生的学风、教师的教风、学校干部的作风、班级的班风上，还存在于学校的各种事物和环境之中。行知实验中学的校风彰显了全校上下要形成为求真创造而达成的良好风气的氛围。

二是学风：勤奋、善学、诚实、自律。

学风，是学校师生员工在治学精神、治学态度和治学方法等方面的风格，也是学校全体师生知、情、意、行在学习问题上的综合表现。狭义上是指学生在学习过程中所表现出来的学习态度和学习风气。行知实验中学的学风体现了全校师生要为践行陶行知教育思想而应形成自觉学习态度的境界。

三是教风：严谨、务实、敬业、奉献。

教风，是学校在教学精神、教学态度和教学方法等方面形成的长期的、稳定的教育教学风气，是教师队伍在道德、才学、作风、素养、治教等方面的集中反映。行知实验中学的教风体现了教育工作者应有的严以律己、为人师表、敬业奉献的风范。

校训与校风、学风、师风一起构成了学校浓郁的学陶师陶文化氛围，为全校师生学陶师陶提供了强大的精神支柱。

（3）三个目标　全面覆盖

在梳理、确立办学理念、校训和校风、学风、师风后，学校对办校的三个主要内容分别提出了目标，它们是：

学生培养目标——“行以求真，知以明理”。即培养学做自主发展、勇于创造的“真人”；乐做探求真知、追求真理的“真人”；爱做富有爱心、服务国家的“真人”；愿做知行统一、内外兼修的“真人”。

教师发展目标——成为“真人”，学做“明师”。即做明辨师德、明悉学智、明了教法、明达心态的“四明”教师。

学校管理目标——刚性的制度管理与柔性的人文渗透相结合，培养出一批有先进的教育理念和管理理念、能够主动筹划本部门工作、并能创造性地付诸实践的管理人员，提升管理队伍的整体素养，通过管理者的成长，进一步提升学校管理的整体水平。

在传承、弘扬陶行知教育思想的实践中，学校注重从顶层设计、架构具有引领性、指导性的理念与文化，明确办学思路、方向和目标，使工作与行动处于目的性明确、操作性强的可控状态，少走弯路甚至不走弯路。行知实验中学努力在做，而且做到了，做得很好。现在，一个办学理念、一个校训、三个风气（校风、学风、教风）构筑了行知实验中学学陶师陶的理念性、文化性的顶层整体架构，为学校学陶师陶不断取得新进展提供了思想与文化的保障。学生培养目标、教师发展目标、学校管理目标为学校发展方向和工作目的指明了路径。

（4）历载传创　荣誉翩至

学校历年被评为上海市文明单位、上海市中小学行为规范示范校、全国优秀陶研学校、上海市教育系统基层“五好关工委组织”、上海市校园体育“一校多品”创建试点学校、上海市优秀家长学校、全国地理科普教育基地、华东师范大学教育实习基地、上海体育学院教育实习基地、“十二·五”上海市家庭教育指导实验基地、“十一·五”上海市优秀家长学校、上海市花园单位、上海市安全文明校园、上海市红旗大队、上海市语言文字规范化示范校、上海市教育系统法制宣传教育先进学校、上海市金爱心集体、上海市青少年“明日科技之星”评选活动贡献奖、宝山区五星级行规示范校、宝山区国防民防教育工作先进集体、宝山区学校家庭教育指导工作示范校、宝山区随班就读先进单

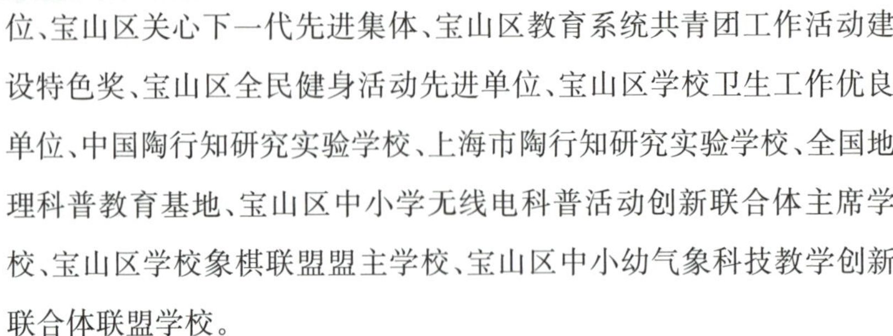

位、宝山区关心下一代先进集体、宝山区教育系统共青团工作活动建设特色奖、宝山区全民健身活动先进单位、宝山区学校卫生工作优良单位、中国陶行知研究实验学校、上海市陶行知研究实验学校、全国地理科普教育基地、宝山区中小学无线电科普活动创新联合体主席学校、宝山区学校象棋联盟盟主学校、宝山区中小幼气象科技教学创新联合体联盟学校。

（5）精练内功　影响在外

学校扎实开展学陶师陶活动，取得了阶段性的成绩。学校及时总结经验，经媒体宣传，向外界报道，其中有：

2012年，上海教育、上海教育电视台推介学校为大华地区"家门口的好学校"；

2013年，文汇报：《学生做"真人"　教师成"明师"——上海市行知实验中学"学陶正传"侧记》；

2014年，文汇报：《高中体育专项化教学改革渐入佳境——上海市行知实验中学优化体育工作探新路》；

2015年，午间体育新闻：《"行实醒狮队"参加2015年上海市民体育大联赛"荣泰杯"舞龙舞狮总决赛暨上海市第五届龙狮锦标赛活动》；

2016年，新华网：《纪念陶行知诞辰125周年清明纪念仪式在上海行知实验中学举行》、《端午节学生演绎舞龙嘉年华，上海市行知实验中学三夺桂冠》；

2017年，文汇报：《舞龙舞狮：舞出文化　舞出精神　舞出前程——上海市行知实验中学舞龙舞狮为市非遗进校园优秀传习基地》；

2018年，生活时尚频道、宝山电视台、《宝山报》报道：行知育才传薪火，师陶立德谱新篇——行知实验中学庆祝育才迁校71周年暨定名25周年。获评全国“行知式”好学校；

2019年，《中国教育报》报道：行知育才传薪火，师陶立德谱新篇——上海市行知实验中学以“行知精神”为引领涵育师生共筑特色校园。

荣誉来之不易，追求是最好的回馈。行知实验中学没有满足已经取得的成绩，也没有面对众多的奖励沾沾自喜，而是把成绩看作动力，把荣誉视为过去，不忘初心，继续大踏步地前行在学陶师陶的路上。

3. 环境营造　励志感人

“陶源”本色是行知实验中学得天独厚的不可再生的教育文化资源，也是学校环境文化中的最大亮点。以保护、利用好“行知育才旧院”为基点，发散出行知实验中学学陶师陶的校园环境文化气息，是学校环境营造的出发点。

（1）旧址原貌　重焕新姿

2011年，原育才学校校舍——“行知育才旧院”被批准为宝山区区级文物，并于2013年成功申报入选“上海市普教系统十大校园文化新景观”，迎来了学校学陶师陶文化建设的一大契机，提升了学校作为办学“真传”的“身价”，为师生开展陶行知教育思想寻根教育、感知学校发展历史的深厚渊源提供了真实生动的活教材。学校在相关的旧址室内外醒目处，挂有建筑物和文物的图解与文字说明，使师生及外来参观学习人员伫立在跟前就能目触讲解内容、了解旧址文物的来龙去

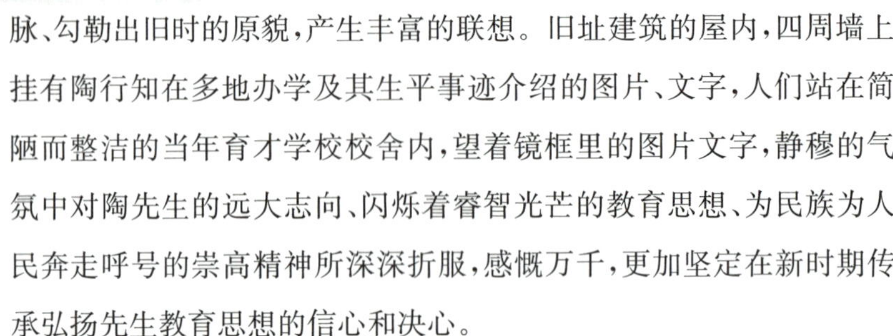

脉、勾勒出旧时的原貌，产生丰富的联想。旧址建筑的屋内，四周墙上挂有陶行知在多地办学及其生平事迹介绍的图片、文字，人们站在简陋而整洁的当年育才学校校舍内，望着镜框里的图片文字，静穆的气氛中对陶先生的远大志向、闪烁着睿智光芒的教育思想、为民族为人民奔走呼号的崇高精神所深深折服，感慨万千，更加坚定在新时期传承弘扬先生教育思想的信心和决心。

旧院门前的广玉兰、紫藤架、周围的地形样貌都置旧如旧，既庄重又朴实，很有当时办学环境的气息。

在保护、利用、宣传好"行知育才旧院"的同时，学校在校园大道的中轴线、旧院的后方处，矗立起了一座陶行知先生雕像，雕像上的陶先生目光炯炯有神，若有所思的神情，仿佛在与行实人嘘寒问暖，注视关心着行知实验中学的每一个发展举措、每一项工作动态、每一个非凡的成绩，先生为学校的每一滴进步而高兴，行实人为在学陶师陶征途上有先生一路相伴而自豪、踏实。

在旧院前方树木茂盛的花园内，立有一座重铸的育才铜钟，望着铜钟，不禁会使人想起当年随着清脆的钟声响起，育才师生闻其声而做其事，在钟声的敲鼓下，有条不紊地进行学习和工作。今天尽管都用上了现代化的电子设备来提醒师生的作息时间，但是铜钟的声音仍然回响在行实人的心间，催征行实人策马扬鞭，去夺取发展进程中的一个个隘口。

同在旧院前方树木茂盛的花园内，有两棵百年广玉兰古树，树杆粗壮，枝繁叶茂，是当年先生办学的见证者。如今，百年老树又在见证行实人的接力征程，用自己硕大的身躯庇荫行实人，在遇有困扰时站在树下静静思索，接受经过先生言传身教洗礼的古树的启示。

行知育才文物遗产弥足珍贵，留给后人启迪作用不可估量。行实人身在其中，更加明白保护、利用、宣传好文物遗产的重要意义，开放、宣传、举行仪式等活动就是最大的保护和利用，最大的价值开发。

重修行知育才旧院记（2011年4月）

行知育才旧院是陶行知先生手创的育才学校从渝迁沪后，育才学校校舍旧址中至今惟一得以完整留存的历史性建筑物。

一九四七年四月，育才学校秉陶行知先生遗志，迁来上海大场，此四合院即是育才诸位先生居住并工作的院落。四合院及门前的广玉兰树，见证了育才前贤前仆后继、承前启后、献身教育、培育人才的精神与事迹；见证了育才学校及由其发展而成的行知中学、行知实验中学践行陶行知先生生活教育、创造教育思想的办学印迹，以及在和谐平等的师生共同进取中获得成功的喜悦。此四合院作为陶行知先生及育才学校办学史迹的建筑本体，在现代教育史上有着重要的意义。

有鉴于此，行知实验中学为发扬校史精神，以激励本校师生践行并弘扬陶行知教育思想，激发爱国主义及民族精神，特对此历史建筑重加修葺，并为记。

宝山区区级文物保护单位

行知育才学校旧址

上海市宝山区人民政府
二〇一一年十一月九日 公布
上海市宝山区文化广播影视管理局 立

(2) 校园环境　充满“陶味”

在围绕旧院遗产开发保护宣传的同时，学校大力打造新的校园环境文化的生长点，力求做到旧院文物与新景相结合、陶行知教育思想与新时代的需求相融合，结合上海市花园单位建设，创建了宁静致远的求真园、启迪智慧的创造廊和行知廉政文化墙，彰显学校校园文化的“真”与“创造”的办学理念，与学校办学宗旨和办学特色形成呼应。

学校还创建有行实教育特色的环境文化。教学楼内，求真漂流书架、求真笑脸墙、行实书苑、知行话苑、知行长廊、行知箴言语录墙，浓郁的“行知”文化氛围润泽师生的心灵。

通过优化校园“一院”（行知育才旧院）、“一园”（求真园）、“一楼”（行实楼）、“一堂”（行知讲堂）、“一亭”（仰止亭）、“一廊”（创造廊）、“一墙”（行知文化墙）和相关的文化设施的文化环境，创建浓厚的学陶氛围，让校园的每一面墙、每一寸花草树木、亭台泉石，教室的每块黑板

行知育才旧院

行知讲堂

仰止亭

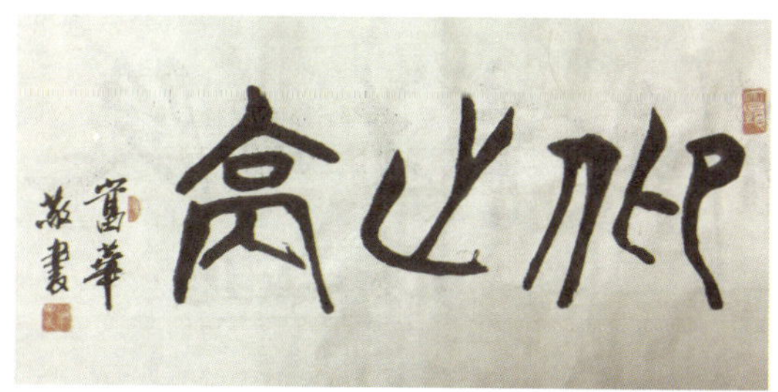

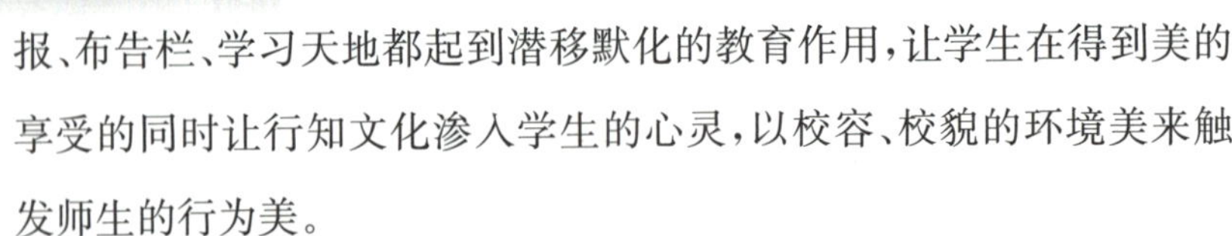

报、布告栏、学习天地都起到潜移默化的教育作用，让学生在得到美的享受的同时让行知文化渗入学生的心灵，以校容、校貌的环境美来触发师生的行为美。

4. 学陶资源 广为所用

陶行知教育思想从诞生至今已有数十年，产生了广泛而又深刻的影响，影响着一代代教育工作者前赴后继传承与弘扬，陶先生的人格魅力也为世人所称道、景仰，是立志把人生奉献给教育事业的广大教师的楷模。陶先生的学生才华出众、为人师表，陶先生的追随者满天下，陶先生举办的学堂、学校分布多地，这些都是学陶师陶的不可多得的极其宝贵的珍稀资源。学校在充分用好本校的“陶源”资源基础上，积极利用一切可以利用的陶先生资源，为学校的学陶师陶增添能量，让学陶师陶走出校门，走向社会，在资源共享、经验共学中提升学校学陶师陶的能级。

（1）本土资源 充分调用

作为一种历史的积淀，坐落于行知像旁的“行知育才旧院”无疑已成为学校独有的人文资源。2011 年，在维持和保护原貌的基础上，动

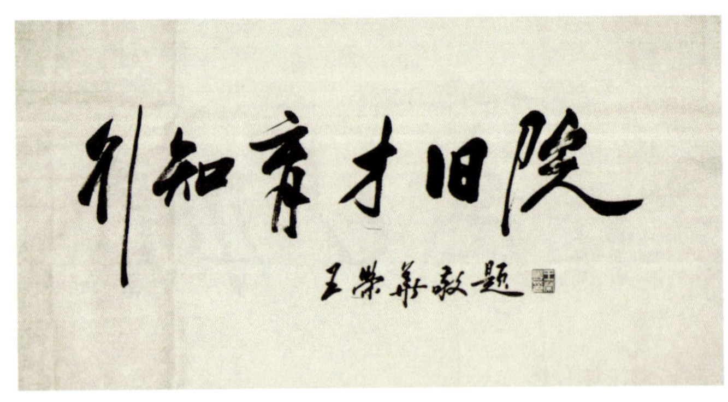

工重新修葺，由上海市第十届政协副主席、原上海市陶行知研究会会长王荣华亲笔题写院名，于 2011 年 11 月被批准立牌为“宝山区区级文物保护单位”，2013 年入选“上海市普教系统十大校园文化新景观”。

“行知育才旧院”成为对我校入校新生和新教师进行传统教育的独特教科书，是学校发扬行知精神，激励师生践行并弘扬陶行知教育思想的实践基地。每年在这里，师生共同追溯学校的发展历史、感悟陶行知的教育理念、展望学校的发展愿景。2017 年，“行知育才旧院”也被列入了“申城行走 · 人文情怀”上海市民人文行走自主创新型学习活动项目的“陶行知行走路线”的行走点。

2017 年 7 月 6 日：举行主题为“行读万里”上海市民人文行走——探寻行知教育之源

（2）社会资源　积极享用

在长期的合作过程中，学校拥有和形成了一大批师生道德实践基地，并与这些基地签订协议，组织共建活动。与上海市陶行知纪念馆共建，经常选派我们学校的“小陶子”接受培训学习，进行高中学生社会实践志愿服务；与南京陶行知纪念馆共建，每年高二学生进行南京爱国主义教育实践活动；与上海自然博物馆（上海科技馆分馆）合作共建，组织学生参观实践，开展研究性学习课题研究；与大场镇社会事务服务中心签约作为我校高中学生社会实践基地；每年高一、高二学生到崇明、东方绿舟基地开展军训、国防教育、学农社会实践活动；学校还和大华三村各社区居委、大华警署、宝山区交警一中队结对，拓展利用社区资源，开展学生社区实践活动，从而建立学校与社区双向参与、互动发展的机制，共创和谐校园。

（3）校友资源 珍惜使用

学校拥有丰富的校友资源，如参与编写《陶行知词典》的原中陶会常务理事、原上海市陶行知研究会副会长、育才校友吕长春；著名革命家、画家、把家安在了行知育才旧院边上的育才校友富华；上海音乐学院教授、博士研究生导师、育才校友黄白；陶行知教育思想研究学者、散文作家、行知校友叶良骏；著名音乐家王云阶之子、《三毛流浪记》中“三毛”扮演者、行知校友王龙基；原上海油画雕塑院副院长、中国美术家协会会员、上海城雕艺术委员会委员、行知校友赵志荣；各届行知育才校友等等。他们有的是著名的革命家、艺术家、教育家，也有的是杰出政府官员和企业家，这些校友资源是学校一笔宝贵的资源财富，更是陶行知教育思想和文化的传播者。学校积极开发利用好校友资源，如邀请校友为校歌谱曲、作词，为学生、教师开设讲座，结对人生导师、引领青年成长，为在校学生传播陶行知教育思想，激励学生做新时期的“真人”。

（4）陶研资源　友好参用

学校是中国陶行知研究会实验学校、上海市陶行知研究会实验学校，也是全国优秀陶研学校，与全国各地的陶行知纪念馆、陶行知研究实验学校、陶研专家学者有着密切的交流与合作，曾接待了中美友好协会肖云飞主席一行，山西太原师范学院教师、南京育才中学教师、中陶会中学专委会领导、全国各省市陶研实验学校师生的参观来访等，对学校传承发扬校史资源作了指导和建议。

5. 体育教改　提升能级

提高学生健康意识和运动水平，提升学校体育课程和活动能级，行知实验中学积极探索高中体育专项化教学改革，渐入佳境，走出了自己的新路。

（1）专项教改　体验评价

学校牢固树立"健康第一"的指导思想，坚持素质教育，多年来在体育工作中坚持学生全面发展和健康成长的教育理念，从抓学生健身意识养成、体育锻炼习惯入手，以阳光体育为重点，坚持健康素质教育同民族精神、生命教育相结合，使体育锻炼成为师生的自觉行为。

2012 年 11 月 30 日，上海市教委发布了《关于开展高中体育专项化教学改革试点的通知》，将在高中学校体育教学中开展以学生兴趣和技能水平为依据，打破传统年级、班级概念的分层次专项教学改革试点工作。

2013 年 2 月，通过一个学期的体验式教学之后，根据师资、场地设施情况和对学生的兴趣调查问卷，开设了篮球、武术、乒乓球、形

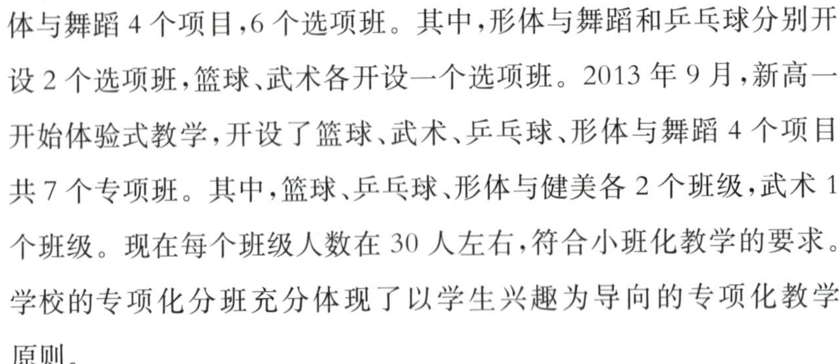

体与舞蹈4个项目，6个选项班。其中，形体与舞蹈和乒乓球分别开设2个选项班，篮球、武术各开设一个选项班。2013年9月，新高一开始体验式教学，开设了篮球、武术、乒乓球、形体与舞蹈4个项目共7个专项班。其中，篮球、乒乓球、形体与健美各2个班级，武术1个班级。现在每个班级人数在30人左右，符合小班化教学的要求。学校的专项化分班充分体现了以学生兴趣为导向的专项化教学原则。

同时，学校开展了乒乓球学习评价方法的实践研究。2012年学校对乒乓球学习评价方法进行研究，课题《上海市高中体育专项化改革背景下的乒乓球评价方法实践研究》被立项为上海市体育学科带头人课题。

高中体育专项化教学是一次革命性的改革，它在培养目标、组织形式等方面都有着巨大的改变，高中体育专项化教学不同于现有的选项化教学，也不同于大学的专业化教学，所以没有现成的学习评价方法。学习评价作为体育教学不可分割的一部分，在体育教学中具有诊断、反馈、激励等功能，而学习评价指标的选择和标准的高低直接影响到体育目标的达成和落实，建立一整套完整的学习评价体系，有利于充分发挥学生的潜能、调动学生的学习主动性和积极性。

体育学习评价是体育教学与管理的重要环节，根据高中体育专项化改革的要求提出乒乓球学习评价办法，为建立科学有效的上海市高中“体育教学专项化”乒乓球学习评价方法提供参考。为此，展开研究无疑具有重大的实用价值和现实意义。

根据高中体育专项化改革的要求，通过对专家的访谈和文献资料的整理，对参加试点学校的乒乓球学习评价方法进行调查与分析，以及体育教学的实证研究，学校初步设计出包括三个分级指标的学习评价指标体系。在这一基础上对学生的乒乓球运动水平进行等级评定，即对学生达到学习目标的程度进行判断与等级评定，从而达到激励学生学习积极性的目的。

另外，学校对校园运动员等级制度进行了探索。从2013年底起，学校在乒乓球的教学中，为了更加激发学生学习乒乓球的兴趣，任课教师对校园运动员等级制度进行了探索。该研究以上海市高中体育专项化改革试点学校为研究对象，在行动研究法的基础上综合运用文献资料法、调查研究法，对乒乓球校园运动员等级制度进行研究与探讨。根据上海市高中体育专项化改革指导意见的要求，结合专项化改革试点学校的乒乓球教学实际，旨在构建一个适合高中体育专项化乒乓球专项发展的乒乓球校园运动员等级制度。

在确定乒乓球专项技能指标和专项身体素质指标后，课题组跟踪测试了新中中学、行知实验中学、延安中学、城桥中学乒乓球专项班216名学生，将经过一个学年学习后的测试成绩作为参考，并结合乒乓球专项教师对各个等级人数百分比例、考核项目的调查结果，初步制定出了乒乓球校园乒乓球运动员等级标准。

校园等级制度主要以技术和身体素质为主，初步设想分为六个等级，由高到低依次为6、5、4、3、2、1级。前面三级的内容安排上考虑大多数学生的接受能力，设置了让学生经过自己的努力都能达到的动作。后三个等级有一定的难度，这样就避免了一些学生思想上的懈怠想法和情绪，引导学生向更高的目标追求。

校园运动员等级制度是对现有评价手段的一个很好的补充，无论从现有成果值得深入的创新点上看，还是从高中体育专项化背景下的学科教学的应用价值看，对乒乓球校园运动员等级制度的研究和实施，都有利于充分发挥学生的潜能，调动学生的学习主动性和积极性，对学生身体素质的提高、运动技能的掌握和终身体育观的形成都具有积极的促进作用。

（2）阳光体育　健康理念

在做好高中体育专项化课程教改的同时，学校开展阳光体育活动，确保学生每天一小时校内体育锻炼。

在体育活动课上，安排了丰富的体育活动内容，满足学生的不同需求，还成立了踢跳、篮球、乒乓球、健美操、武术、拉丁舞等社团。

在开展阳光体育活动中，始终注重“三个结合”：即培养学生个性优势与群众性相结合；趣味活动与竞技活动相结合；课内指导与课外活动相结合。经过一年多的努力，现在的校园绿草如茵，“阳光体育”如火如荼，变成了学生们欢乐的海洋。在阳光中，学生们尽情地投入到体育活动中去，将“健康第一”真正落到了实处。开齐、开足体育课，三课两操两活动，每天锻炼一小时。学生的身体素质大有提高，全校学生体育合格率90%以上。学校又获全国冬季长跑先进单位。

2011年6月20日，宝山区学校象棋联盟在学校成立，这是以大场陶行知教育思想实验区学校为主体，吸收区内外有志于中国象棋普及与提高的学校自愿加入的交互合作性组织。这一举措是宝山构建“运动项目联盟”区域推进中小学阳光体育的又一个探索实践。学校还筹建了第一、二届宝山区学校象棋联盟比赛，取得圆满成功。

学校被评为2007—2012全国亿万学生阳光体育冬季长跑活动“优秀学校”，荣获迎世博——上海200万学生阳光体育冬季长跑活动“优秀组织奖”。

链接

让体育为学生成长护航

杨卫红

人民教育家陶行知先生提出要培养“真人”。在我看来，真人，就是身体要健康，心理要通达，情趣要雅致，品质要高尚。

多年来，学校始终以陶行知教育思想为指针，突出真人培养的全面性，以体现办学的正确性和教育的务实性。

健康比什么都重要，因此“健康第一”在行知实验中学，既是办学的指导思想，也是育人的根本指针，更是教师的职责所在。在全面贯彻党的德智体全面发展的方针中，我们坚持不懈，我们坚定不移，我们坚守宗旨。素质教育的目的也在于学生的全面发展、科学发展和可持续发展。

同时，我们认为，体育运动不是单项的运动，体育的力量美要与艺术的表现美融为一体，实现体育与艺术的联姻，因为体育能带给学生的不仅是健康的身体，而且是心灵的美丽，以及生活的乐趣。

显然，在学校，健康高于一切，体育超出本身，我们要让学校体育工作、体育课程、体育活动，迸发出育人的正能量，让体育为学生成长护航。

第二章

学陶立人 培育“真人”

学陶，是学校传承、弘扬陶行知教育思想的主要方式；培育“真人”，是学校实践陶行知教育思想的根本任务。

学陶的目的就是像陶行知所说的“千教万教教人求真，千学万学学做真人”那样，探索培育“真人”在新时期的成长规律，通过参加各种项目活动，在实践中长身体、长见识、长思想、长知识、长技能，学习有用的东西，锻炼有效的方法，朝“真”的内涵要求靠近，使学生成为全面发展的、能为社会作贡献的未来主人。学校在学陶的方法与内容上，提炼出以项目为导向的培育“真人”机制，取得了很好的效果。

1. “真人教育” 育人目标

“真人教育”是陶行知教育思想中具有育人目标和育人途径的两重意义。作为育人目标，学校的教育是要把学生培养成为能够有自主意识、有自立于社会的生存能力、能够为社会做有用事情的人才。作为育人途径，就是应按照培养“真人”的目标要求组织教育教学，教会学生成长成才所必需的知识与技能。

（1）观点弥新　立意高远

随着新时期、新形势、新事物的飞速发展，“培养怎样的人”已成为当前教育界的热点话题。陶行知把自己的一生奉献于中国乡村及平民教育事业的发展，创立了许多精辟的教育新理论、新观点和新方法。其中他所提出的“千教万教教人求真，千学万学学做真人”，即“真人教育”，是陶行知一生所追求的德育目标。他认为德育的根本任务就是塑造“真人”，什么是真人？陶行知认为，做“真人”就是要做“人中人”，既不做“人上人”，也不做“人下人”。他对“人中人”作了这样的解释：“……我们的孩子们都是从老百姓中来……要以他们学得的东西贡献给整个国家民族，为整个国家民族谋幸福；他们是在世界中呼吸，要以他们学得的东西帮助改造世界，为整个人类谋利益。”

陶行知先生还认为，“教人做真人”就要实行全面培养，使学生成为“整个的人”。其中有三种要素：

（一）要有健康的身体——身体好，我们可以在物质的环境里站个稳固。诸君，要做一个八十岁的青年，可以担负很重要的责任，别做一个十八岁的老翁。

（二）要有独立的思想，要能虚心，要思想透彻，有判断是非的能力。

（三）要有独立的职业——要有独立的职业，为的是要生利。生利的人，自然可以得到社会的报酬。

可以看出，陶行知所提出的“真人”教育目标与我国 1995 年颁布的《教育法》所明确的“培养德、智、体等方面全面发展”的人才观完全相一致。因此陶行知先生所谓的“真人”就是德智体和谐发展的人，是

真善美的人，是说真话、办真事、求真知、为真理而奋斗的人，是充满爱心，为新生活、新社会积极创造的真正的大写的人。

同时陶行知的“真人”观与联合国教科文组织提出21世纪全世界教育的四大支柱：“学会认知”、“学会做事”、“学会共同生活”，“学会生存”的内容也有许多相通之处，而且随着时代的发展，陶行知的真人教育愈来愈显示出它宝贵的思想价值。

（2）真人教育　内涵凸显

行知实验中学对“真人教育”的理解角度为：结合当今时代的人才观，以及学校学生的特点，学校所理解的“真人教育”就是培养学生成为“行以求真，知以明理”、学会自主发展、具有创造和实践能力、服务国家和社会的时代大写“真人”。具体来说“真人”目标包括四方面内容：

第一，知：“追求真知”（求真知、明真理、会学习），即乐做探求真知、追求真理的真人；

第二，行：“品味真趣”（践真行、能创造、会生活），即学做自主发展、勇于创造的真人；

第三，意：“蕴育真心”（有真情、讲诚信、会服务），即爱做富有爱心、服务国家的真人；

第四：其最终目标是使学生愿做知行统一、内外兼修、真善美的时代真人。

这一“真人教育”的目标既体现了了知、行、意三环目标层层递进又密切结合，又把目标、方法和过程三者相统一。

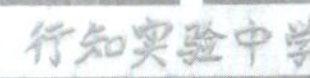

2. 项目导向　合力育人

培育“真人”，关键要看效果，方法与途径是取得预期效果的重要保证。学校采用做项目的方式，用连贯的项目衔接育人的阶梯，用项目的导向作用确保育人的效果。

（1）引入项目　创新方式

培养学生健康成长，其方式方法不能是单一或者是简单的，方式方法的选择、工作内容的确定，是培养有效度的关键点。以项目的形式，形成前后衔接、立体施教、合力育人的全方位的、连贯的活动开展方式，是行知实验中学培育“真人”的创新。

项目的设计，考虑到“真人”成长的各方面要素，由校内校外的、学生自主能力提升的、学生成长中需要指导的、创设实践环节的、关爱生命的人性关怀的、发挥家长作用的诸多环节等等，从而形成合力。

（2）过程可控　落实到位

其实，每一个项目都可以看作是模拟与仿真的实践环节，学校有计划、有内容、有检查、有考核，项目中的内容安排基本上都是结合学生在学校日常的学习和活动，而不是刻意安排与学生在校学习活动脱节的内容，这样就提供了培养“真人”的有效实践内容及其环节，让学生边学习边提高、边参与边感悟、边活动边收获，在经历一个轮次的仿真历练后，终有提升。

培育“真人”的过程要像“真”，这是陶行知倡导并力行的，也是行

知实验中学在实际开展中所追求的。

3. 学生导师　助力成长

项目一：以“助力成长——学生导师制”促德育队伍优化

建立以班主任为核心的全员导师制，落实“以人为本、全员育人、全面育人、全程育人”的德育工作目标，从而进一步促进学校德育队伍的优化。

一是探讨全员育人的方式方法：积极推进班主任和任课教师“一岗双责”制度的落实，关注学科德育渗透，充分挖掘所教学科中的思想道德内涵，有机地结合学科教学对学生进行思想教育，努力探索教书育人的内在规律，创新德育活动载体，全面开展德育工作，做到学生管理无死角，学生的事情时时有人问、事事有人管。

二是制定、完善《学生成长导师制》：“让所有的学生都有导师，让所有的老师都成为导师，让每个学生都有沟通和倾诉的良师益友”，践行“全员育人、全面育人、全程育人”的德育机制，转变教师教育、管理学生仅仅是班主任责任的偏见，充分体现教师的“教”与“育”的职能，引导任课教师协助班主任做好学生管理工作，帮助学生树立正确的世界观、人生观和价值观，形成健全的人格。

三是继续深化落实班主任培训、指导制度：有计划地开展班主任培训活动，通过学习、培训，帮助班主任树立全面、科学的育人观，掌握班级管理工作的理论与方法，提高班主任的管理能力和育人水平，促班主任专业发展，使班主任能切实承担起学生成长导师的作用。

四是健全全员管理的评价、奖励机制：印发《学生成长导师工作手册》，将导师的工作评价与定期检查记录、学生评价和学生的发展状况挂钩。建立全员育人、全员管理的评价机制，确保全员育人的德育工作目标落到实处。

4. 自主自治　我是主人

项目二：以“自主自治　我是主人——学生自我教育运行机制”促学生行为规范内化

学校创造性地开拓陶行知倡导的“小先生制”自治教育的内涵，通过创设“自主自治　我是主人——学生自我教育运行机制”，充分调动学生的积极性，使学生认识到自己是学校、班级的主人，从而自觉遵守行为规范，自觉维护规章制度，自觉履行岗位职责，自觉行使管理权力。

一是“班级日志”彰显自我意识：把实行班级日志与“值日班长制”相结合，即班级管理中，每学期初首先安排班干部每日做一天值日班长，全面负责处理日常事务，督促各岗位上的有关人员做好本职工作，最终要填好“班级日志”。

二是“岗位意向贴”凸显责任意识：班主任通过“班级岗位意向贴”的征集，鼓励学生创设各种为班级服务的岗位，如在班级中设立班级活动的开展、班团队干部会议的召开、班级环境的布置、黑板报的更新、班级卫生管理等班级日常工作岗位，岗位按需产生，自主申报、民主竞聘，集体考核。

三是“特色班规”促成自律意识：由学生通过民主协商讨论，抓住本班级的特点，制定班级奋斗目标、班风、班训、班级名片及合适的班级规章制度，形成班本文化，并且张贴在布告栏上。

链接

“自主自治　我是主人”

——在学校自我管理生活中培养学生主体公民意识

党的十八届四中全会明确提出了“建设中国特色社会主义法治体系，建设社会主义法治国家”的总目标。全面推进依法治国是国家治理的基本方略，而依法治校作为依法治国的重要组成部分，是推进依法治国的重要途径和有力手段，是在教育领域的法治实践和法治创新。在教育部颁发的《全面推进依法治校实施纲要》总体要求中指出：“要加强学生公民意识教育，培养社会主义合格公民。”同时还强调：“要切实落实学生主体地位，大力提高自律意识，依法落实和保障学生的知情权、参与权、表达权和监督权。”面对我国正处在经济体制改革、社会转型时期，培养学生现代公民意识，特别是作为社会主义中国公民的主体意识已成为社会政治文明发展的需要。然而纵观当前学生公民主体意识缺失，他们对公共事务或冷漠、或偏激，对公民权利和义务要求失衡、往往不够自主、自律、合作等等；同时在学校管理中由于应试教育的弊端，仍存在不尊重学生主体意识的做法，如不尊重学生的选择权利，不尊重学生的自主权等，可见，这些现象都严重阻碍了学校依法治校的进程。如何营造自由平等公正法治的育人环境，从而培养学生公民主体意识，已成为摆在我们德育工作者面前的难题。

作为一所由陶行知先生亲手创办的原育才旧址改建的完全中

学，我们创造性地借鉴陶行知“生活教育”理论，深刻认识到学生公民主体意识的培养仅仅靠“说教”式的思想灌输是远远不行的，因为“德育只有通过生活才能发出力量而成为真正的教育”，真实有效的德育必须走进学生的生活世界，必须从生活出发、在生活中进行并回到生活。为此学校变“知识”德育为“体验”德育，通过引入德育生活源泉，以生活为媒介和载体，着力先从做班级的主人、做学校的主人意识开始培养，积极在学校创设各种学生自主参与、主动构建和多向互动的政治公共生活（如公共程序设置、公共契约制订、公共岗位设立、公共活动参与、公共舆论建立等），确立了各年段公民主体意识培育目标（预初年段的感知公民身份，渗透公民主体意识；初二、初三年段的体验公民生活，积累公民主体意识；高中年段的关注民主表达，拓展公民生活，形成公民主体意识），努力营造自由平等公正法治的育人环境，使学生在学校自我管理生活中其公民主体意识逐渐得以内化形成。

一、“我的班级我做主”

所谓公民的主体意识，即明确认识到自己是一个公民，而不是一臣民；是社会政治生活和公共生活的主体，而不是无足轻重的客体；自己是作为一个有独立意识和独立地位的政治权利主体加入到社会政治关系和政治程序中的。班级是学校教育的基层单位，是学生校园公共生活的重要场所，班集体中的公共岗位是学生履行义务、行使权力的重要平台，也是落实学生公民主体意识的最基础单位。

“小先生制”是陶行知倡导的自治教育，即“养成学生自己管理

自己的能力”，“学生自治，不是自由行动，而是共同治理，不是打消规则，而是大家立法守法”。它充分调动学生的积极性，使学生认识到自己是班级的主人，从而自觉遵守行为规范，自觉维护规章制度，自觉履行班级职责，自觉行使管理权力。为此学校鼓励各个班级将“自主自律”作为指导思想，进行班级自主管理创新，以推行“小先生制”为突破口，实现班级学生民主“自治”的教育目的，逐步达到培育学生公民自我意识、责任意识、自律意识和自主意识。

1.“班级日志”彰显自我意识

如何使学生在亲自参与班级管理过程中，体会到自己是班级的主人，是不可或缺的一员？班级日志是实现学生自我意识觉醒的有效途径，它由学生自主对班级日常事务进行管理和记录，能充分发挥每个学生的能动作用，激发学生自主管理的激情。我们把实行班级日志与“值日班长制”相结合，即班级管理中，每学期初首先安排班干部每日做一天值日班长，全面负责处理日常事务，此后再按学号轮流，人人要当一天班长。值日班长的主要职责是：维持当天的课堂纪律和两操情况，统计作业完成情况，督促各岗位上的有关人员做好本职工作，最终要填好“班级日志”。“班级日志”主要由“班级事务”、“表扬栏”、“批评栏”“值日心得与体会”四个栏目组成。“班级事务”一栏要求真实地记下班内学生当天的学习、思想、卫生状况等；“表扬栏”、“批评栏”要把当天学生中的好人好事或存在问题客观公正地记载下来；“值日心得与体会”一栏值日生可以把值日过程中的感想写下来，可以针对班级情况提出自己的见解，还可以把自己发现到的班级问题提出来供大家一起讨论。

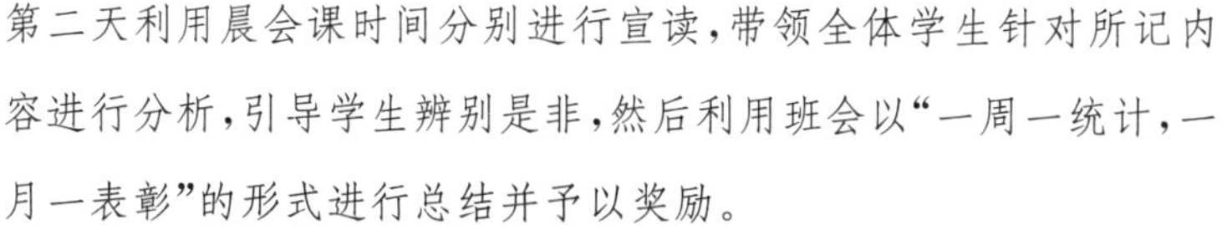

第二天利用晨会课时间分别进行宣读，带领全体学生针对所记内容进行分析，引导学生辨别是非，然后利用班会以“一周一统计，一月一表彰”的形式进行总结并予以奖励。

通过“班级日志”和“值日班长制”这一举措，有效地使学生在亲自参与班级管理过程中，体会到自己是班级不可或缺的一员，获得体验道德准则的一种方式。班级每位学生感受到自己既是干部，又是群众；既是管理者，又是被管理者；既督促他人的行为，也被他人督促遵守行为规范。学生公民的自我意识在潜移默化中得到培养。

2. “岗位意向贴”凸显责任意识

公民主体意识中的重要内容之一是公民的责任意识，即意识到自己对他人、社会和国家负有公民的义务和责任。因此，公民一方面要承担起法定义务和道德义务；另一方面，要对自己的选择负责，不逃避和推卸由于自己的过错而应该承担的法律责任和道德责任。在班级管理中，我们实行“人人岗位责任制”，使人人成为班级的管理者，使每个学生都在集体中负一定的责任。班主任通过“班级岗位意向贴”的征集，鼓励学生创设各种为班级服务的岗位，如在班级中设立班级活动的开展、班团队干部会议的召开、班级环境的布置、黑板报的更新、班级卫生管理等班级日常工作岗位，岗位按需产生，自主申报、民主竞聘，集体考核。

实行“班级岗位意向贴”，使每个学生在班级内都有一份明确的职责，为每一个学生创设展示了自我才华的平台，让他们各负其责，各尽所长，都成为班级的主人翁，班级的荣辱与集体每个成员息息相关，人人都愿意为班级添砖加瓦。

3. “特色班规”促成自律意识

通常情况下许多学校班级制定的班级公约大多由老师控制，更多倾向于学生应遵守的义务，而忽略了其应享有的权利，因此学生往往感受到班级规章制度是“要我遵守”，而非“我要遵守”，因而缺乏自律意识。明晰了症结所在，我校开展了“特色班规”的制定活动，充分发挥学生的主体性。各班根据自己班级的特点建立合适、富有民主特色的班规，从而做到“我的班规我遵守”。各班在制定班规的时候，班主任放手把主动权交给学生，经过民主协商，征求广大学生的意见，抓住本班级的特点，制定班级奋斗目标、班风、班训、班级名片及合适的班级规章制度，形成班本文化，并且张贴在布告栏上。由于班规主要由学生自己制定的，因而作为班规执行者的学生就会根据班规的要求规范自己的言行，自觉的知道哪些该做，哪些不该做，它有助于学生规范自己的行为，尤其是自律意识的形成。

4. “主题班会”发挥自主意识

班会是班级活动中最喜闻乐见的一种形式，它是沟通师生、生生心灵、展示学生才华、充分发挥学生自主性的有效途径。为此，学校在每周各班级召开主题班会中充分调动学生自主性，通过“自主选择，主动参与——独立自主，自我教育——自我反省，锻造升华”三个活动过程，满足学生的需求，培养学生在班级中的主体意识。例如开学初，班主任在班级发动全体学生为安排好本学期的班会献计献策，提出各次班会的题目、内容、形式、要求、实施大体措施，再根据学生的意见与建议，由班干部收集整理制定出本学期的班会活动计划，班长发动全班学生个人申报各次班会的设计者、编导者、执行者、主持者等。为了全班同学都能主动参与，班主任与班长以及班委会成员共同讨论、协调大家的申报，合理安排，让个个都有主动组织班会的机会。这样，学生能根据自己的需要、愿望和爱好自主选择适合自身的班会教育，从而达到发展学生自主性的目的。

二、“我的学校我做主”

公民的主体意识主要包括自我意识、权利意识、参与意识、平等意识、责任观念和理性精神等方面。在班级公共生活中，我们着重通过创设自主、主动构建的政治公共生活来培育学生的公民自我意识、责任意识、自律意识和自主意识；而在学校这一更大的公共生活中，更关注的是营造多向互动、公正法治、自由平等的教育环境，进一步增强学生的参与意识、权利意识、平等意识、法制意识等公民主体意识。

在学校层面成立了由学生会、团委、大队部、社团、志愿者为主体的自我教育管理委员会这一学生组织。为了使这一组织真正有活力、有生命力、有吸引力，更好地引导学生积极参与到学校的教育管理工作中，把生活、教育、教学的主动权逐步交给了学生。

1. 参与民主选举

学代会、少代会每年都要举行公开换届选举，由学生会、少先队发起海报倡议，在全校招募成员。然后通过自荐、笔试、面试，最后进行公开竞争演说，并以直播演讲视频的方式向全校同学展示自己的个性和风采，全校学生公开投票选举，选举结果公布在公告栏上，接受全校学生的监督。整个学代会、少代会的选举流程正式、

庄重，从竞选、投票、唱票的全过程都在每个人的参与中完成，表现出极大的透明度，使每个学生都有当家作主的感觉。通过在校园中创设这一政治生活情境，从中学时代就培养学生慎重对待民主选举，行使公民的权利和义务，培育学生的公民权利意识。

2. 参与章程制定

学生会、团委、大队部、社团、志愿者的活动计划、章程都在听取广大学生的意见和建议后由学生起草制定，交由学代会、少代会修改、表决通过，让学生参与章程、计划的制定，更能激发学生自主参与学校管理的意识。

3. 参与听证会

学校凡要制定和实施涉及学生切身利益相关的规定时召开学生听证会。在执行校纪、校规时，学生若有质疑的，可依规定程序，提请学生听证委员会召开听证会。通过委员会和学校审议的听证决定和结论，及时在校园内向师生公示。

学校每半学期召开一次“听证会”，比如学生的意见和建议常常会涉及到食堂、手机携带、体育馆利用和自主学习时间安排等方方面面。通过推行“学生听证会制度”，真正做到了尊重学生，学生作为校园主人，有了表达心声的渠道，更加愿意参与学校管理。

4. 参与德育活动策划

学生自我管理委员会委员参加学校的全体教师会议、德育会议、文化艺术节、体育健康节、科技节等重大德育活动的筹备会。学校创造条件，把学生一些重大德育活动规划与实施，尽可能的交给学生自管会成员进行策划，并广泛征求学生们的意见，充分显示我校学生的自主权。在平时学生会、少代会日常工作中，学期规划、纳新活动、例会探讨、期末总结等日益走向规范化，通过“部门活动计划让学生订、活动管理形式让学生选、活动管理效果让学生查、部门活动总结让学生做”，促使学生参与学校管理意识不断提高。

社团活动是实施素质教育的重要途径和有效方式，是新形势下凝聚学生、培养学生自主参与意识、开展思想政治教育工作的有效动员方式。学校社团的运行充分体现了“学生自主参与社团的建设和管理”的原则，例如“小陶子”社团是学校的特色社团，其社团徽章是由大队委员庞羽雁所设计的，由一个图案、一个中文字和 4 个英文字母组成，所蕴含的意思是：由少先队们组成的，以陶行知生平事迹讲解介绍为主要特色的讲解员红领巾社团。他们自主建立了社团的工作条例，自主选举设立了组织机构，并自主选择大队辅导员韩茜老师作为社团的指导老师。在社团吸纳新成员时，采取的是自愿报名、综合评比、晋级加星自主管理的模式，在为行知育才旧院和陶行知纪念馆讲解的同时还自主联系周边的社区、学校进行义务讲解，每次活动之后都向团委上交详细准确的活动记录。

在陶行知“生活教育”的教育思想理论指引下，学校通过生活德育的方式，有目的、有意识地重构班级、学校公共生活，改变学生的公民成长环境，搭建公民成长平台，提供各种公民成长活动，如今“自主自治，我是主人”已成为我校学生响亮的口号，

学生的公民主体意识逐步得以形成和内化，其成效体现在：

我与自己——主体意识的强化：学生开始对于自己在公共生活中主体角色有了明确认识，对自我依法民主参与公共生活能力的习得，对自身在公共活动中实现的价值有了正向判断。无论是

日常的自我管理，还是课堂的自主参与，还是学校活动的主体，学生能意识到“我是自己的主人，自己对自己负责”，能做到“自己的事情自己做”。

我与他人——责任意识的形成：通过公共生活实践让学生明确自己在班级、学校各个部门、环节所担当的责任，并为学生开辟履行责任的机会，使学生具备履行职责的能力，并将责任感内化为个人品格。

我与社会——民主参与意识的深化：在学校公共生活中所模拟的各类民主选举参与、学校自主管理委员会体验、提案活动策划的撰写等政治生活情境，逐步帮助学生树立起民主参与公共生活的意识，我们经常听到“学校是大家的，我有权参与”“我不赞同你的观点，但我尊重你表达的权利”这些已经成为学生中的热词。我校学生乐于自主管理、乐于参与社会活动，乐于关心国家大事，受到了社会各界的广泛赞誉。

5. 生命教育　和谐发展

项目三：以“生命境界真善美——生命教育校本课程开发”促学生个体生命的和谐发展

在当前生命教育高度关注的时代，充分挖掘教育资源，努力构建具有校本特色的生命教育课程，是我校德育不断思考和探索的命题。学校将着力探索陶行知教育思想与生命教育的相融点、切合点、生长点，从整体规划、架构和完善以“一种课程理念，两大共存世界，三个维度架构”为主体的生命教育课程体系，从而全面、系统地引导学生善待生命，帮助学生完善人格、健康成长。

一种课程理念：追求“真、善、美”和谐发展的全人教育。

两大共存世界：建构课程中的生命科学世界和生活意义世界。

三个维度架构：完善课程教育目标、内容和实施的框架体系。横向维度上，确立生命教育的四个向度（生命与自我、生命与他人、生命与社会、生命与自然）；纵向维度上凸显“认知、感悟、提升”三个层次目标；块面层面上，开发六个模块课程（学科课程、活动课程、专题教育课程、心理健康教育课程、生涯发展课程、家校联动课程）的实施途径。

6. 家长志愿　家校合作

项目四：以“家长志愿者参与学校事务管理制度建设的研究”促家校合作办学的优势

学校积极挖掘家长教育资源，形成一套切合实际、规范有序的家校协作办学服务制度，加强家长和教师之间相互沟通，指导家长全方位参与学校的管理，拓展教育的外延。

一是建立分门别类的家长志愿者资源库，充分挖掘家长的教育资源。

二是广泛招募、培训和激励家长志愿者，促进家长参与学校管理活动的策略机制。

三是构架家校协作办学的网络服务平台，畅通学校与家长志愿者、家长志愿者与家长、家长志愿者与学生的服务供需信息。

四是通过因人而异、因势利导地发挥不同家长志愿者的优势和专长，发挥家长志愿者作用，以家校项目组工作指导为突破，以家长资源介入课程为依托，扩展家长志愿者的运行方式，丰富学校教育资源，通过家校合作，相互促进，达成共赢。

7. 品牌特色　内涵发展

项目五：以"培育和践行社会主义核心价值观品牌特色"促校园文化育人内涵发展

培育和践行社会主义核心价值观是深化教育领域综合改革、促进学生健康成长的现实选择。学校将积极挖掘学校历史文化传统，弘扬陶行知崇高精神，把社会主义核心价值观融入校园物质文化、精神文化、制度文化、行为文化建设中，充分利用板报、橱窗、走廊、校史陈列室、广播电视网络等设施，营造体现主流意识、时代特征、学校特色的校园文化氛围，凸显文化育人的功效。

一是形成仪式教育和节日教育品牌特色：利用升国旗、入党入团入队等仪式和重大纪念日、民族传统节日等契机，开展主题教育活动，传播主流价值，形成特色课程。

二是形成班本教育品牌特色：加强班级文化的创建，注重把社会主义核心价值观渗透在班级的班风、学风建设中，在丰富多彩的班级主题教育活动中实现社会主义核心价值观教育日常化、具体化、形象化、生活化的要求。

三是形成学陶师陶品牌特色：进一步传承和发扬陶行知教育思想和崇高精神品质，开展系列学陶师陶主题活动，使之成为学校经典特色活动，成为浸润学生道德成长的重要途径。

四是形成社团活动品牌特色：积极打造弘扬传统优秀文化、践行社会主义核心价值观的精品社团，通过学生喜闻乐见的形式，使社会主义核心价值观教育真正落细、落小、落实。

8. 实践活动　做中成长

项目六：以“构建课程化、系列化学生社会实践活动体系”促学生社会实践能力提升

为了进一步贯彻落实《教育部关于加强和改进普通高中学生综合素质评价的意见》，学校将有计划、有组织、有选择地开展学生志愿服务、公益劳动等社会实践活动，逐步构建学生社会实践活动体系，从而提高我校学生的社会责任意识、创新能力和实践能力，为学生主动适应社会发展需要奠定良好的基础。

一是成立以校长为组长的社会实践活动领导小组，对全校学生开展社会实践活动进行统筹协调、督促指导、考核评估，宏观管理我校社会实践活动工作。

二是建立双向签约制度：系统梳理学生社会实践资源，主动对接社区和机构为学生社会实践提供机会，建立学生社会实践的双向签约制度，明确双方的责任和义务，明确活动的预约制度和双向沟通机制，为活动开展提供坚实保障。

三是建立导师指导机制：学校成立专兼职结合的指导学生参加社会实践活动的导师队伍。

四是启动活动培训机制：活动前认真做好宣传发动工作，广泛动员学生参与社会实践活动，在学生中开设社会实践活动培训课程，对社会实践活动的内容、活动项目、活动技能等进行培训指导。

五是形成综合评价机制：学校把学生参加社会实践活动情况与学生综合素质评定的相关内容结合起来，评定分 A(优)、B(良)、C(中)、D(差)四个等级。

六是建立安全保障机制：形成学校、家庭、社会三方共担的学生

社会实践安全责任机制。

9. 生活教育　走进德育

陶行知说："德育只有通过生活才能发出力量而成为真正的教育。"在当前生命教育高度凸显的时代，如何充分挖掘本土教育资源，努力构建具有校本特色的生命教育课程，一直是学校不断思考和探索的命题。学校把陶行知的生活教育引入生命教育课程，以生活为媒介和载体，以培育"真善美"的"真"人为生命教育目标，努力构建横向贯通（多元的生活德育课程实施），纵向有序（围绕各年段真人教育目标序列递进），块面实施和评价体现多渠道、个性化特征的生活德育校本课程，使德育课程走进和融入学生的生活，形成德育生活化和生活德育化。

（1）组建模块　促进转换

横向贯通，以构建多元的生活德育课程模块促进德育生活化和生活德育化。

学校认为，德育在生活中进行，其主题与素材来源于生活，其过程与生活过程一致，其范围延伸到学生所有的生活，不仅要在其日常生活中展开，而且要在学习生活中展开，不仅在学校生活中展开，而且要在校外生活中展开。为此，学校从"生活教育"的"知"、"行"、"意"三环内容出发，通过构建"行为养成课程"、"主题体验课程"、"文化修养课程"、"学科链接课程"、"亲子互动课程"、"社会实践课程"六大模块的多元生活德育课程促进德育生活化和生活德育化，让生活具有德育的色彩和效力，让学生在充满生命力和创造力的生活德育课程中不知不觉地受到熏陶和感染，逐步实现"真人"的育人目标。

（2）自我管理　学做真人

在学校自我管理的德育生活课程中学做真人。

一是行为养成课程——修身利行

从培养学生优良的行为修养入手，是实施“生活德育”的有效突破口。为了让学生在民主、平等、自立的氛围中养成良好的行为习惯，促使养成教育实现他律向自律的转化，学校以生活为基础，注重生活细节，关注发生或促成发生于学生身上的点滴小事，通过仪式教育课程、主题班会课程、自主教育课程，实践道德的生活，培育学生良好的习惯意识和行为，进而成为有道德的人。

以仪式教育课程为抓手。每周一学校举行升旗仪式，学校把升旗仪式的主持、国旗下讲话放手到每周值周的班级。学生们以热点生活内容为主题，自主设计升旗仪式，有小品演出、精彩演讲、激昂的国旗下讲话等，引导学生在生活中形成良好的行为习惯，达到道德认识与道德行为相统一；每年学校组织高三学生到大华行知公园的行知广场举行十八岁成人仪式，感受复兴民族使命的重大责任，培养了学生国家公民意识；每年学校在陶行知像前举行换戴大号红领巾和入团仪式，同学们在苍翠的松柏之下、肃穆的行知像前，向鲜艳的红领巾和团徽宣誓，从小树立报国的志向；植树节之际，初三、高三毕业班满怀感恩之情在校园里种下一棵棵小树，举行为母校赠绿仪式，以实际行动表达对母校培育之恩的感激之情。

以主题班会课程为主阵地。主题班会是学生七不规范、学习习惯、卫生习惯、文明习惯等行为习惯培养的主阵地，如何让主题班会又新又活，成为学生班级活动中最喜闻乐见的一种形式，学校注重充分调动学生自主性，通过“自主选择　主动参与——独立自主　自我教育——自我反省　锻造升华”三个活动过程，满足学生的需求，培养学

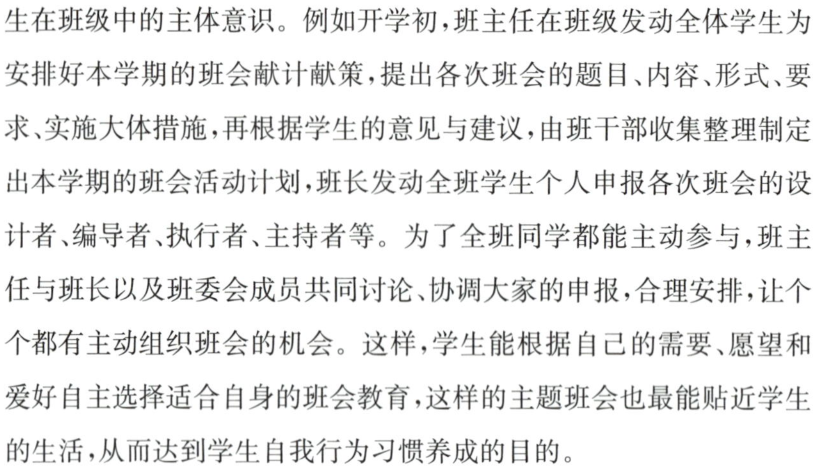

生在班级中的主体意识。例如开学初，班主任在班级发动全体学生为安排好本学期的班会献计献策，提出各次班会的题目、内容、形式、要求、实施大体措施，再根据学生的意见与建议，由班干部收集整理制定出本学期的班会活动计划，班长发动全班学生个人申报各次班会的设计者、编导者、执行者、主持者等。为了全班同学都能主动参与，班主任与班长以及班委会成员共同讨论、协调大家的申报，合理安排，让个个都有主动组织班会的机会。这样，学生能根据自己的需要、愿望和爱好自主选择适合自身的班会教育，这样的主题班会也最能贴近学生的生活，从而达到学生自我行为习惯养成的目的。

以自主教育课程为主阵线。学校在学生德育中推行陶行知倡导的“小先生制”，即“养成学生自己管理自己的能力”，“学生自治，不是自由行动，而是共同治理，不是打消规则，而是大家立法守法”。通过为学生在校园模拟创设社会生活情境，让学生参与民主选举、参与章程制定、参与活动策划、参与听证会、参与岗位监督，使学生在学校自我管理生活中充分调动主人翁的积极性，使学生认识到自己是班级生活、学校生活的主人，从而自觉遵守行为规范，自觉维护学校的规章制度。

二是主题体验课程——熏陶感悟

学校在德育课程构建中特别关注学生个体生活和生命的经历、经验、感受与体验，逐步使静态的、单调的德育走向生动具体的生活德育。

主题活动课程感染熏陶：学校着力开展了以“感恩”、“诚信”、“责任”“、生命”四大主题教育的系列活动，如以“感恩”为主题的教育活动中，每个教师节学生给教师献花活动，三八妇女节学生给妈妈写一封信、制作一张贺卡表达感恩之心活动，发起为大病孩子捐款活动，举行感恩母校毕业典礼;以"诚信"为主题的教育活动中,每次大型考试之前进行诚信考试晨会教育,在各班开展诚信主题班会,签署"我自信、我诚信"的承诺书行动;以"责任"为主题的教育活动中,与南京陶行知纪念馆共建,每年高二年级学生进行南京爱国主义教育实践活动,开展"我责任,我践行"护绿环保行动;以"生命"为主题的教育活动中,通过应急疏散演练活动、模拟法庭审判的"春天的蒲公英——小法官网上行"活动、邀请大华派出所警官定期到我校开设法制交通安全教育专题讲座、与大场镇教委共同开展"预防艾滋病教育"宣传活动、"让笑容更灿烂"心理健康教育活动等,增强学生安全意识,培养学生积极健康的心理。我校德育活动的内容,注重教育实效,在"真、善、美"的主题教育活动中,引导学生自我塑造、完善健全的人格。

社团活动课程体验感悟:学校积极鼓励和引导学生开展一系列既长知识,又长才干的社团活动,百花齐放的社团组织充分展示了学生的个性特长。我校社团的运行体现了"自主、合作、探究"的模式,在社团开展过程中注重"开放、互动、体验"、感悟",各社团自主建立各自的社团工作条例,设立组织机构,明确职责,自行设计社团徽章、标识及社旗,学生们在社团建设中努力打造自己的品牌特色同时也提升了自身的创造力。目前我校社团课程精彩纷呈,主要有小陶子红领巾社团、缘心文学社、气象社、象棋社、科技社、行思辩论社、晨曦志愿者服务社、口琴社、篮球社、书法篆刻社、爱之声广播社、园艺花卉社、绘画社、太极社等社团课程。如缘心文学社以"走出去、请进来"方式,通过组织一场场经典的文学讲座、征文比赛、文学沙龙等活动,丰富学生业余生活,提高学生习作能力。每学期由学生亲自倾力打造亮丽刊物《橙》,成为学生最爱读物;"小陶子"社团是我校的特色社团,依托我校是陶行知创办的一所学校,人人学做小陶子,学校以年级为单位,定期

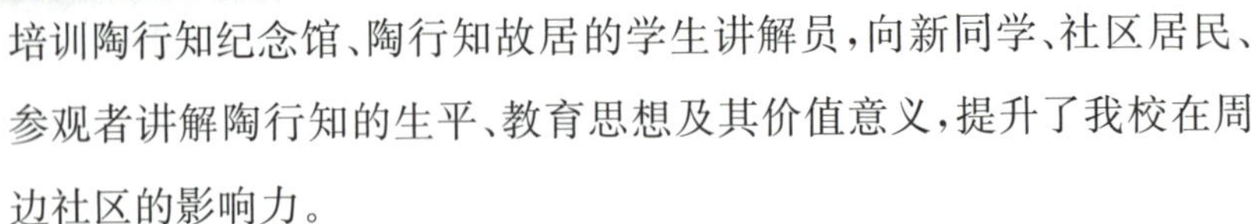

培训陶行知纪念馆、陶行知故居的学生讲解员，向新同学、社区居民、参观者讲解陶行知的生平、教育思想及其价值意义，提升了我校在周边社区的影响力。

三是文化修养课程——浸润升华

文化环境作为德育教育的背景因素，渗透在学生的德性成长的过程和结果之中，影响到学生道德实践与道德体验的总体状态和道德境界的品质。为此，学校着力于构建科学的充满活力的学校主流文化，以丰厚的校园文化泽润惠心，使学生在对文化认同感悟的基础上，自觉自愿形成具有学校风尚的道德规范，展现当代行实学子的人文风貌。

本土文化课程引领：作为一所由陶行知先生创办的学校，弘扬行知文化，彰显“真人”精神是我校的德育内涵。伫立在学校中央的行知育才旧院，古朴的建筑，院内所陈列的丰实的资料、物件、图片，这些丰厚的文化内容无不是最好的德育资源和德育课程，学生每日可进院内参观、瞻仰、学习，最近距离的接受陶行知教育思想的熏陶。学校还将陶行知的一生作为淳朴教育的“经典教材”，将学习陶行知作为学生的“特别作业”，使学习陶行知成为教育优势和传统项目。学校每年都开展“饮水思源不忘本，立德树人扬新风”为主题的清明节纪念陶行知仪式、举办“陶子行、忆行知——陶行知事迹流动展”、开展南京拜谒陶行知先生墓、入学新生参观陶行知纪念馆、“走进行知”大型系列活动等。学校的“小陶子”红领巾社团、“小先生”宣讲团更是担当起了传播陶行知先生事迹和创造思想的小使者。

校园文化课程纷呈：学校通过开展月月亮点节日活动，在精彩纷呈的校园文化活动中渗透两纲精神教育，培育内外兼修的真人。如1月份：“善待自己、关爱他人”服务社区；2月份：感恩亲情亲子活动；3

月份：学雷锋活动；4月份："缅怀陶行知，踏着先人的足迹前行"瞻仰活动；5月份："青春光辉照我行"青年志愿活动；6月份："灿烂六一"文艺活动；7月份："与祖国同行"庆祝建党活动；8月份："锤炼自我"——军训学农活动；9月份："感恩教师"教师节庆祝活动；10月份：体育节——炼就活力健康体魄；11月份：科技节，勇于探索创造；12月份：艺术节，品书香、赏雅韵、怡性情。

艺术文化课程雅趣：学校通过开展艺术类的拓展课程，陶冶学生的情操，培养对生活艺术的雅致情趣。如茶文化课程——《草木间的情趣》；民俗文化课程——《中华民俗教育读本》；书画课程——《篆刻艺术》《速写入门绘画课程》；琴棋文化课程——《让我们一起吹口琴》《象棋入门》等。

四是学科探究课程——链接融入

学校着重通过加强学科德育研究，立足课堂教学，做有心人，积极挖掘利用学科实践活动本身所蕴含的德育体验的潜在因素，将生活教育贯穿渗透在各学科的课堂教学中，通过求实、恰当的活动设计，激发学生的感触、感动，使其成为学生日后自觉成长、发展自己实力的根基。

（3）亲子课程　培养真人

在家庭生活的亲子课程中培养真人。

现代心理学认为，教养的养成首先依赖的是"亲子教育"，因此注重营造家庭民主生活，培养学生的道德情操尤为重要。为此，学校通过开设形式多样的"亲子课程"为纽带，在家庭中创设和谐自主、民主平等的家庭教育生活氛围。

亲子共读：由学校推荐书目，家长孩子共读一本书，共同交流读书心得，写下读书感受，创设和谐对话的家庭氛围。

亲子共游：利用寒暑假，家长孩子共同游览祖国大好河山、名胜古迹，在实践生活中感受祖国的繁荣昌盛，树立报国之志。

亲子辩论：围绕家庭教育热点问题，学校组织家长、学生、教师开展辩论会，如透视超女、聚焦两期（青春期 VS 更年期）等活动，促进亲子沟通和理解。

亲子共做：学校成立的小陶子社团中每个小陶子想要成为合格的讲解员，必须经过晋级和加星，社团鼓励父母和孩子一起寻找陶行知生平事迹，撰写解说词，当孩子成功晋级，社团给每个小讲解员父母寄送感谢信，鼓励亲子共成长。在学校举行的“生活的准则”征文活动中，家长与孩子共同探讨生活中应遵循的公民道德准则，学生写的每篇征文，家长都附上寄语和评语，在活动中自主、诚信、感恩、互助等美德在家庭中逐渐传扬。

（4）社区活动　实践真人

在丰富多彩的社区生活实践课程中实践真人。

一是社区基地实践课程：学校在长期的合作过程中，建立了多个学生社区实践基地，并与他们签定协定，组织共建活动。与陶行知纪念馆共建，经常选派我们学校的“小陶子”接受培训学习，为参观陶馆的人员做讲解；与南京陶行知纪念馆共建，每年高二学生进行南京爱国主义教育实践活动；还和大华三村各社区居委、大华警署、宝山区交警一中队结对，广泛挖掘公民意识教育资源，拓展利用社区资源，开展学生社区实践活动课程，从而建立学校与社区双向参与、互动发展的机制，共创和谐校园。同时学校还组织高一学生到崇明、东方绿舟开展军训、国防教育，磨练意志，接受爱国主义教育；高二到大东海学农基地开展学农活动，掌握一些基本的农业常识，了解现代农村生活状况；学生党校学员学生参观一大会址，了解党的历史、感受党领导的正确和伟大；走访陈云故居，了解革命党人一心为国的崇高气节、感受今天幸福生活的来之不易；考察东海跨海大桥的建设规模情况，感受祖国日新月异的发展和变化。通过这些富有特色的社会考察实践活动，学生更多地融入到了社会，增强了民族自豪感和爱国热情。

二是社区志愿服务课程：小陶子志愿讲解员：秉承着在生活中实践，实践中发展的理念，学校以陶行知纪念馆和校内的"行知育才旧院"为基地，成立"小陶子"社团，以宣传报名、面试选拔、家校互动、培训训练、晋级加星为社团运作模式，编写了"小陶子"校本课程，开展了讲解员服务。社团成员曾先后为市、区、镇、进修学院的领导进行了讲解，受到了广泛的好评。有社员这样写道："我很幸运，成为了'陶行知纪念馆'的义务讲解员。讲解员是我从没有尝试过的工作。培训后，我便与伙伴们开始了我们的'职业生涯'。在'工作'中，我必须学会如何操作纪念馆内的设备：灯光、多媒体、老式留声机……"在活动中，我们惊喜地发现了小陶子志愿讲解员们的进步。去给嘉华小学学生讲解时，他们得知这次的对象是二年级的小学生，考虑到孩子比较好动，便自己准备好糖果对小朋友们进行奖励。当流动展板被风吹倒时，他们镇定自若道："看来陶爷爷希望我能讲得更好，要给我机会再讲一遍。""小陶子"志愿讲解员更是作为"礼仪人员"参加了话剧《永远的陶行知》的新闻发布会和首映式。"小陶子"们坚守自己的岗位，用自己的行动践行职责。无论是礼仪迎宾还是分发资料，无论是协助工作还是上台献花，他们都面带微笑，一丝不苟地完成。小陶子志愿讲解员校外实践课程的开展，实践着生活教育的理念。

小先生宣讲团：这是一群由优秀团员组织的志愿者，他们学识渊

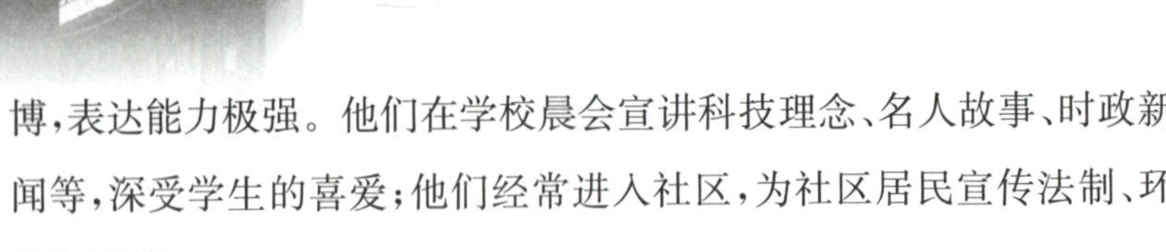

博，表达能力极强。他们在学校晨会宣讲科技理念、名人故事、时政新闻等，深受学生的喜爱；他们经常进入社区，为社区居民宣传法制、环保知识等。

社区服务志愿者：在团委和少先队的指导下，由各班的团员、少先队员自主成立的"中学生未来建设者行动"和"小白鸽服务队"定时定点到我校的道德实践教育基地如大场镇周边的敬老院、学校附近的社区、街道、超市、公交车队创造性地开展志愿者、服务队的服务活动，暑期小干部在社区、镇委挂职锻炼，这些志愿者通过走进社区的活动锻炼了自己、了解了社会，接受了关心他人、明礼诚信、团结友爱、遵纪守法的教育，积极做合格的小公民，在大场、大华地区起到了示范辐射的作用，取得了社区百姓的好评。

（5）注重阶段　个性发展

纵向有序，以分层分阶段的生活德育课程促进学生发展的个性化。

学校着力构建纵向有序的德育校本课程，围绕各年段真人教育目标，分层、分阶段相结合，增强学生对课程学习的自觉性和兴趣，引导行为规范教育走出"大一统"、"一律化"的局面，更加贴近学生、贴近生活，从而使课程真正成为学生修身利行的重要载体，培养学生成为一个全面发展"真善美"的人。

如仪式教育课程分层递进：预备年级"新生入学仪式"——初一年级"换戴大号红领巾仪式"——初二年级"入团仪式"——初三年级"离队仪式"——高一年级"扬起青春风帆"仪式——高二年级"赴南京祭扫陶行知先生墓，开展爱国主义教育"仪式——高三年级"成人仪式"。

如《行知实验中学真人教育德育校本课程》：内容共有七章，在课程实施中分七个年段学习不同的章节内容，每个章节都由引言（陶行知教育名言）、故事导航、几个章节行为规范教育内容、课后反思、实践活动五个部分组成。

（6）实施评价　体现差异

块面上，生活德育课程实施和评价体现多渠道、个性化特征。

学校生活德育课程实施体现了多渠道、个性化特征：

一是必修与选修相结合：学校开设的生活德育校本课程是系统的、多元的、也是多样的，把必修课程与选修课程相结合，一方面既能按照学校统一德育教育要求开展课程学习，使课程的教育内容更系统化、集中化，也能使真人教育渗透更深入；另一方面也兼顾学生个体需求不同，提供学生自主选择课程的机会，增强学生对课程学习的自觉性和兴趣，拓宽学生视野，给学生心灵的熏陶。

二是理论与实践结合：校本课程本身是一门活动课，其开发的目的就是为了满足学生的个性发展和能力的提高。因此在校本课程实施中，既有学生文本式的阅读感知、师生之间的教学互动来提升学生的道德认知，也有丰富多彩的生活道德实践课程，如《雏鹰假日小队活动课程》、《爱国主义教育活动课程》、《军训、学农教育活动课程》、《行知实验中学志愿者培训课程》、《国防教育活动课程》等都是通过学生具体的生活社会实践，喜闻乐见的活动形式，以切身的体验感悟来促成道德的成长。

三是主题活动与社团活动结合：开展主题活动和社团活动是新形势下凝聚学生、培养学生自主参与意识、自主管理能力，提升学生实践能力的有效方式，通过把主题活动课程与社团活动课程相结合为学生提供更多展示自我个性的舞台，丰富课程的形式，体现课程实施形式的多元化。

而在课程评价机制上，更注重于以生活情感与道德认知相互影响为评价内容：

过程式评价：主要采取成长档案的形式，通过记录成长、体现发展、自我反思，结合自评、互评和学校、教师认定，从而反映学生发展的个性特点。

全员式评价：由学校、家庭社区共同参与评价，实行校内、校外、家庭相一致的原则，进行评定，完善学生思想道德、行为习惯、情感意志以及人格发展等多元评价机制；

记录式评价：新的评价体系，还增加了更具操作性的各类活动记录评价项目。如主题活动记录，为班级、他人、社会提供服务记录，公益劳动记录，社会实践记录，社团活动记录等。

德育课程走进和融入学生的生活，形成德育生活化和生活德育化，不仅让学生在生活的所有时间与空间，主动的接受各种积极的、健康的影响，尝试或实践符合年龄特点的有益的活动，而且在热爱生活、了解生活、亲历生活的过程中使学生养成良好德性，在生活化的德育课程中得到浸润熏陶，学会过一种道德的生活。

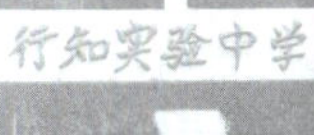

第三章

创新立业　特色凸显

在学校学陶师陶的实践中，适值行知实验中学开展创建特色普通高中活动。学校明确，要把办学理念融入创建工作中，把陶行知教育思想在创建工作中更好地传承下去、弘扬开来，使创建特色普通高中具有浓厚的行知实验中学特点，具有鲜明的校本化特色。特别是在课程建设上，围绕“真人教育”的核心，全力打造适合“真人”成长的系列课程，来塑造未来的主人。

1. 规划先行　突出优势

在学校已经完成“新优质学校”创建（2013. 9—2016. 9）工作后，于2017年下半年跨入了创建特色普通高中的行列，这是一个新的征程，新的起点。对此，学校制订了《上海市行知实验中学创建“师陶立德”特色普通高中发展规划》（试行），把特色创建工作看作深化、创新学陶师陶的契机，用实践陶行知教育思想的新成果来实现特色创建任务。为此，学校提出“师陶立德”作为特色创建主题，带动特色创建工作开展。明家底，认形势，是做好规划的重要前提。

（1）明晰背景 认清形势

党的十八大报告提出：把立德树人作为教育的根本任务，培养德智体美全面发展的社会主义建设者和接班人。2016 年，习近平总书记在全国高校思想政治工作会议上强调：要坚持把立德树人作为中心环节，把思想政治工作贯穿教育教学全过程，实现全程育人、全方位育人。2017 年，《高中阶段教育普及攻坚计划（2017—2020 年）》提出，高中阶段要改革人才培养模式，落实立德树人根本任务，全面提高学生社会责任感、创新精神和实践能力。

2014 年 9 月 9 日，习近平总书记在北京师范大学强调全国广大教师要做“有理想信念、有道德情操、有扎实知识、有仁爱之心”的“四有”好老师，并且进一步指出“学为人师，行为世范，做好老师，要有道德情”。因此，教师更应作为立德树人的表率，把立德树人作为安身立命之本。

宝山区教育特色综合改革方案（2015—2020 年）中提出：以打造“陶行知教育创新发展区”为改革目标，以立德树人为根本任务，以“为了每一个学生终身发展”为核心理念，进一步提高人才培养质量。陶行知教育思想是宝山区教育之魂，“学陶师陶”不仅是宝山教育发展的主要标志和鲜明特色，也是宝山教育综合改革的思想源流和不竭动力。

学校在新时期教育中，将“立德树人”的需求与学校高中办学特色相结合，走出一条具有行实特色的育人之路，这是不断前行的全体行实人共同思考的命题。

为此，学校通过纵深地审视学校发展的现实基础、未来发展的理想愿景，紧密结合学校所积淀的深厚文化底蕴，确立了学校办学特色和发展方向——“师陶立德”。“师陶立德”特色高中创建方案的指导思想是，传承和弘扬陶行知先生的教育思想和理论精髓，整合多方资源、立德明理，以学生与教师的双向发展为本，以“文理润德”为目标，塑造新时期德才兼备的“真人”。有三个基本内涵：一是践行发展陶行知教育思想，突出学生人格的发展需要和教师德业发展的需求，在知、情、意等方面立德树人。二是学校以课程建设和活动设计为抓手，有计划、有目的、有组织地调动积极因素，全面开展培养学生和教师立德明理的学习和活动。三是整合各方资源，构建行知特色的校园文化，让在行实的每一个人都有发展自己潜力的能力和动力。

（2）行知思想　契合当今

陶行知极为重视道德教育的研究，道德教育在他的教育思想中，占有重要的地位。他认为：“道德是做人的根本”，“建筑人格长城的基础就是道德”。这一教育观点与当今“立德树人”教育需求可谓不谋而合，而探寻陶行知一生的道德教育目标，那就是追求“全人”教育，即培育“真善美”、“知行意”统一的“真人”，这又与当前《中国学生发展核心素养》提出的学生六大核心素养培育目标和内容有诸多的相通性和一致性。陶行知在长期的教育实践中，形成了一套行之有效的道德教育方法。他的道德教育方法既具有鲜明的民族特点和中国特色，同时又具有很强的操作性。行实人在学习、践行陶行知道德教育方法体系和“立德树人”教育需求的契合上，作了许多探索。

（3）办学特色　逐渐形成

学校秉承“千教万教教人求真，千学万学学做真人”的校训，常态化学陶、知陶、研陶、师陶、践陶，凝练了“实验行知，求真创造”的办学理念，确立了“真人”与“明师”为学生培养目标和教师发展目标，在学

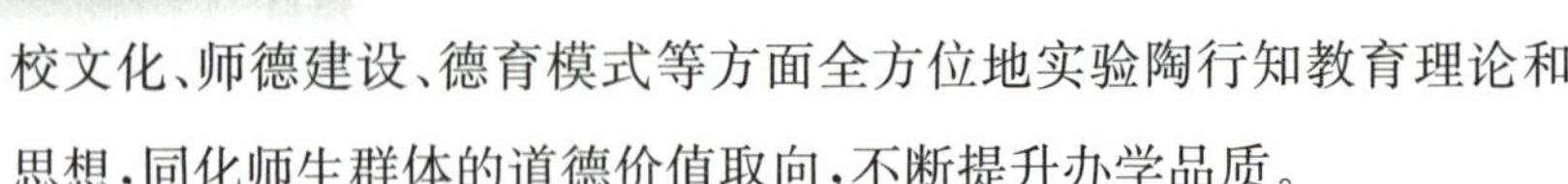

校文化、师德建设、德育模式等方面全方位地实验陶行知教育理论和思想，同化师生群体的道德价值取向，不断提升办学品质。

一是淬砺学校文化之魂，以德铸人：近年来，学校着力构建科学的充满活力的学校文化，将陶行知一生作为淳朴教育的"经典教材"，学陶、师陶成为学校教育优势和传统项目。每年，学校都要开展"饮水思源不忘本，立德树人扬新风"系列活动，举行清明纪念陶行知仪式、举办"陶子行、忆行知——陶行知事迹流动展"、开展"走进行知"——弘扬和培育民族精神教育月、南京拜谒陶行知先生墓、陶行知纪念馆社会实践、在大华行知公园的行知广场上举行18岁成人仪式等活动。在长期的教育实践中，学校形成的以"行知"精神为核心价值的学校文化，已成为学校各项工作良性推进的重要思想基础和精神文化动力。

二是构建了以五大元素为主体的"真人"教育德育体系，以德养人：学校以德育为先导，注重以德养人，在长期的探索和实践中逐步形成了以五大元素为主体的"真人"教育德育体系，即：

一个目标——"真人"教育；两大机制——学校师德建设、学生行为规范自主发展、分阶段教育机制；三个层面——学校教育、家庭教育、社会教育的相互联动为合力育人的德育大网络；四大主题思想教育为主线，拓宽以五大亮点品牌活动为示范项目，为学生道德教育创设了更优良的育人环境。学校在德育工作中注重与陶行知教育思想相融合，积极打造"学陶师陶、学做真人"的德育品牌项目，形成了特色项目德育课程、特色社团、特色活动及特色运行机制，已成为宝山区第一批"一校一品"德育特色项目，学校的德育工作目前已初步形成自身特色。

三是塑造了德才兼修的教师队伍，以德化人：学校注重传承和发扬陶行知"爱满天下"的师德风范和"求真"的崇高精神，实施"明师策略”培养机制，创新师德载体建设，深化学陶师陶研陶，加强教师队伍建设，提高教师“明德”认知，培养“明达”胸怀，积极塑造“明师”，大力促进教师在教育教学实践工作中，铸师德、强师能、展师爱。近年来，我校教师加速了成长成熟的脚步，塑造了一支思想有创见、行为有创新、教学有创意的创造型“明师”队伍，一批名校长名师、优秀园丁、首席教师、学科带头人、教学能手等骨干教师，不仅引领学校教育教学发展，更在市区乃至全国发挥示范辐射作用。

四是受益于一定的课题研究基础：近年来，学校开展了“深化陶行知教育思想现代价值的实践研究”为统领性的系列课题，如区重点课题《陶行知创造教育下的明师工程策略研究》、全国家庭教育课题《构建家校德育共同体，促进真人教育的实践研究》、十二五市级课题《真人教育在学生社会责任意识培育中的实践研究》、华师大大学基础教育项目《德业兼修促使教师专业发展的个案研究》以及市级课题《基于学业规划建构的完全中学优质发展的实践探索》等，这些课题研究为学校深入研究和实践陶行知教育思想、促进学校前瞻性发展引路导航，并为创建特色打下基础。

（4）上级领导　大力支持

行知实验中学的特色发展得到了上级行政部门宝山区教育局的高度重视。区教育局对学校的特色发展定位给予了积极的肯定，并在特色课程、教师编制、教师培训、资金投入等方面给予了大力支持。在上级主管部门的关心下，目前已陆续开展学校整体规划改建，扩建报告厅、运动设施、各功能性教室，改善教学楼、办公楼等设施环境。2012 年作为上海市首批高中体育教学专项化改革试点学校，在实施教学改革过程中，市、区教育行政部门投入专项经费对我校体育运动设施场馆进行了新建和改造，体操房、健身房、瑜伽房、乒乓房和淋浴房，以及体育器材一应俱全，培育学校特色、传承非遗文化，舞龙舞狮项目已享誉全国。在区教育局支持下，学校申请了两笔共计 60 万元的上海市创新实验室项目经费，新建了创新实验室，增添了气象研究设备、无线电通信设备等，科技创新活动已形成了一定的研究规模，科技特色已向区域辐射。接待了来自南京市教育局及兄弟学校的参观学习，并三次受邀参展上海市教育博览会、2015 年全国中小学教学信息化应用展览、2016 上海市首届教育装备博览会、2017 上海国际发明展、2018 年第十届国际发明展览会等。

（5）集团化办学　辐射周边

1996 年 11 月，宝山区教育局在大场这块学陶热土上，成立了大场陶行知教育思想实验区，23 年来，实验区的中小幼学校从成立之初的 17 所扩展到现在的近 50 所。学校作为大场实验区的领军学校，与区域各学段学校团结合作，带头坚持把学陶、师陶，推进实验区各校发展作为研究和实践的目标，探索挖掘陶行知教育思想的现代价值，积小变为大变，集小胜为大胜，为改变实验区教育的面貌，助推实验区教育发展作出了贡献，学陶、师陶的特色成果已在区域范围内辐射推广。

2016 年 3 月，宝山区召开了教育综合改革启动大会，制订了《宝山区教育特色综合改革方案（2015—2020 年）》，明确指出了宝山区教育综合改革的目标是要把宝山打造成为“陶行知教育创新发展区”。就是要通过发掘和继承宝山教育光荣的传统与卓越的思想，重新焕发出新的生命力，通过改革创新重塑宝山教育的辉煌，使之为宝山现代化转型发展提供蓬勃动力，让“陶行知教育创新发展区”成为宝山文化软实力的一张亮眼名片。

2016年9月，为努力把宝山区打造成"陶行知教育创新发展区"，区教育局决定组建以"行知"冠名学校的联动机制，建设"宝山行知教育集团"，作为集团主要成员之一，学校在课程资源、教师资源、能力资源等方面与集团内学校形成共享平台，积极向全区，乃至全市展示学校学陶、师陶的特色品牌。

2. 课程打造 多元发展

在宝山区教育局"新陶行知生活教育课程体系建设和共享计划"的引领下，学校把国家、社会需求与学生内在发展需要紧密结合，完善以"国家课程校本化"为主的基础型课程，构建涵盖人文、经济、科技、体育、艺术、社会实践等方面的拓展型、研究型、特色化的校本课程，为学生多元个性发展提供充分的课程支持。探索适应多元课程学习的分层、走班、选修、社团化等课程实施机制，构建能适应各层次学生多元需求的学校课程体系。

（1）确定目标 深化内涵

学校在课程建设上的总体目标是：贯彻上海二期课改精神，以学生发展为本，着眼于时代的需求，基本构建能充分满足各层次学生多元需求的学校课程体系。遵循理论与实践相结合、课内与课外相结合、学科教学与社团活动相结合、基础型课程与拓展型、研究型课程相结合、面向全体学生的普及与特长生的培养相结合原则构建课程设置。

基础型课程： 强调促进学生基本素质的形成和发展，体现国家对公民素质的最基本要求。基础型课程由各学习领域体现共同基础要求的学科课程组成，是全体学生必修的课程，同时要根据二期课改的要求在初高中各年级按要求落实规定的课时。

拓展型课程： 以培育学生的主体意识，完善学生的认知结构，提高学生自我规划和自主选择能力为宗旨，着眼于培养、激发和发展学生的兴趣爱好，开发学生的潜能，促进学生个性发展和学校办学特色的形成，是一种体现不同基础要求，具有一定开放性的课程。同时也为了促进教师专业化发展，要求教研组从科学领域、劳技领域、体艺领域、实践领域等方面开设丰富多彩的拓展型课程。

研（探）究型课程： 是学生运用研究性学习方式，发现和提出问题、探究和解决问题，培养学生自主与创新精神、研究与实践能力、合作与发展意识的课程，是全体学生限定选择修习的课程。其内容可以从学生的兴趣与生活经验出发，也可以从学科出发，实施时可以采用根据学生特长和兴趣爱好分年级进行主题探究活动、课题研究、项目设计等方式。此板块内容已与高中学生综合素质平台相结合进行考核评价。

（2）课程设计　方向引领

课程构建、优化是特色创建的重要内容，具有行知实验中学特点的特色课程，是特色创建的目标。课程目标是：架构完善以学习践行“行知文化思想”为轴，以“真人”教育目标为向、以多向品德修养模块为序，立体、生态、多元、综合、具有吸引力和富有意义的“师陶特色跨学科课程体系”，使之能承载学生精神发展的重要使命，传承和发展文化，对应学校和社会的发展，满足学生人格发展的需求。以目标为引领，学校对课程进行了全方位设计与创新，开展了如下工作：

① 课程设计理念

在课程开发过程中，学校把实践陶行知道德教育方法体系中“知行合一”的理论，即“知与行不仅要互相结合，行更应该在知之前”，结合陶行知提出的未来人五大培养目标(康健的体魄、农人的身手、科学的头脑、艺术的兴趣、改造社会的精神),从学校学生道德现状实际出发,创建"真行-五力"师陶特色跨学科的课程群,把"行知思想文化"内涵与课程发展建设全方位交融,以课程浸润的方式,让行知思想文化课程成为学生穿越学习经历的一段旅程,使其真正走进学生的心灵,渗透学生的生命,融入学生的精神,树立学生的道德人格,在鲜明的学校特色中,培育学生努力成长为"真善美"、"知行意"统一的时代"真人"。

② 课程设计框架

围绕"真人"教育的目标,以"真行"为教育原点,通过厘清课程目标与内容的逻辑结构,将逐步形成以目标为向、文化为轴、模块为序、知行合一为原则的特色课程框架。

一是目标为向: 以"真行"为核心,我们将进一步确立和细化特色课程培育的阶段侧重培育目标体系,而其中每一个目标都指向学生行动实践、精神能力、价值力量三个不同层面的培育。学校构建了"学陶润德"特色课程目标体系,即:

低段阶段目标: 追求真知。 树立敢于坚持科学思想的勇气和不断追求真理的意识,勇于说真话、办真事、求真知,具有求实的精神、实证的精神、探索的精神、理性的精神、质疑的精神。

指向素养是理性思维和批判质疑。

中段阶段目标: 品味真趣。 乐于用审美的眼光看待事物,懂得认识美、欣赏美、创造美,形成独特的审美个性和审美能力,具有深远的视野、创造的精神和开辟的精神。

指向素养是审美情趣和勇于创造。

高段阶段目标: 蕴育真心。 善于学习运用人文领域知识,理解

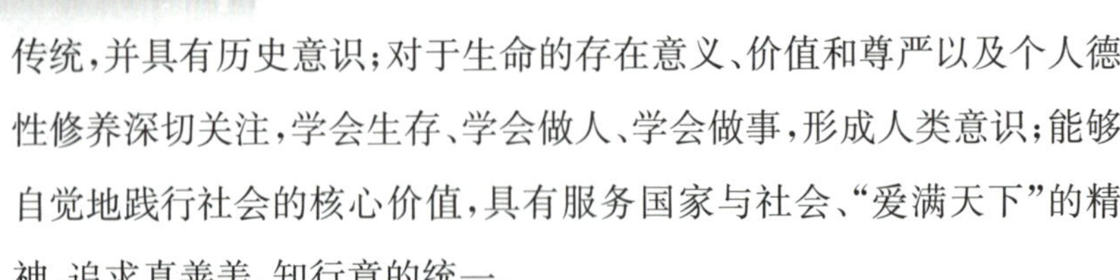

传统，并具有历史意识；对于生命的存在意义、价值和尊严以及个人德性修养深切关注，学会生存、学会做人、学会做事，形成人类意识；能够自觉地践行社会的核心价值，具有服务国家与社会、“爱满天下”的精神，追求真善美、知行意的统一。

指向素养是人文积淀和人文情怀。

二是文化为轴： 1927年，陶行知在南京郊区创办试验乡村师范学校，即晓庄师范，就提出了五大培养目标，即：康健的体魄，农人的身手，科学的头脑，艺术的兴趣，改造社会的精神。这五项目标相当于我们今天提出的德智体美劳。陶行知指出我们要培养的是整个的人，是要“创造真善美之人格”，他还进一步提出了“教育应当培植生活力”，“我们学生求学，第一步就要有科学的精神”，“我们要能够做，做的最高境界就是创造”，“自治可以养成我们对于公共事情上的愿力、智力、才力”，“作为整个的人，要有‘真善美之人格’就不能没有美育，没有艺术，就不能不实施艺术教育”等“真人教育”文化理论。

立足于陶行知的“真人教育”文化，结合当今时代对培养人的素养和能力的需求和我校“真人教育”的培育目标，学校致力于开发和完善“生活力”、“科学力”、“创造力”、“自治力”和“艺术力”五大元素为文化主轴的跨学科特色课程群内容体系。这一文化内容体系以行知文化为载体，在帮助学生素养培育、人格成长的过程中增强学生的文化认同，增强学生的文化自觉，实现对学生的文化引领。

三是模块为序： “行知文化”轴把“五力”作为构筑跨学科课程系统的主线，交融人文积淀、审美情趣、人文情怀、追求真知、理性思维、批判质疑、勇于创造、学会生活等核心素养，并设立了生活力、科学力、创造力、自治力、艺术力五大课程群共十三个模块。

课程设计　策略结构

如何使学校特色课程设计得更接地气？在构筑跨学科课程系统主线的同时，学校把特色课程与国家基础型课程、探究型课程、拓展型课程有机整合，并融合于语文、政治、历史、艺术、地理、美术、英语、哲学、数学、物理、化学、生命科学、信息技术、体育等学科之中。基础型课程重在把文化观念和人文科学素养渗透于教学目标和内容中，加强学科的知识和外延；拓展型课程着力在于开发与学科教学、文化课程培育目标和内容相关的拓展型校本教材，为学生提供更多自主选择的课程样式，同时也为不同兴趣和特长的学生的个性发展架设阶梯；研究性课程积极整合校内外资源优势，自主开发出满足学生需要和个性选择的研究型课程菜单，培养学生探求真知、自主学习和创新的精神，促进学生科学态度、精神、道德和人文素养的养成。

基于以上设计的指导思想，学校旨在着力规划构建以“真行”为基础的系列特色课程，通过具有传递文化选择和培养人功能的课程建设这一育人途径，培育学生具有“真行”的实践、“真知”的能力、“真意”的精神。

3. 真行五力　立体育人

真行五力是指以“真人教育”为培育目标、“真人课程”实践为行动指南的“生活力”、“科学力”、“创造力”、“自治力”、“艺术力”五大元素为文化主轴的特色课程群。

（1）课程构建　模块接力

真行五力课程群的目标愿景是：

陶行知说：“在塑造‘真人’的道路上，只有在人类的全部生活实践中才能实现"，"真教育是在大自然与大社会里办的"，"行动的生活与生活磨擦，便包含了行动的主导地位"，"行动既是主导的生活"。由此可见"真行"的"行"应当是在生活中进行的，其主题与素材来源于生活，其过程与生活过程一致，其范围延伸到学生所有的生活。学生的"行"应超越教材、课堂和学校的局限，在活动时空上向自然环境、学生的生活领域和社会活动领域延伸和联系。因此学校的"真行"系列特色课程将以生活为媒介，努力架构起学生的生活实践桥梁，让生活具有育人的色彩和效力，使学生在充满生命力和创造力的生活实践中感悟提升对道德、知识的认知，逐步实现"真人"的育人价值和目标，即培育学生学做自主发展、勇于创造的真人，乐做探求真知、追求真理的真人、爱做富有爱心、服务国家的真人，愿做知行统一、内外兼修的真人。

真行五力课程群的实践方向是：

陶行知说："依照生活教育的五大目标说来：康健的生活即是康健的教育；劳动的生活即是劳动的教育；科学的生活即是科学的教育；艺术的生活即是艺术的教育；改造社会的生活即是改造社会的教育。"结合当今时代对培养人的素养和能力的需求和我校"真人教育"的培育目标，我们认为"真行"特色课程应包含五大元素：即生活力、科学力、创造力、自治力和艺术力。"真行"特色课程的愿景为：

"真意"：真善美、知行意统一，即价值观和人生追求层面——引导人产生新价值的力量。

"真知"：学会自主发展、具有创造和实践能力、服务国家和社会的精神，即精神、能力层面——引导人思想的力量。

"真行"：五个"力"的生活课程培养，即行动和实践层面——引导人行动的力量。

真行五力课程的具体展示：

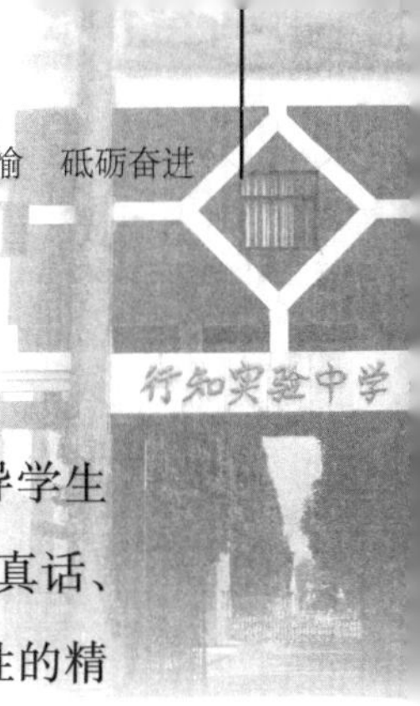

一是行“科学之力”，科学力课程——基础型课程：

科学力课程将为学生构建科学求知和探究真理的世界，引导学生树立敢于坚持科学思想的勇气和不断追求真理的意识，勇于说真话、办真事、求真知，具有求实的精神、实证的精神、探索的精神、理性的精神、质疑的精神。其课程由国家基础型课程与学科校本课程构成：

国家基础型课程：语文、政治、历史、艺术、地理、美术、英语、哲学、数学、物理、化学、生命科学、信息技术、体育；

学科校本课程：1. 理性思辨：数学思维、阅读策略、专题解码、词汇阅读、时政考察、阅读策略；2. 真知灼见：史海拾贝、缤纷生物、地图发展、物种起源、石油勘察，阅读策略——初中语文新教材助读。

二是行“生活之力”，生活力课程——拓展型课程：

生活力课程将为学生建构生命科学世界和生活意义世界，引导学生学会生存、学会做人、学会做事的生活技能、懂得与他人和环境和谐相处的道理、探寻生命的意义和价值、塑造自我人格、树立可持续发展观念。其课程由三个模块组成：

生活之能：生活广角、行走的课堂、绿色出行、高中生礼仪、自我救护、十字绣手工、健康饮食与营养、理财金融。

身心修养：舞蹈学习、乒乓入门、茶艺人生、自我潜能发掘与塑造、咖啡文化、心灵花园、阅读策略。

生命探究：生活与化学、青春期读本、天气与人类、草木情趣、珍爱自我。

三是行“艺术之力”，艺术力课程——拓展型课程：

艺术力课程将为学生构建认识美、欣赏美、创造美的审美艺术世界，引导学生发展审美个性、提升审美素养，具有艺术的改造自然和社会的能力，使审美的人与道德的人相统一，成为“真善美”、“知行意”统

一的真人。其课程由两个模块组成：

艺术之美：音乐之声、画艺人生、口琴教程、轻舞飞扬、象棋有道、书法欣赏、清音雅韵、经典品读、电影赏析、话剧艺术、小提琴基础教程。

文化理解：静读真意、民俗文化与饮食文化、服饰文化与变迁、古典诗词鉴赏、中西方文化差异比较、舞龙舞狮、古代节日、中国篆刻、太极通达。

四是行"自治之力"，自治力课程(拓展型课程)：

自治力课程将为学生构建自主参与、多向互动的公民道德实践世界，引导学生树立自主管理、自主参与、共同自治的公民主体意识，具有公民道德素养、服务国家与社会"爱满天下"的精神。其课程分为三个模块：

公民意识：党团知识、法在我心、安全防范、走进社会主义核心价值观。

责任践行：国防教育、军训学农、志愿服务、爱国主义活动、寻访活动。

与陶结缘：陶行知诗歌集、陶行知箴言、行知讲堂、小陶子社团课程、小先生社团课程、陶行知求真奉廉读本。

五是行"创造之力"，创造力课程——探究型课程：

创造力课程将为学生构建展现自我潜能特长和创新能力的世界，引导学生"敢探未发明的新理、敢入未开化的边疆"，具有深远的视野、创造的精神和开辟的精神。其课程分为三个模块：

科技长廊：无线电之谜、生命的脉动、城市的发展进程、环境与化学、太阳能源的开发与研究、宇航生活探险、黄河上的人造湖泊。

手脑相长：头脑奥林匹克、FLASH 动画制作、网页制作、摄影常识、科技与生活、乐活手艺。

创新实践：新能源开发与利用、未来城市设计与探索、自制 3D、VB 课程设计、STEM 课程。

（2）课程管理 确保效果

在特色课程开发实践中，学校充分尊重教师的开发精神和创新能力，展示教师的个性优势和特长优势，使教师真正成为课程实施的主人，既是课程的规划者、编著者、实施者，又是课程的评价者和保障者。学校引入现代课程理论之父泰勒（R. W. Tyler）所提出的课程原理，把课程开发管理分为四个步骤：确定目标、选择经验、组织经验、评价结果，即课程目标的管理、编制的管理、实施的管理和评价的管理。

① 目标管理——组织网络保障

学校成立由校长全面负责，分管副校长具体主抓，其他行政班子成员及骨干教师参与的校本课程开发领导小组，构建由“校长-分管副校长-教研组长-年级组长-授课教师”的课程管理网络。课程目标由学校课程管理网络共同根据学校培养目标、特色、满足学生发展需要来共同制定，各课程必须围绕学校总课程目标制定课程纲要。

② 编制管理——依托搭建师生课程开发平台

学校认为学生的发展是课程开发的根本出发点，从这个意义上来说，学生本身就是一种课程资源。因此在特色课程开发实践中，学生与教师同样都是开发资源的主体。因此在编制校本课程之前，首先进行学生问卷调查，了解学生的能力、需求，在此基础上完善课程的构想，调整课程的内容，确立课程开发的重点；然后组织教师申报开课，撰写纲要。编制教材遵循几个原则：一是挖掘使用本土文化，即陶行知文化资源原则，把本土文化资源编成教材；二是合作编制原则，由多种结构、多种层次、多种学科以及多个教师的合作编写，而不是由某些个别教师编写；三是体现基础性（立足于学生）、主体性（学生的参与性）、现实性（可操作）。编写完后，由学校课程管理网络审核论证，筛选之后，装订成册。

③ 实施管理——翻转课堂搭建互动平台

课程最终要以具体的课堂实施加以呈现，学校尝试将以翻转课堂为突破口，搭建校园多维互动平台。如：文史经典、行知生平、社团活动等接力协助合作突出生生互动；艺术之美、文化理解等通过教师与学生共赏品析完成师生互动；信息技术、科技课程则由互联网互通技术实现人机互动。课程研发中心还将设计课程规划菜单，可供学生自主选课，教师也可实行跨班级、自选重组方式授课。

④ 评价管理——呈现科学与人文相结合的评价机制

学校将建立以“学生自我参照为主要形式，科学与人文相结合的课程评价机制”，课程评价以发展性评价为主，注重过程性评价，采用教师自评、学生评价、行政评价、家长反馈等多种途径评价。通过为每个学生准备档案袋，记录学生课堂参与状态及其课堂表现，考察作业、测试、调查报告、作品呈现等多种方式完成课程学习的反馈评价。

学校开发的、丰富的学陶跨学科课程模块，将兼顾到学生的个性发展与全面发展，架构起学生的生活实践与学习桥梁，使学生在充满生命力和创造力的课程实践中亲历、感悟、体验，实现学陶润德的价值和目标。

4. 舞龙舞狮　注入精神

在行知实验中学学陶师陶中，诞生了舞龙舞狮这一新奇的事物。舞龙舞狮本是我国传统民族文化中的宝贵遗产，具有喜庆吉祥的意喻、欢快热闹的气氛，更有朝气蓬勃、昂扬向上和集体协作配合的精神。把舞龙舞狮引进学校，起意是学校进行体育专项化教学改革而萌生并产生了这一项目，后来却成了一发而不可收的学校标志品牌，特色中的亮点。学生在舞龙舞狮的过程中，体验了传统民族文化的魅力，感受了参与其中的协作配合的力量；学校在开展舞龙舞狮活动中，在以形象向外界展示的同时，更是收获了由此带来的学生精神世界发生嬗变、学校学陶师陶产生连锁反应的精彩。

“真人”教育最好的培养方式是借助于看得见摸得着的具体项目进行历练，在接触实际的锻炼中成熟、在动脑动手的过程中体会、在与他人的交往中感悟，这是陶行知一再强调的教育要旨及其方式。舞龙舞狮正好就是为行知实验中学孩子们准备的天然的“好动好玩”项目，正中孩子们天性“贪玩”的特点，而且还能玩出无穷尽的花样和高大上的情操。表演是外在的形式，过程是酸甜苦辣的回味，结果是分享喜悦的快乐。舞龙舞狮是学校找到“真人”培养模式的非常合适的载体。

（1）源远流长，中华优秀传统文化的结晶

中华民族的文化中，龙，代表了吉祥、尊贵、勇猛，更是权力的象征；狮，则外形威武，动作刚劲，神态多变。龙狮运动，是中华民族的文化瑰宝，至今已有2000多年的历史。

民族传统文化的神韵。舞龙舞狮，象征着兴旺和吉祥，富有浓厚的民族色彩和独特的传统艺术性，是中华民族璀璨文化的精华。锣鼓伴奏，龙随乐舞，这是一个场面壮观的画面。舞龙舞狮结合着跳跃、扑腾、登高、翻转、踩球等高难动作，让人喜闻乐见。因此，舞龙舞狮活动成为喜庆佳节的最佳的民间活动。

如今的龙狮运动，已经从民间文体活动演变成一项集武术、杂技、

艺术为一体的体育文化运动，其技艺发展水平之高，遍及范围之广，还有其未来多元化发展的前景，处处显示着这个古老的健身娱乐项目的时代新魅力。舞龙舞狮，在世界各地产生了极大的影响，获得了各族人民的青睐，代代相传，经久不衰，由此形成了丰富灿烂的民族传统文化——龙狮文化。

龙狮精神的文化寻味。龙狮精神，渗透着中华优秀传统文化，是一种不屈不挠、勇于拼搏、奋发努力、知难而上的精神，更是一种崇尚群体、凝聚合力、敢于创新的精神。具体包括勇于拼搏、脚踏实地、求真创新、团队协作等。

第一，勇于拼搏。“勇”，勇敢、胆量；“拼搏”，旨在尽最大的力量，倾自己的所有，积极努力，去实现自己的目标。

第二，脚踏实地。比喻做事踏实，认真。主要是指观念务实、干事踏实、讲究现实。

第三，求真创新。传承决不是仅仅习得，更重要的是有所创新，使知识增益。在龙狮表演中，需要舞者具有灵活的步法、巧妙的手法，才能将龙狮表演得惟妙惟肖、生动活泼，更需要培养学生探求“真知”、感悟“真情”、品味“真趣”，学会做人，在道德、知识、技能、心态等方面健康成长，成为“知、行、意”合一的“真人”。

第四，团队协作。团队协作是一种为达到既定目标所显现出来的自愿合作和协同努力的精神。它可以调动团队成员的所有资源和才智，并且会自动地驱除所有不和谐和不公正现象，同时会给予那些诚心、大公无私的奉献者适当的回报。如果团队合作是出于自觉自愿时，它必将会产生一股强大且持久的力量。龙狮活动，能够加强学生之间的沟通和交流，培养他们的团队和创造精神。最重要的一点是，借助这一运动，能对学生进行形象演示和贴切教育，传播一种思想，树立一种意识，弘扬一种精神，使广大学生领略中华民族深厚的民族文化魅力，领会蕴含其中的民族精神，培养学生的民族意识和民族精神。

杨卫红校长说，“现在的学生对传统文化了解得太少，学校借龙狮这个项目，一方面是增进学生对优秀传统文化的认识，增加认同感，让每一个学生都能体验舞龙（狮），另一方面是增强学生体质，培养学生团队合作精神，磨练坚强意志，让校园更有生气。”

舞龙舞狮运动能联络人与人之间的感情，增强民族认同感，提高民族凝聚力，对参与者的身心发展具有积极意义。它不仅可以提高学生素质，培养学生意志品质，而且能将中华民族的优良传统发扬光大，将中华民族文化的精髓代代传承。

学校积极开展人人会舞龙体验活动，在相关特色活动中，让师生了解龙狮文化，从而拓宽视野境界、提高运动技能、锻炼身心体质、丰富文化生活，最终提升人文素养，从而提高学校的办学品位，更好地推进素质教育。

（2）文化重塑，龙狮精神进入校园的演绎

学校对龙狮文化及其精神进校园，进行了校本化的演绎和全方位的架构，龙狮精神传文化，知行合一育真人。

“龙狮”校园文化特色。学校引入非遗项目“龙狮文化”，并植入到教育活动和体育教学的方方面面，充分挖掘可开发可利用的优秀龙狮文化资源，在师生的认知结构和情意结构中逐步形成以内化和体现“龙狮精神”及“真人教育”为核心的价值观，形成丰富的“龙狮”校园文化特色，全面提升师生可持续发展的软实力和学校的办学质量。

学校以龙狮文化为文化建设的品牌，挖掘龙狮文化的精神内涵，并和学校“实验行知、求真创造”的办学理念相结合，从内隐和外显两

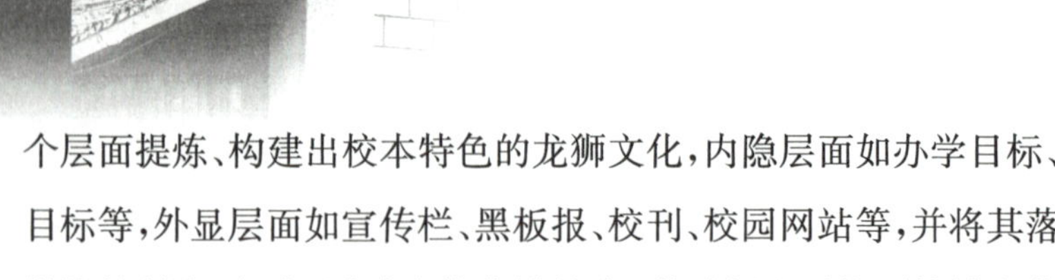

个层面提炼、构建出校本特色的龙狮文化，内隐层面如办学目标、课程目标等，外显层面如宣传栏、黑板报、校刊、校园网站等，并将其落实于学校的制度、行为、活动和物化设施中，激励师生对校园精神文化的认同感和自豪感，增强学校的凝聚力和向心力。

学校通过校园文化、班级文化和课堂文化等领域，开展"龙狮文化"的熏陶和引领，帮助学生养成"惯于耐心与踏实、善于思维与想象、乐于交流与合作、勇于实践与创新"等良好的习惯，进一步塑造创新人格，拓展兴趣、激发好奇、确立自信、学做"真人"。

龙狮文化活动亮点。学校注重龙狮文化活动的演绎和深化：一是围绕龙狮文化，开展一系列德育实践活动，让学生的思想道德素养在活动中不断升华。如利用晨会、班会、队会，围绕如何传承龙狮文化，做时代"真人"开展主题活动等。二是开展丰富多彩的校园文化活动。成立"龙狮社团"、"龙狮文学社"、"龙狮运动队"等，结合读书节、体育节、科技节等平台展示学生各方面才能。在龙文化系列活动中，学生展示在龙狮活动中收集的照片、有关的绘画、剪纸，形成的小论文、调查报告等；进行活动中的小故事演讲等主题交流。三是通过名家讲坛等活动提升师生对龙狮文化的认识。不定期地邀请市级有知名度的专家和舞龙教练来校指导，相关教师积极参与上海市组织的龙文化教育培训，取长补短，把学到的东西灵活地运用于本校的龙文化教学活动中，提高开展龙文化教育的能力。

（3）科学嫁接，知行合一成为学生的实践

舞龙舞狮，与发扬陶行知的"真人精神"相结合，与学做"真人"的实践相呼应。

"小先生制"显传统优势。"小先生"，是行知实验中学学生学习陶

行知教育思想，学做"真人"的重要实践，也是知行合一培养核心素养的有效载体。这项传统在舞龙舞狮活动中，也得到了充分展现。

在人人体验式舞龙舞狮活动中，学校积极探索推行"小先生制"。由学校龙狮队队员发挥自身的特长，把自己所学到的舞龙舞狮动作技术教授给其他学生，与他们分享在训练比赛中的付出与收获，使每个学生都明白不仅要发扬龙狮精神，更要传承中华文化。在该活动中，坚持行知先生倡导的知行合一的教学理念，给学生搭建了展示平台，以彰显知行合一的风范。

"小先生"像模像样。徐夏燕是"行实龙狮队"的一名女"龙头"，给人干练、阳光、积极向上的感觉。谈起参加学校龙狮队的感受，她滔滔不绝："龙狮队成员都是由不同班级的同学组成，增进了同学之间的了解，也使整个年级更加团结，还学到很多中华优秀传统文化方面的知识。经常出去参加比赛，增长了很多见识，丰富了个人阅历。很庆幸在学校能有这样一个学习的机会。"她讲起话来很流畅，有层次感，龙狮学习给她成长带来了很大的益处。黄嘉宇是班级体育委员，是龙狮队中的另一名"龙头"。在临近高三面对繁重的学业压力时，觉得以后舞龙(狮)的时间和机会越来越少。但两位学生却义无反顾，说："如果有需要，我们还会来帮助'新鲜血液'练习，比如他们需要替补或什么的，我们也都可以及时过来参加。"站在一旁的杨校长不无感慨地说："他们每天都在教其他同学学习舞龙，而且教得非常好，这正是陶行知先生所一直倡导的'小先生'教育理念，全校学生的舞龙体验活动，普及效果十分明显。"

舞龙舞狮训练，对团队的协作要求很高，能提高学生沟通能力、控制情绪能力、解决问题能力等。舞狮动作一旦不同步，就会导致配合失误，需要搭档的小伙伴们寻找默契，从交流中获得进步和成长。队员王晖说："舞龙这项运动，能增进同学之间的友谊。"

链接1

龙狮文化 舞出精彩

2017年底，一则信息让行知实验中学沉浸在兴奋与光荣的气氛中，经上海市文教结合工作协调小组办公室、上海市青少年学生校外活动联席会议办公室批准，上海市行知实验中学舞龙舞狮基地被命名为“中华优秀传统文化研习暨上海市非遗进校园优秀传习基地”。

“龙狮”文化作为非物质文化遗产，是传统文化中的瑰宝。学校把“龙狮文化”的内涵植入建设的方方面面，充分挖掘可开发可利用的地方优秀龙狮文化资源，在学校师生的认知结构和情意结构中逐步形成以内化和体现“龙狮文化”为核心的价值观，形成丰富的“龙狮”校园文化特色，全面提升师生可持续发展的软实力和学校的办学质量。

为传承中华优秀传统文化，秉承行知教育思想，落实立德树人的根本任务，给学生搭建传统文化的展示平台，彰显德育精神和知行合一素质教育的理念，学校把龙狮项目和体育专项化课程紧密结合，把舞狮项目融入到武术专项教学中，积极探索传统体育项目运用现代教育教学的方法、途径，有效地激发了同学们学习武术的兴趣。下面是舞龙舞狮在学校立项、发展、成功的演化过程：

2012年起学校入选上海市第一批高中体育教学专项化改革试点学校，打破了原先以班级为单位的体育课教学模式，高中三个年级的学生根据自己的兴趣爱好选择项目，实行全走班教学。体育组教师补充自编了《飞龙乘云》（龙狮）、《虚实通达》（武术太极）、《舞动青春》（健美操）、《跳动的旋律》（乒乓）等校本教材。

2013 年学校又把非遗项目龙狮文化和体育专项化课程紧密结合，融入到武术专项教学中，邀请上海体育学院、三林舞龙队等舞龙（狮）专家、教练来校指导。

2014 年 5 月 8 日开展了主题为“狮子滚翻呈现思动，情境创设传承文化”的上海市体育学科名师基地教学研讨活动，得到专家们的高度赞扬。同年 6 月 1—2 日，上海市教育委员会、上海市体育局、共青团上海市委员会、解放日报于东方绿舟举办了上海市首届龙文化全能赛，由学校武术专项班组成的“行实醒狮队”在比赛中舞动激情、放飞梦想，取得了南狮北狮项目第一名和龙狮同台项目第四名的优异成绩。

舞龙舞狮是行知实验中学的品牌项目，获得“上海市非遗进校园优秀传习基地”属实至名归。这是一张该校自舞龙舞狮开展以来的《成绩单》：

2014 年至 2018 年，连续五年参加上海市学生龙文化全能赛龙狮项目比赛，荣获一等奖 8 个、二等奖 6 个；学校获体育道德风尚奖。

2015 年 9 月，参加浦东国际龙狮文化节活动，获上海市校园龙狮文化展演最佳才艺奖；10 月，受邀参加第九届上海宝山国际民间艺术节展演活动；12 月，受邀参加由上海师范大学中国非物质文化遗产传承研究中心举办的“青春师大非遗行、龙跃校园迎新春——上海市学生舞龙文化邀请展示会”。

2016年9月，参加“绿地集团杯”上海市第二届市民运动会暨第六届龙狮总决赛，获龙狮传统一等奖、高中组舞龙自选一等奖、初中组舞龙自选二等奖；11月，行实龙狮队参加全国第九届舞龙舞狮锦标赛，获少年组亚军；12月，获2016上海市最佳阳光体育系列奖项主题活动“最佳体育社团”提名奖。

2017年11月，参加2017第十届全国舞龙舞狮锦标赛，获少年组舞龙传统套路第二名、舞龙自选套路第二名；11月，参加上海城市业余联赛“练塘古镇”上海市第七届舞龙舞狮锦标赛，获舞龙自选套路亚军；参加2017年上海城市业余联赛“礼谦杯”上海市舞龙精英赛，获初中队三等奖、高中队二等奖。

2018年9月，参加2018年城市业余联赛“中国体育彩票杯”上海市第八届舞龙舞狮锦标赛，获少年组龙狮传统套路第三名；10月，参加第十一届全国龙狮锦标赛，获少年组龙狮传统套路第一名；11月，参加2018年城市业余联赛“三林杯”上海市首届学生龙狮邀请赛，获舞龙自选套路二等奖。

同时，行知实验中学龙狮教学团队获2015年度“宝山区青年五四奖章”(集体)称号。

舞龙舞狮，不仅让行知实验中学师生舞出了运动佳绩，而且让行知实验中学校园充满了文化韵味，更让行知精神得到了发扬光大。

学校以高中体育专项化改革为契机，试点开展舞龙舞狮项目进课堂，主要是希望通过舞龙(狮)专项教学促进学生身心健康，提高学校体育整体水平，并使学生达到“三有”：有一种向上的精神，有一个强健的体魄，有探究实践能力；“三能”：能爱好学习，能自

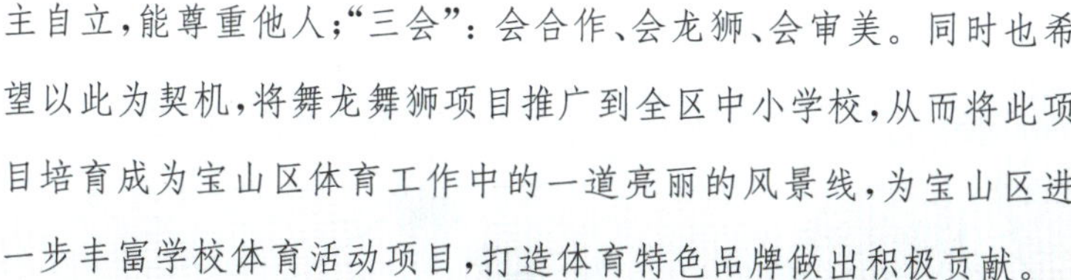

主自立，能尊重他人；“三会”：会合作、会龙狮、会审美。同时也希望以此为契机，将舞龙舞狮项目推广到全区中小学校，从而将此项目培育成为宝山区体育工作中的一道亮丽的风景线，为宝山区进一步丰富学校体育活动项目，打造体育特色品牌做出积极贡献。

值得一提的是，以发扬人民教育家陶行知思想和精神为己任的行知实验中学，对舞龙舞狮作了育人性、文化性、渗透性、多元性的多重开发，使舞龙舞狮具有教育的意味、文化的韵味和行知的寻味。舞龙舞狮，成为学校节庆和重大活动的“品牌项目”，学校每年举行运动会，龙狮腾跃、双龙点睛，成为标配，以此拉开序幕，显得特别精神和耀眼。

学校将舞龙舞狮作为弘扬中华优秀传统文化、非遗进校园的重头戏，进行了传承文化的深度挖掘；将舞龙舞狮作为践行陶行知思想、精神的新载体，进行了知行合一的良好示范；将舞龙舞狮作为展现校园文化的新窗口，进行了朝气蓬勃的形象塑造；将舞龙舞狮作为素质育人的新途径，进行了由外及里的艺术培育。如今，这个由高中体育专项化改革而引发的“校园一绝”正展现出迷人的风采、育人的精彩。

舞龙舞狮社团表演

龙狮精神传文化　知行合一育真人

龙狮精神

链接2

舞龙狮 做真人 传文化

杨卫红

舞龙舞狮在行知实验中学校园的诞生、发展和成熟，有着天时地利人和的优势。

文化传承，是舞龙舞狮在校园蓬勃开展的基因。中华优秀传统文化，是身为中国人的骄傲和精髓。而舞龙舞狮，又是民族史上具有深厚底蕴的非物质文化遗产，从某种意义上说，龙狮文化，凝聚着中华民族的伟大精神，聚集着中华民族的优秀品格。作为龙的传人，理应了解、理解和传承中华优秀传统文化，加强对非遗的保护和传承，而舞龙舞狮，让我们看到了中华优秀传统文化的身姿，看到了非遗传承的魅力。

行知血脉，是舞龙舞狮在校园持续开展的动力。我校以践行陶行知教育思想为宗旨，学做“真人”，是对学生的基本要求。陶行知的许多教诲，与中华优秀传统文化相连，与素质育人相关，而舞龙舞狮中，能够将行知实验中学奉行的育人主旨得到更完美、更切实的落地，两者相得益彰，相辅相成，可以说，行知是精神内涵，舞龙狮是外在形象，两者融合，可以展现出行实人的舞龙狮之貌，表现出舞龙狮人的行知之韵。

多元渗透，是舞龙舞狮在校园有序开展的脉动。舞龙舞狮，不仅是高中体育专项化发展的“重头戏”，也是特色办学、课程建设的

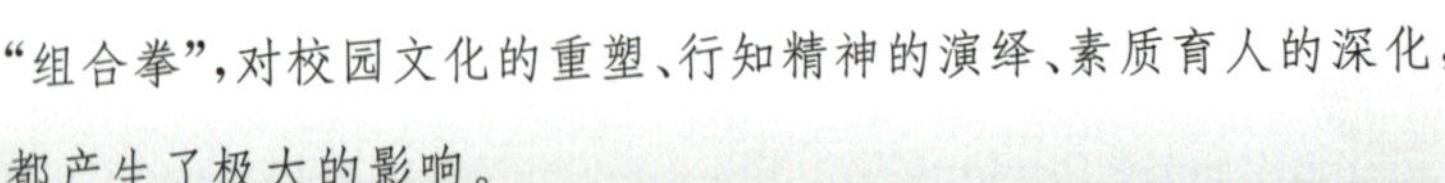

"组合拳"，对校园文化的重塑、行知精神的演绎、素质育人的深化，都产生了极大的影响。

舞龙舞狮，让我们感受了中华优秀传统文化的灿烂，体验了非遗民俗之花的清新，坚定了文化立校的信念，清晰了特色办学的路子，舞出文化，舞出精神，舞出前程。

5. 科技特色　发明迭出

动手能力和创造是陶行知教育思想中的重要部分。动手和创造是科技发明的翅膀，动手、创造也是这一时期孩子们喜欢的行为方式和心灵释放，是"真人"教育的重要手段与方法。由兴趣专长引来的动手创造欲望及其行为是教师需具备的职业素养，科技（科研）成果是教师自觉尝试、甘于奉献、潜心研究的结果，是学校明师工程所期望达到的高级形态。行知实验中学把科技意识、科技训练、科技项目落实融进"求真"与明师的具体展开中，并用来促进师生的科学科技素养养成，催进科技成果的孵化，以科技能力提升办学实力。

（1）以赛带练　赛出成绩

在日常教学中，以"明师"育"真人"，以学生发展为本，创设"自主体验、乐学求真"的教学境界。历年来，中考成绩及升入市、区实验性示范性高中的人数比例名列区公办学校前茅。2018 年，我校学生获得各类市区级竞赛近 200 人次。先后有学生考入北京大学、复旦大学、上海交通大学、南京大学、浙江大学、同济大学等知名高校。

学校以参加相关比赛、竞赛活动为途径，通过参赛让学生体会过程的乐趣、能力的提升、事物的认知、动手的兴趣、成功的欣喜，在思、动、创上获取“真”的能量。如学校学生辩论队荣获上海市高中生理财知识辩论赛冠军，科技社自编拍摄的《新李时珍传》荣获第七届全国青少年科学影像节展映展评活动二等奖、《榫卯传奇》荣获第八届全国青少年科学影像节展映展评活动二等奖。由于学校重视科技教育教学，组织学生各类科技活动出色，学校获上海市青少年“明日科技之星”评选活动贡献奖、宝山区“明日科技之星”评选活动优秀组织奖、第30届宝山区青少年科技创新大赛优秀组织奖。学校连续三年获得Future City“未来之城”中国区总决赛二等奖。学校受邀参展首届上海国际教育装备博览会和上海国际教育装备博览会。其中陈岭老师指导的多名学生分别获得上海市明日科技之星、提名奖、科技希望之星及专项奖；上海市青少年单片机竞赛2011、2012年第一名等。

以老师姓名命名的工作室、实验室，是行知实验中学真抓实上的具体措施。学校组建以陈岭老师为引领的教师创新团队，在区教育局指导下为其开设了“陈岭区科技名师工作室”，学校为陈岭开设了“‘求真创造’创新实验室”，做强科技特色，加强辐射示范效应。在陈岭老师及其团队的努力下，陈岭老师入选“2018上海教育年度新闻人物”，获全国十佳优秀科技辅导员、上海科普教育创新奖评选科普贡献奖（个人）三等奖、第十届国际发明展览会“发明创业奖”金奖。陈岭老师获得第九届国际发明展览会成人组发明创业奖，还受邀参加“2016中美STEM+教育公开教研活动”，与美方教师同场切磋，开展“同题异构”公开教研活动。

（2）科技教育　特色课程

学校从整体上规划科技课程的发展蓝图，制定科技教育发展规

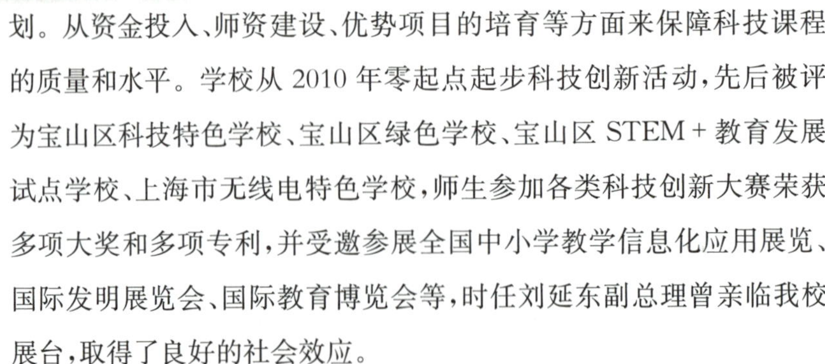

划。从资金投入、师资建设、优势项目的培育等方面来保障科技课程的质量和水平。学校从2010年零起点起步科技创新活动，先后被评为宝山区科技特色学校、宝山区绿色学校、宝山区STEM+教育发展试点学校、上海市无线电特色学校，师生参加各类科技创新大赛荣获多项大奖和多项专利，并受邀参展全国中小学教学信息化应用展览、国际发明展览会、国际教育博览会等，时任刘延东副总理曾亲临我校展台，取得了良好的社会效应。

学校积极营造科技创新环境，推动科技创造教育。以求真创造实验室为平台，在学校特色发展中创新科技教育活动模式，开发充满活力并适合学生发展需要的STEM⁺课程，开设名士讲堂，建立创新人才培养机制，开展创新人才研究性学习和个别化培养的运作模式。完善科技教育的保障、评价及激励机制。充分发挥科技创新教育的区域性示范、服务作用，使学校科技创新教育模式、创新能力和水平在区域内居于领先地位。

学校大力推行陶行知教育思想现代价值的实践研究，积极推动现代信息技术与课堂教学的深度融合，继续推进百度云校系统，探索基于数据分析的课堂教学反馈和评价诊断机制。

（3）重视科技　成果频出

（略）

注：科技成果详见附录

6. 网络课程　家社养德

学生的成长和发展，除了学校教育以外，家庭和社会是更大的舞台。近年来，学校致力于整合学校、家庭、社会资源，形成三位一体的育人网络大课程，构建家、校、社区“真人”教育德育共同体的建设，努力突破围墙之限，让社会的每一个角落、每一个地方、每一个生活单位，都担负起育人的职能，实行开放式办学，真正把学校放到社会大环境中，也为学生成长为“真人”，搭建有更大的平台。

陶行知主张学校教育的范围不在书本，而应扩大到大自然、大社会和群众生活中去，他说：“社会即学校”。这一理论从横向上来说扩大了学校教育的范围，将教育场所不仅仅限制在学校范围内；从纵向上来说进一步充实了学校的发展内涵，凸显其社会功能。为此，将校门打开，引进社会资源、家长资源，运用社会的力量使学校进步，为学校提供蓬勃的生气，使学校发展之源用之不竭。

（1）家校课程，共育“真人”

一是以构建完善的德育共同体研究为突破口，完善各项家校合作制度：

构建德育共同体机构是家校合作开展德育工作的纽带和桥梁，是“真人”教育开展的前提和保障，为此学校将以构建完善的德育共同体研究为突破口，完善德育共同体机构和机制的建设，更有效地促进各项家校合作工作的开展。

二是以建设两支有力的家教指导队伍研究为重点，提升家庭教育研究理论水平：

教师家教理论研究队伍。主要由有成功家教经验和理论基础的骨干教师、班主任等成员组成。通过开展陶行知真人教育理论的研究探索，研读《全国家庭教育指导大纲》，结合大纲和真人教育的内容，分阶段分层次、有针对性地制定真人教育目标，进一步明确“真人教育”的内涵，并且以“真人教育”为主题在教师当中进行学校德育现状的调

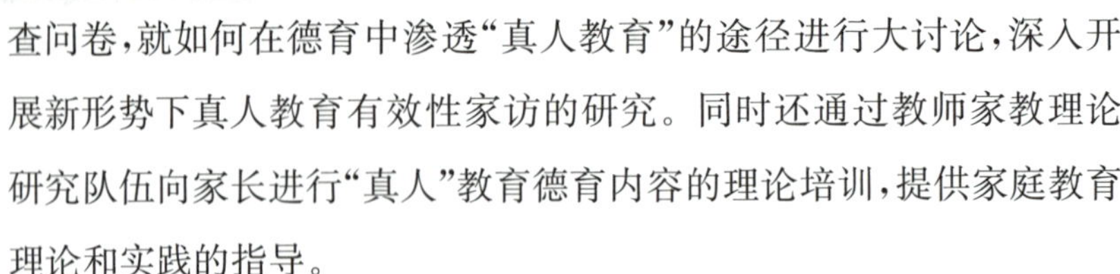

查问卷，就如何在德育中渗透“真人教育”的途径进行大讨论，深入开展新形势下真人教育有效性家访的研究。同时还通过教师家教理论研究队伍向家长进行“真人”教育德育内容的理论培训，提供家庭教育理论和实践的指导。

家长家教理论研究队伍。主要是锻造一支具有丰富家教理论及成功经验、并有一定领导才能和协调能力的家长组建成家教理论研究队伍，通过这些领军家长带领其他家长进行家庭真人教育的研究。通过办好家长学校，详细制定“真人”教育的分层分阶段研究培训计划和操作流程，确定每一阶段研究培训的主题，保证研究培训的规范性、有效性。

三是以编制三类家校校本课程研究为着眼点，确保学校、家庭德育目标有序协调：

《学校真人教育德育校本课程》。针对不同年段的学生特点，结合每个阶段的真人教育目标，编撰和设置学校真人教育德育校本课程，通过这一课程使教师对每个年段的学生都有明确的德育培养目标和评价方向，也使每个学生明白自己应该成为怎样的人。

《家庭真人教育内容和方法指导课程》。结合学校真人教育德育校本课程，邀请家长参与共同编写家庭真人教育内容和方法指导教材，通过这一课程的设置指导家长在家庭中如何循序渐进地教育孩子成为“真人”，提供理论的支撑和方法的指导，提升家长育人能力。

《家长学校课程》。这一课程主要针对学校如何指导家长进行家庭教育的课程，其目的是达成家校在教育孩子目的方法的一致性，有利于家校合作步调统一。

四是以家长志愿者联盟课程建设为载体，凸显家校合作办学的优势：

学校积极挖掘家长教育资源，形成一套切合实际、规范有序的家校协作办学服务制度，开发家长志愿者联盟课程，加强指导家长全方位参与学校管理，拓展教育的外延。通过建立分门别类的家长志愿者资源库，充分挖掘家长的教育资源；广泛招募、培训和激励家长志愿者，促进家长参与学校管理活动的策略机制；构架家校协作办学的网络服务平台，畅通学校与家长志愿者、家长志愿者与家长、家长志愿者与学生的服务供需信息；通过因人而异、因势利导地发挥不同家长志愿者的优势和专长，发挥家长志愿者作用，以家教项目组工作指导为突破，以家长资源介入课程为依托，扩展家长志愿者的运行方式，丰富学校教育资源，通过家校合作，相互促进，达成共赢。

（2）校友资源　课程开发

校友是学校撒向社会各行各业的名片，是学校办学精神、办学理念、办学目标的宣传者、传播者，是一支不可忽视的编外力量。行知实验中学校友中有著名的革命家、艺术家、教育家，也有杰出政府官员和企业家，他们是学校一笔宝贵的资源财富，更是陶行知教育思想和文化的传播者，为此学校将逐步开发利用好这些“可再生资源”，使之成为学校最重要的课程资源与发展资源，从而促进学校快速发展，提升学校文化品位，推动学校文化建设。学校的具体措施有：

一是校友现身说法，弘扬行知思想：

学校校友大都是陶行知教育思想的追随者，他们对陶行知先生怀着无比的崇敬和深厚的情感，他们的成长历程、思想无不印刻着陶行知教育思想的烙印，著名画家富华曾深情地说：“是陶行知的思想哺育了我”。陶行知教育思想研究学者叶良骏每次总满怀敬意的谈起自己从小在陶行知教育思想熏陶下的一步步成长历程。这些校友的现身

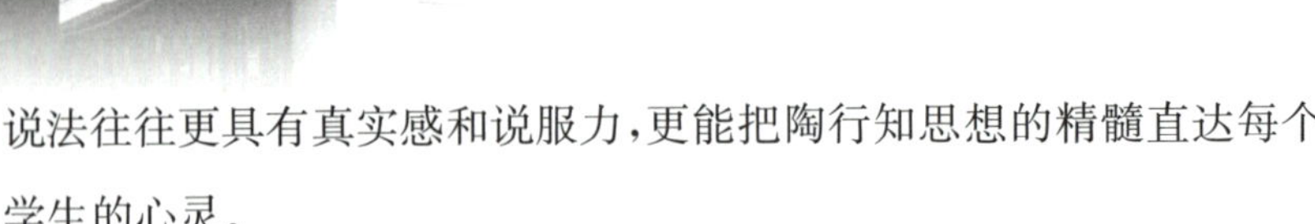

说法往往更具有真实感和说服力，更能把陶行知思想的精髓直达每个学生的心灵。

二是选树校友榜样，编撰校友丛书：

学校将通过多种途径向学生介绍校友的先进事迹，使每一位校友都是一本可用的教材，校友的成长之路、拼搏之劲、成功之道、肺腑之言是学生乐于接受的教育内容，是学生最为亲近的学习典范。通过编撰校友丛书，介绍校友的风采与足迹，成为一套实用的德育教材。

三是开发探究课程资源，增强校友意识：

学校将进一步邀请校友的专家学者来校开设讲座或选修课，利用已有的资源开发校史类、校友类校本课程，同时还将利用校友资源开发研究与实践方面的课程。如研究校友画家富华、朱怀新、赵志荣书画艺术作品的特色、探究校友成才成长的经历等，使学生对学校的历史文化有更深入的理解和认识，不断增强自己的校友意识。

四是“结对人生导师　成就青春梦想”：

开展“结对人生导师　成就青春梦想”主题活动，通过我校学生、党员教师与知名校友结对，以校友为人生导师，开展聆听人生导师诉说育才情缘，感受人生导师艺术魅力，大小陶子共话行知等系列活动，点燃师生智慧理想的火种，为实现自己的青春梦想努力前行。

充分利用有效的、丰富的家庭和社会的资源，请进来，走出去，社会、家庭、学校三位一体，共同为学生的个性发展与人格发展作贡献，让学生在耳濡目染的情景中，品味成功、体验，感悟、成长，实现家社养德的价值和目标。

（3）落实机制　保障实施

一是加强落实，健全学校“真人”教育项目网络机制：

为确保“真人”教育项目的实施，将进一步建立完善以四个层级（校领导小组——政教处——年级组——班主任）、三大分支（政教处条线、团委与少先队、各学科教学中渗透）组成的分工明确、组织协调的校内网络机制，形成一个上下相通、左右相逢、环环相扣、块块相联的“真人”教育的组织整体，从而加强校内各层级和各分支的管理力度，树立齐抓共管的意识，使真人教育目标能得以更好的落实。

二是打造明师，全员育人，完善师德建设机制，以“真人”育“真人”：

“千教万教教人求真”，教师首先必须是“真人”，然后才能教学生“求真”。全校教师树立“全员育人、全程育人”的意识，确立“教人求真”的教育思想和观念，制定和强化行知实验中学教师“一日行为规范”，规范教师职业道德，抓好“明师工程”建设，引导广大教师，做一个“明德、明智、明术、明达”的“明师”。学校通过利用教师论坛、经验介绍、演讲、版面宣传、纪念陶行知活动等形式，学习和发扬陶行知先生“爱满天下”的崇高精神，树立高尚师德，用教师良好的师德规范带动学生的品德，用教师良好的教风带动学生的学风，发挥教师的榜样示范作用，使之成为学生的楷模。

三是三方联动，构建全方位“真人”教育大网络：

为进一步推进真人教育项目实施的实效性，充分借鉴陶行知“生活即教育”的理论，整合家庭、学校、社区各种教育资源，并最大限度地挖掘、利用和拓展校内外人力、物力、财力等课程资源，建立起“学校——家庭——社会”三位一体的“真人”教育大网络，使学校教育、家庭教育和社会教育有机结合起来，为深化“真人教育”的成果提供保障。

7. 文化品牌　丰富载体

学校积极打造以“求真创造、文化化德”为要求的陶行知教育特色文化品牌课程。

积极发挥文化引发、认同、固化、传承的作用，逐步实现以文化浸润德育，以文化管理统领德育。通过校园本土文化——陶行知教育特色文化品牌课程的创建，使学生浸润在浓浓的富有真、善、美的学校个性化文化中，在文化认同和传承的基础上，致力于培育学生学做自主发展、勇于创造的真人；乐做探求真知、追求真理的真人；爱做富有爱心、服务国家的真人；愿做知行统一、内外兼修的真人，使弘扬陶行知教育特色文化成为学校亮丽的名片。

文化和德育是彼此依存，又是互相浸润的，“没有文化的德育不是真正的德育”。为此，学校由自身的历史积淀和基础教育改革为切入点，充分发掘本土文化中的德育资源——陶行知崇高的精神品质及其教育思想的现代价值，从物质文化（硬件）和精神文化（软件）两方面打造校园文化品牌，营造浓厚的校园“陶行知教育文化”氛围，努力寻求德育与校园文化建设相结合的最佳教育途径和方法，积极把“陶行知教育文化”融入德育的全过程，赋予德育更丰厚的内涵和可持续发展的动力。

（1）硬件特色　丰富载体

从物质文化层面，打造富有行知文化特色、古朴优雅与现代气息并蓄的校园环境文化。

在现有校园环境基础上，学校在改建过程中将把陶行知教育思想、文化充分融入到校园环境文化的建设中，通过优化校园环境，让校园的每个角落充满浓浓“陶味”，每一处都起到潜移默化的教育作用。

① 凸显陶行知教育文化特点，构筑校园九大人文景观

学校以“行知像广场”为地标核心，中央大道——“行知大道”为轴，左右各四大文化景观相应对称，建筑风格古朴与现代并蓄，呈现历史文化风貌与时代风尚元素共济。

左侧人文景观：依次为行知育才旧院、育才钟声、行知讲堂、仰止亭、行实楼，建筑风格江南民居建筑，古朴优雅，主要以传播陶行知教育思想文化、学校发展史为主旨。

右侧人文景观：依次为求真创新实验室、创造廊、行知文化墙、求真园，建筑风格充满时代气息和风尚元素，主要以学生当今践行陶行知教育思想和崇高精神为要义。

② 馆院一体建设，创新学生师陶实践载体

以“行知育才旧院”与“求真创新实验室”两大融合历史与现代、文化与科技的室院一体的建设为载体，彰显学校“求真创造”之办学理念，成为学生师陶的校园德育课程实践基地。

行知育才旧院： 作为一种历史的积淀，“行知育才旧院”无疑已成为学校独有的人文资源，成为对入校新生和新教师进行传统教育的独特教科书。在维持和保护原貌的基础上，学校将进一步修缮和完善生平厅、沿革厅和实践厅，丰富史料。在这里，师生将共同追溯学校的发展历史、感悟陶行知的教育理念、展望学校的发展前景。同时行知育才旧院还将与上海市陶行知纪念馆结成同盟，以“趣场馆、觅职业”主题活动课程探索，为学生创设更为广阔的德育天地。

求真创造实验室： 作为充满创造力的学生创新实验室实践平台，学校将以创新实验室的创建为龙头，形成多元化的实验室群，成为集理、化、生、信息的综合性科学类实验创新平台。面向全体学生，为学

有余力的学生提供实践制作和开发、自主管理、自主学习以及对专项课题进行研究的场所，让学生了解现代工程技术和现代科技的发展，培养学生的科学精神和创造动手能力。以创造科技创新环境，推动创新教育，充分发挥实验室在教学改革和人才培养中的作用，使实验室为教师科研、学生参与拓展课、研究型课程研究等科技创新活动提供必要条件。

（2）软件特色　营造氛围

从精神文化层面，打造系列化、常态化，具有辐射效应的特色文化品牌系列活动。以系列特色活动为载体，丰富培育"真人"的活动内容。

特色活动一：学陶思陶，学做真人

一是"走近行知"系列活动：

每年10月18日是陶行知先生诞辰纪念日，学校举行"走近行知"系列活动，通过分年级、分阶段开展学陶主题活动，以演、唱、说、写、讲、作等丰富多彩的活动形式，走近伟人、对话伟人，学习陶行知高尚思想情操，用陶行知高尚的情操和伟大的人格魅力感染教育学生。

预备年级——陶行知诗词朗诵、小故事演讲比赛

初一年级——"敬礼伟人"十分钟队会

初二年级——"唱响陶行知"歌曲比赛

初三年级——学习陶行知诗歌创作比赛

高一年级——陶行知教育故事戏剧创作比赛

高二、高三年级——行知论坛活动

二是"饮水思源不忘本，立德树人扬新风"系列活动：

全校"清明纪念陶行知仪式"；"陶子行、忆行知——陶行知事迹流

动展”；高二师生南京拜谒陶行知先生墓；在行知广场上举行高三 18 岁成人仪式。

特色活动二：特色社团，实践真人

在“小陶子”红领巾社团和小先生宣讲团学陶特色社团建设基础上，学校将进一步创设更为多元化的初高中衔接一体化的，以宣扬传承陶行知教育思想为主的特色社团，每个社团成员将担当起传播陶行知先生事迹和思想的使命。

学校特有的陶行知教育特色文化和行知实验中学的校园文化有机结合，组成丰富的历史文化浸润课程模块，从物质（硬件）和精神（软件）两方面建造校园文化品牌，让学生追思、感悟、体会、激励、成长，促使学生的发展，实现文化化德的价值和目标。

第四章

师陶立魂　铸就“明师”

教师，是学校办学的主体力量。教师素质如何，决定了学校办学质量的高低。陶行知十分重视教师在教育中的地位及其作用，有过非常精辟的教师重要性的论述。行知实验中学的学陶师陶，其关键点在于如何提升教师对陶行知教育思想的认同程度、认知水平，如何提高教师在学陶师陶中的自觉性与积极性，如何把自身融入学校发展的大局中来提升自己的思想、专业水平与能力。如果说“真人教育”是践行陶行知教育思想的“重头戏”，那么教师的专业发展与综合素质的提高就是践行陶行知教育思想的“戏中戏”了，因为没有一支高素质的教师队伍，行知实验中学便无法承担起传承、弘扬陶行知教育思想的重任，也不能培育出真正的“小陶子”。为此，学校提出了加强教师队伍建设的“明师”策略，以期通过“明师”策略的实施，练就一支新时期续写辉煌、开创未来的教师群体。

1. “明师”立德　强师优师

“明师”与学会“真人”是学校教师发展目标，而“真人”的前提是师德，也即立德。把“明师”的要求与立德的标准结合在一起，是行知实验中学对教师明确而又严肃的从教要求。德，在陶行知教育思想中占据了很重要的地位，无论是做先生还是做学生，特别是教师，首要的是道德品行，要诚实，有责任感，求进步，守纪律，乐助人，勇为公，善始终。学校把德作为“明师”的前提条件，在“四明”中第一条就明确规定了要做“明辨师德”的教师，既与陶行知教育思想有因袭传承，又与新时期对教师师德要求相一致。

（1）先做“真人”　方能“明师”

确定学校教师发展目标是“明师”，学生培养目标是“真人”。教师发展目标中的“明师”，已成为行知实验中学广大教师的自觉认同，学做“明师”已成为广大教师的自觉行为，“明辨师德、明悉学智、明了教法、明达心态”已成为广大教师的日常坐标。

通过特级教师、高级教师、骨干教师、专家型和领军型“明师”的引领和指导，促进青年教师的成长和发展，进而夯实、助推学校教师队伍专业素养和水平的整体提升。学校先后成立了以特级教师卜洪生等5名骨干教师领衔的明师工作室，一批批教师在工作室中锻炼成长。

为“明师”先为“真人”，以“明师策略”促“真人教育”，师生双向求真。随着学校区实验性示范性高中、上海市文明校园、特色普通高中的创建，进一步增强了全校教职工对学校加快发展的责任感和紧迫感，同时也加快了师生的自主发展。“明师”塑造工程的“明师”培养“真人”的效应已经显现。

（2）“明师”效应　“名师”涌现

“明师”工程具有明确的导向性、引领性，积极鼓励倡导教师专业发展，已经基本形成了一支由骨干领衔与支撑的师德高尚、业务精湛、教学实践能力强，年龄和职称结构合理的明师队伍。

2016年，学校被评为区教师专业发展示范校、区“十二五”学校师训工作示范单位。以卜洪生老师领衔的高中体育组和周燕老师领衔的初中语文组被评为宝山区万名教师提质工程学科基地。

自2008年起，学校教师中陆续出现了上海市“双名”工程、上海市优青工程、区学科首席、学科带头人、教学能手等众多“品牌”教师，涌现了大场陶行知教育思想实验区学科带头人、教学能手、教坛新秀数十人。近年来，有许多名教师承担市、区级教学公开课，不少节课获市、区教研员和同行的好评。部分骨干教师承担薄弱学校教师的带教工作，发挥骨干教师的示范作用。

2. 个人规划　扎实基础

有了“明师”工程和学校对教师的总体要求，还需要细化到每位教师的个体落实上。学校要求教师根据个体情况，根据学校发展目标，制订教师个人的五年发展规划。

（1）分析自己　明确方向

找准自己的薄弱环节，是制订发展规划的前提；了解自己的发展长项，是制订发展规划的准确性所在。做到两者有机结合，即既找到了自己存在的薄弱短处，又看到了自己的发展长处，也就明确了自己进步的方向，也就合着学校发展的步调同步前进。

剖析自己，就是要把自己放在学校学陶师陶、学校发展的大局中掂量自己，放在大环境、大发展对自己的要求上来分析自己，才能够真正地找准问题的症结所在，为“药到病除”打下基础。学校广大教师都按照学校的要求，认真做好教师发展五年规划，把它作为前瞻性、基础性的工作看待，认真过场。

（2）细化目标　做实发展

目标就是前进的标矢，做事的标杆，目标有大有小，有粗有细。规划制订中的目标如何有效才能实现，与对照目标的参照物和具体的标的有莫大关系。目标太大，规划制订不着边际；目标太小，规划制订意义不大。

学校在宏观上引导教师从师德修养、课堂教学、课程建设、教育科研、专业学习等方面制定切实可行的发展目标，在微观上要求以“明师”工程的“四明”要求细化自己的发展目标，明确自己主要发展方向和领域、实现发展目标的途径方法及具体措施。有了具体可行的发展目标及落实措施，教师的专业发展和其他发展就有可靠的保障，就不会偏离学校发展的大方向，就不会使自己失去快速成长的机遇。

3. 建工作室　搭创平台

工作室是提升教师水平与能力的“课堂”，是教师思想碰撞、观点交流的“沙龙”，是总结经验、再上台阶的“助推器”，是出思想、出成果的“孵化器”。对于教师，工作室既是“象牙之塔”，又是“聚沙之塔”，暂别一下纷繁的教学现场，在工作室里审视工作得失、思考攻关难题、提炼教学心得，是非常有必要的举措。工作室是平台，为相关学科教师提供了储备能量的机遇；工作室又是基地，为更多的教师提供了学习锻炼的场所。学校为学有所长、工作中有突出成绩的相关学科教师搭建了工作室，为他们创建了获得更多进步、使更多教师受益的成长平台，取得了很好的效果。

（1）推工作室　筑强基地

学校十分注重明师工作室建设，全力打造明师成长的基地。工作室能够集中名师的智慧、经验，总结育人和教育教学心得，潜心进行教研和科研，提炼成果，并发扬光大。工作室还能够对成长中的教师由名师进行悉心的传帮带，使更多的教师得到真传和历练。

在学校倡导的力推下，“卜洪生明师工作室——体育教学”、“周燕明师工作室——德馨语文苑”、“张群明师工作室——魅力班主任”、“陈岭明师工作室——创客大智汇”和“徐旭东明师工作室——科学大视界”等一批明师工作室相继成立，工作室以“专业引领、同伴互助、交流研讨、共同发展”为宗旨，以教育科研为先导，以课堂教学为主阵地，打造融科学性、实践性、研究性于一体的研修团队。可以预见，随着已建工作室的运作效果不断放大，将有更多学科工作室随之建立，更多的明师将从工作室走出，惠及更多的学生。

（2）成果摇篮　在工作室

工作室不是摆设，而是教师走向成熟成功的高地。这里没有硝烟，却有着看不见的战场；这里没有刀光剑影，却有着教师辛勤的汗水；这里的设施暂时还略显简陋，却凝聚着教师充满的智慧。工作室已成为“明师”不可或缺的“工作伙伴”、成功摇篮。请看：

张群老师的“魅力班主任”工作室致力推动学校青年班主任的快速成长，积极发现和培养班主任的后备队伍；张群、唐莉君、孙颖老师被评为上海市优秀班主任、宝山区十佳金奖班主任。

以陈岭老师为引领的学校教师创新团队，依托“陈岭区科技名师工作室”及“求真创造”创新实验室，获得第九届国际发明展览会成人组发明创业奖，还受邀参加“2016 中美 STEM + 教育公开教研活动”，与美方教师同场切磋，开展“同题异构”公开教研活动。

工作室已日益成为学校创新发展的“试验田”，成果云集的“发射场”，教师成长成才的“加油站”。

4. 管理创新　成长土壤

管理出成果，管理出效益，管理出水平，管理上层次，管理的重要性不可小觑。管理水平反映了治事理念与治事能力，决定了工作的成效大小。学校在“明师”工程中，引进了管理概念，在工作的实施与任务的进展中进行动态管理，只要有教师、有工作任务，就有管理跟进，使之受于可控状态之下。

（1）有效管理　保证质量

在诸多工作中，管理是须臾不可缺少的。学校在“明师”铸造过程中，把过程管理、后续管理在方案设计、工作布置时就予以充分考虑，有计划、有预案，使“明师”工程的每一项具体措施都置于有效管理之下。学校能取得学陶师陶和创建工作的成就，取得“明师”工程的教师发展，是与管理到位分不开的。

（2）任务驱动　动态管理

最好的管理是在动态中进行，在有工作任务的考量中进行。学校创新管理方式，让任务驱动成为“明师”成长的土壤。做法有：

其一，搭牢教研训联动“脚手架”，令“明师”视野位高望远：

学校开展诸如“名师引领”等教学展示系列活动、“明师”系统工程策略研究专家研讨会、名师引领开展“磨课”系列活动、“明师论坛”等活动促进教师立足于课堂的教与学，重新审视、调整教与学的关系，更新教学观念、启迪教学智慧、丰富教学策略；同时将完善学术委员会机制，促进学科及专业建设。

其二，写好发展战略“策划书”，令“明师”成长有的放矢：

学校对职初型教师、成熟型教师、示范型教师和领军型教师分门别类，提供专业指导、明确服务途径、探索教师成长模式，进行分层化、梯度式培养，有序地实施“明师”培养工程。强化师资队伍建设，尤其是加强青年教师、骨干教师的培养，构建教师干部梯队建设平台。

其三，组建研修驱动“梦之队”，令“明师”团队地利人和：

健全以校为本的培训制度，以教研组、备课组为单位强化教师业务学习和培训。每年定期组织开展中青年教师大奖赛、骨干教师展示及教研组优质课展评活动，以此推动教研组管理和建设，并形成和发展特色。在教研组和备课组同伴互助的基础上，以任务为驱动，对课堂教学策略、校本课程建设等进行学习研究。

管理，助推学校发展；管理，落实“明师”成长。

5. 培训接力 提升能力

教师的知识能力储备会随着时间消耗、随着形势发展变得不够用，需要及时补充新的理念与方法、新的知识与技能，为自己充满电，再上征程。学校在强“明师”工程中，把培训作为重要的一环，确保教师发展不缺新能量的补充。

（1）培训环节 “明师”必需

“明师”是学陶师陶对教师的要求，是教师发展的目标。“四明”是对“明师”的细化要求。“明师”不应是一时一地的“明”，而应是常“明”常新，不断发展与进取。要做到常“明”常新，就要结合学校发展目标和阶段要求进行有目的、有计划、有内容的培训，进一步适应学校发展的需要，进一步提升自己为学校发展、学生成长奉献、服务的本领。因此，培训对于每一位教师的成长和发展来说，是不可缺少的。

（2）模块方法 组合提升

学校采取模块化培训的方式，帮助教师提升工作能力，提高育德水平，做法是创新培训课程。积极发挥教师集体智慧，努力寻求市德育实训基地专家和资源平台的支持，开发系列校本培训课程，使教师学科育德能力培训形成系统，同时根据相应的课程培训内容制定学科德育实施的效果和评价检测方法，不断改进和提高学科德育的方法与效果，优化教师的德育素养，提升教师的育德能力，从而从整体上提高新时期学校德育的实效。

以“教师学科德育课堂”培训为中心，以实现教师育德能力提升为目的，规划“教师职业道德、教师学科德育内容、技能与实践、教师学科人文素养”三个主题模块。

模块一： 教师职业道德。本模块旨在引导教师树立高尚的职业理想，提高教师的思想政治素质和职业道德水平，形成教师新育人观念，促进对教师角色认识与自觉遵守职业道德规范，建构教育职业理想。

模块二： 教师学科德育内容、技能与实践。本模块旨在使教师进一步理解学科德育目标、内容，掌握依据教材特点适时进行学生德育的教学策略与方法，探究学科育德课堂的实践过程，提升教师课堂育德技能。

模块三： 教师学科人文素养。本模块旨在丰富教师的学科素养，培养教师的人文情怀，形成教师的人格风范，塑造教师的形象魅力。

多渠道、多形式开展教师学科育德能力考核与评价，根据教师考勤记录、活动表现、自我学习研修和固化的研究成果等多方位考核教

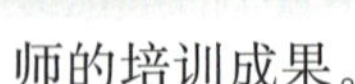

师的培训成果。

培训为教师发展提供了后劲，也为学校发展提供了充足的合格教师来源。

6. 教育科研　支撑发展

教育科研是研究学生成长、教育教学规律的一项活动，大到学校办学理念的探索、发展目标的确定、教育教学改革的方向、重大重要项目的研究；小到教师教学心得、专业发展、育人方法等的研究，科研无处不在，无处不有，有慧眼就有科研的价值，科研为学校的发展提供强有力的支撑。

（1）教育发展　科研先行

对于抓好教育科研，行知实验中学有着总体的思路。

学校教育科研的总体目标是：以《国家中长期教育改革和发展规划纲要》为指导，以特色高中创建为契机，以陶行知教育思想为法宝，以主课题《基于学业规划建构下的完全中学优质发展的实践探索》为龙头，引领全校教师深入学习实践现代教育教学理论，鼓励教师更新观念，探索研究，改进教育教学方式，推进教育实践创新，增强教师的创新意识和实践能力，为师生搭建成功发展的平台，让学校成为师生共同发展的沃土，以研促教，推动学校新一轮发展，做强陶研特色学校品牌。

具体目标有：

一是加强教育科研工作的组织和管理，构建合理有效的教育科研管理机制和奖励制度，不断提高教育科研管理水平；

二是做强做大全国陶研特色学校品牌，形成区域乃至更大范围的影响力；

三是以学校的龙头课题为引领，推动教学研究与教育科研的一体化进程，调动广大教师参与教育科研的主动性和积极性，形成浓厚的科研氛围，促进学校的发展；

四是优化教育科研工作的结构，加强指导，提高教师科研成果的质量，促进教育科研成果的辐射，提升我校教育科研水平。

具体任务是：

一是进一步健全和完善学校教育科研管理机制：完善学校教育科研的管理制度，形成教育科研工作开展的网络化结构，优化教育科研的奖励制度，发挥校学术委员会的作用；

二是打响陶研特色学校品牌：组织教师对陶行知教育著作进行深入学习，为学校在教学、德育、改建中渗透陶行知教育思想提供支撑，打造有一定知名度的陶研特色品牌；

三是以学校龙头课题来促进学校发展：完成学校市级课题的研究和结题，谋划新一轮学校龙头课题，以此带动其他课题的研究，以市级课题及其相关子课题的研究成果推动学校的优质发展；

四是提升学校教育科研工作的水平：构建覆盖全校工作的研训网络，搭建平台，大力开展合作研究，鼓励跨学科合作。以教育科研促进教师个人发展，充分发挥教育科研的价值。

主要措施有：

一是完善教育科研的组织机构：健全合理的科研组织机构，有效保证学校科研协调运作，对各类资源进行优化配置，发挥整合效益。成立学校科研领导小组，研训处主要负责，协同教导处、政教处，指导组织各年级组、教研组开展研究工作，完善上通下达、前后呼应的教育科研网络体系。

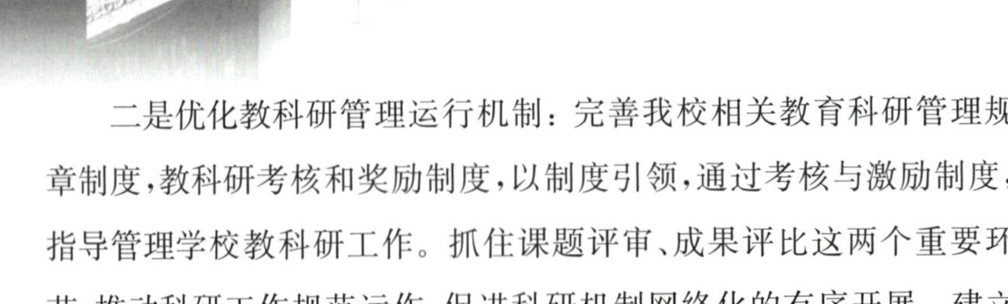

二是优化教科研管理运行机制：完善我校相关教育科研管理规章制度，教科研考核和奖励制度，以制度引领，通过考核与激励制度，指导管理学校教科研工作。抓住课题评审、成果评比这两个重要环节，推动科研工作规范运作，促进科研机制网络化的有序开展。建立科研工作档案库，建立教师科研成长档案。

三是发展壮大教科研骨干队伍：加强科研骨干队伍的培养，突出学科带头人、教学能手等骨干教师的示范作用。关注青年教师成长，提供多层次、多渠道、多形式的科研培训，指导鼓励教师在参与课题设计、开展独立研究、撰写科研论文等活动中，不断深化科研意识，提高科研能力，结出科研硕果，打造一支业务精、肯钻研、有创意、能力强的科研骨干队伍。

四是以个性化发展为重点，促进教师专业化发展：创设良好的教师学习条件。学校根据教师需求，每年购置一定量的教育专著，为教师订阅一些教育刊物，聘请专家指导，优化教师信息化办公条件，实现资源共享。满足教师多元需求，搭建平台拓宽渠道。鼓励支持教师参加市区乃至全国的各级各类培训，鼓励申报市区级骨干教师。

五是开展落实研究型课程的建设：聚集我校教师的智慧力量，整合各种有效资源，配合教务处做好研究型课程的开发工作。激活教师的创造力和研究热情，指导教师以学生为本，联系社会生活找准视点，提供丰富多彩的课程菜单满足学生需求，增强学生的科学素养和人文素养，提高学生的创新和实践能力。

六是推进教育科研成果推广工作：为教师参与教科研工作提供咨询、服务和参谋。推荐优秀教师论文参加市、区级教科研成果评选，并力争发表在市区级的教育教学类刊物上。将优秀成果论文汇编成册，印发在校刊《行实之光》、校园网站和微信平台上。对于不断涌现的教科研成果，还要在实践中加以检验，使得成果能回归课堂、产生实效，起到辐射作用。做好表彰与奖励工作，评选科研先进个人，以点带面，推动教科研工作的有效开展。

七是打造浓郁的学校文化氛围：科研兴校是新时代的要求，是学校教改与发展的动力。研训处将结合时代特征、学校实际和教师个体需求进一步提升研究内涵，激发创新动力，同时还将继续做好学校的语言文字规范化工作，在文化的凝聚中树立学校发展之灵魂，打造和谐健康的育人生态和文化氛围。

（2）重视科研　带动发展

科研提升学校实力，科研提升教师水平。以科研为纽带，让教师通过科研加深对“真人”培育的理解、对学科课程改革的认识、对做好项目方法的自信。学校科研主要途径是做课题，让教师们参与到各类课题中来，在参与课题中完善和提升自己。

学校通过课题研究充分发挥名师、学科带头人和骨干教师的优秀示范作用，带动成熟一批年轻教师；指导培养一批“自信、自主、自律”“会规划、会学习、会反思”的能适应未来社会需要、符合时代人才观的学生；打造两至三个初高中衔接的品牌学科和校本教材；落实“真人教育，明师策略”的行动口号，凸显“实验行知、求真创造”的办学理念。

围绕课题，学校开展各级各类研讨活动，鼓励教师群策群力，归纳提炼学科指导、综合学业指导、初高中学业衔接指导研究的成功经验，撰写出一批富有特色的导学案例，教科研处协助课题领衔人杨卫红校长提炼课题成果，完成了结题报告。

第五章

征程立新 佳绩再创

行知实验中学学陶师陶已经走过了26个年头，在传承弘扬陶行知教育思想以及培养新时期一代学子、创建特色普通高中的实践中积累了成功的经验，提升了办学层次，确立了学校在区域教育发展中领先地位。尤其是对培养学生的“求真创造”理念和对教师的“明师”策略，以及由此带动学陶师陶在学校的深入展开，丰富了陶行知教育思想在当今时代的发展内涵，凸显了在区域范围内的应用价值，深化了陶行知教育思想与新时期要求相结合的创新意义。

过去已被证明，再创需要启程。传承是史脉，弘扬是己任，探索无止境，创新是生命。在再出发的征途上，学校已经听到了催征的号角声。

1. 立根承源 传承创新

行知实验中学因传承、弘扬陶行知教育思想而生，因实践陶行知教育思想而立，这是学校存在的理由，生存的价值。无根会失去生命，忘宗会丢掉初心。陶行知在过去的年代里经过时艰磨砺的教育思想具有顽强的生命力，先生所提出的“生活即教育”“社会即学校”“教学做合一”是其重要组成部分，“生活教育”理论是陶行知教育思想的理论核心,"真人"教育是先生教育思想中的育人目的。先生的这些经典理论与思想,至今仍然散发出理性和正确的光芒。

(1) 发扬光大 使命担当

学校矗立在行知育才旧址上,使用的是先生的行知名号,又用实验作后缀,传承、弘扬的使命艰巨而又光荣。

传承是为了不失传,弘扬是为了发扬光大,而创新是最好的传承与弘扬。行知实验中学办校的使命,在于把陶行知教育思想置于新时代发展需求的大环境下,进一步发掘出先生教育思想中的有效价值,增值具有当今教育思想意义的内涵要素,产生聚变效应,使之"陶为今用",在留住陶行知教育思想根脉的同时,培养出符合新时期立德树人的育人要求的合格学生和创新人才。

(2) 创新发展 永在路上

传承不易,创新更难。任何事物,不创新,不与时俱进,就必然会退化,创新是进化的必然选择。行知实验中学过去取得的成绩,就是传承与创新结合的结果,未来的辉煌同样也只有传承与创新这条路使然,且是在更高层次上的创新、发展。

创新首先要有意识,才能付诸行动。创新更要看清方向,特别是行知实验中学有着传承弘扬使命的学校,要做到创新不离宗、不走样,学校在骨子里还是姓"陶"、像"陶",应在内涵上经创新后更具"陶"味。

创新的内容多多益善,有理念创新、方法创新、途径创新、目标创新等等。行知实验中学已作好了准备,在回眸之后,已经在出发的路上了。

2. 特色办校　文化立校

行知实验中学在过去26年的办学历史中，形成了具有自己独特的办学特色，最大的亮点就是高举陶行知教育思想旗帜，传承、弘扬陶行知教育思想，以“求真”的目标培育学子、“明师”的要求规范教师、创造的精神进行办学，取得了不凡的业绩，为区域内外所瞩目。

同时，也有了学校文化的一些因子，如办学理念、校训、校风、学风、师风，全校师生都在积极实践，在逐步养成，为学校进取发挥了很好的作用。

在新的时期，在行知实验中学奔向新的未来的当口，珍贵的办学特色不仅不能褪色，而且还要上色，让特色更加鲜艳、更加亮丽，更能吸引社会各界的注目。

学校文化是学校办学理念经过较长时期实践的积淀与集中反映，是学校发展到了一定阶段必需要思考的命题。学校文化能够使学校立起来、丰满起来，更有内涵，更能凝聚起全校师生为学校发展目标而齐心努力。

（1）强化特色　完善文化

特色是学校办学理念的外在显现，文化是办学理念的价值反映，是成功学校不可或缺的一对“孪生兄弟”。经过持续努力，已经形成的以学陶师陶为主要特色的“行实办学特色”，以“求真创造”和“明师”策略彰显于外。在文化的建设上，有办学理念、校训和“三风”呈现于校，全体师生恪守。在迎接新的发展中，要进一步强化学陶师陶的办学特色，“陶旗”要举得更高；进一步完善学校文化，打造“行知实验文化”，让文化承担更大的信念与价值支撑作用。

（2）实验文化　助校发展

将陶行知及其教育思想传承下来，丰富起来，发展开来，是行知实验中学的使命担当和职责所在。在新的一轮发展中，构建、完善“行知实验文化”、创“行知实验文化”品牌，是学校一大任务。

如何把陶行知的教育思想与新形势下的育人宗旨、培养目标结合得更加紧密些，相互渗透更加流畅些，运行机制更加完善些，既有历史底蕴感、又有现实俱进感，既有尊重先人感、又有后人奋起感，做到陶行知教育思想与时代精神的进一步融合，形成较为全面完善的“行知实验文化”，为行知实验中学实现更高的发展目标提供强有力的文化支持与保障。

重构不是推倒重来，不是另起炉灶。重构是在尊重历史、总结经验的基础上，深度挖掘陶行知教育思想内涵，审时度势，扬长避短，融进新元素，增添新特色，赋予陶行知教育思想新意义，在育人途径和效果上有新高度，在传承与创新上有机融合，特色更加鲜明，经验更加成熟，让陶行知教育思想不断发出新的光芒，更好地为现代教育和学校发展服务。

（3）行知思远　实验砺新

“行知实验文化”可以概括为：以陶行知为人生楷模，以陶行知教育思想为基石，以社会主义核心价值观为核心，以中华优秀传统文化为源头，以培育一代新人为宗旨，将行知实验与时代精神相融合，从而实现知与行相协、表与里相融、近与远相衔的校园文化。

“行知实验文化”具有陶行知教育思想的底蕴，具有追求现代教育的底气，具有传承与发展的底子的特色文化。

“行知实验文化”的主题词是：**行知思远　实验砺新**

“行知思远　实验砺新”的诠释是： 在传承弘扬陶行知教育思想的同时，更要站在高处思索未来和发展，寻找与新时期教育思想、教育理念、育人标准、培养方式的结合相融之处；以积极的姿态、不倦的勇气来钻研陶行知教育思想新的生长点及其丰富内涵，实践陶行知教育思想与新时代需求的响应永远在路上。

“行知实验文化”追求的是“陶行知教育思想⁺”的新境界。教育到了新起点，发展到了新关口，学校到了新路口，既为行知实验中学提供了乘势而上的新机遇，又为行知实验中学丰富、创新陶行知教育思想的新内涵提供了施展的新舞台。“行知思远，实验砺新”的“行知实验文化”，正是行实人永远行走在陶行知教育思想探索实践路上的志向体现。

3. “求真”“明师”　丰富内涵

陶行知教育思想至今仍然有着顽强的生命力，是与陶先生教育思想所具有的独到见解又能融入社会强调实践注重应用的特质分不开的，也是与后人不断传承坚守并融入时代要求的实践分不开的，行知实验中学在这方面进行了新时期的探索与发展，积累了相当的学陶师陶心得与经验，在学校将攀上新的制高点之际，寻找结合新形势任务要求下的陶行知教育思想在行知实验中学的新的生长点，是行知实验中学走向新的辉煌的必然选择，“陶行知教育思想⁺”是行知实验中学面临新的探索模式。

（1）拓“真”“能文”　“真人”有“情”

“真人教育”是陶行知十分强调的育人目标。不同时期对“真人”含义有不同的解释，一成不变不符合时代发展的特点。在行知实验中学迎接新到来的发展中，在保持“真人教育”思想精髓的同时，应结合新的学生核心素养标准予以融合，注入新的生长点要素，进一步探索校本化的“真人”养成规律和“真人”成才标准。

一是对“真人教育”内涵的拓展：

应从朴素、直观的“真人”理解上升到包含“真人”、“能人”、“文人”的综合人格意义的“全人”上来，更加明确“真人”在当今育人语境中的具体含义与要求，使“真人教育”具有更强的操作感。

“真人”即：符合党和国家培养要求的新型接班人，对国家、社会有用的劳动者。

“能人”即：具有与学历教育相当的科学文化知识，并掌握适当的专业技术技能，能用学到的知识与技能融会贯通，解决学习、生活、工作中的实际问题，并有创新见地的提高学习和工作效率，化作能动与能量，成为“成能”和“逞能”之人。

“文人”即：具有文化潜质、艺术潜能、情感潜蕴、情趣潜思、探究潜力，这既是现代公民期望达到的精神层面的素质，也是摆在学校面前具有超前意识实施的“功德”工程。可以说，谁在这一领域抢先一步，做出成绩，谁就在育人高坡上站在了又一个制高点上。

当然。这“三人”教育不是分割孤立地开展的，而应是有机联系、融通融合地实施的。评判的标准有点难，但是直觉上感觉也不是很难，一是看上去“有气质”，沉稳大方，处事待人得当；二是做事“拿得起，放得下”，胜任率高；三是正经中见幽默，严肃中见坦然、繁忙中见乐趣、平常中见情趣。社会需要复合型人才，更需要有健全人格、健康心态的全面发展的人才。

二是“求真”的生长点要素：

“真人教育”的生长点要素，可以用一个“情”字表达。

“情”字的相应链接：道德情操、家国情怀、生活情趣、真挚情感、同学情义、亲朋情真。“情”是学习、活动、工作中无处不在、无处不有的存在，是一个人立世处事不可缺少情感成分，无“情”未必“真”汉子，无“情”同样也未必“真”学生。“情”不足的学生，其学业不能达到最佳状态、为人不能达到最好程度，“情”是制约或是助力学生各方面成长发展的重要因素，智商加情商才能如鱼得水，相得益彰。

“情”与“真”对应，“情”是“真”的另一种表达，是“真”的善意补充。陶行知教育思想是发展的，“真”在今天的内涵应该是多了个“情”。“真”与“情”的完美结合，才能更好地使当代学生在立德树人方面丰满起来。

如果“真”相对偏重“硬”的方面，“情”就相对强调“软”的功能。在“硬实力”当道的当下，更需要强化“软实力”的作用，来改善“硬实力”的偏重结构，补充“硬实力”一头翘的不足。应使“真人”的结构更加平衡，内涵更加丰富，更适应未来社会对人才规格的需求，使学生更好地立足社会，以自己过硬的本领、博大的情怀服务社会，为社会进步、人类幸福的壮丽事业作出贡献。这是行知实验中学在新时期践行发展陶行知教育思想在育人上的成果体现，也是贯彻党和国家教育方针、培养合格接班人的有力回应、得力措施。

其实，相对来说，硬的“真”比较好落实，软的“情”一时难以见效。硬的“真”多以指标呈现，软的“情”则似乎看不见摸不着，难以定量判别。这就更需要学校在“情”的养成上下功夫，形成整体合力、各阶段分层施力、通过活动与实践不断培养“情”感，达到水到渠成的效果。

（2）“慧名”亦师　“明师”有“趣”

陶行知教育思想有很大部分是针对教师提出的要求和期盼，说明陶先生对教师在教育中的作用是非常重视的，地位是十分重要的。

一是“明师”策略的拓展：

“明师”策略的实施，为行知实验中学实践陶行知教育思想取得成功经验起到了重要作用，历练了教师队伍，办学层次上也藉此得到了提升。新形势、新标准下，对教师素质提出了更高的希望，要求教师向综合型、素质型方向发展。“明师”策略的拓展，即为“明师、慧师、名师”，表述更加具体，内涵更为明确。

“明师”即：在原有明德、明智、明术、明达要求的基础上，还要明势[（明了形势、明标（明确目标）、明生（明了学生）]，后者更加强调教师的格局，只有格局好了，才能成就事业，形成合力，学校才能做成大事。

“慧师” 即：做智慧的教师、聪慧的教师、慧眼的教师、才慧的教师、慈慧的教师、秀慧的教师，塑教师“慧”形象，让学生感觉到教师传道授教而不失可亲可敬、专业上强而不失随和大度、腹中有诗眼有睿智，师生相处平等相待。以教师“慧”形象“博取”最大育人效果，增添教师成就感与幸福感。

“名师” 即：名师是学校的亮点，是教师追求的专业发展目标，对学校来说，名师不可多得；对学生来说，名师高山仰止。名师的育人和教学效果非同一般教师。打造名师，是学校长期的目标、任务。其实不可能人人都能成为名师的，但是用名师的要求为自己“正名”确是可以的，内心想要、向往，就会在行动上有所表现，对自己的要求就会严格。有“派司”名师固然重要，“民间”的“名师”不可忽视。有了要求，有了目标，“名师”工程会越做越大，教师队伍建设会越做越强。

二是“明师”的生长点要素：

新的“明师”策略，其生长点要素为一个字，即：“趣”。

“趣”字的相应链接：风趣，乐趣，知趣，情趣，妙趣，兴趣，雅趣。

"趣"与"明"对应，"趣"是"明"的另一面，"趣"和"明"的组合是完整的表达。"趣"是教师首先作为人的应有的思想与行为价值取向，"趣"是作为教师在育人、教学上应具有的风度与灵性，也是陶行知教育思想对教师期望的全面要求之一。

原来"明师"策略中的"明"，较多的是强调业务能力上的精进、教学水平上的提升，似乎有点偏"硬"。"趣"的软性成分多些，更强调教师首先作为一个人的存在应具有的情感因素。恰好是它，准确地还原了教师的另一面，组成了职业身份与人性情感相融匹配的完整的教师形象。"趣"的含量对教师教育教学的效果很重要，学生通常喜欢有"趣"的教师，其教育效果事半功倍，无"趣"的教师则事倍功半。

让教师以有"趣"的姿态面对学生、有"趣"的内涵摘取学生的心，把学陶师陶更好更准的做在点子上，是新的"明师"策略的需要关注和强调的。

4. 行知思远　再站高点

26 年的耕耘播种，"陶"果累累；26 年的创建发展，迎来巨变。就行知实验中学的定位与使命而言，学校已然站在了办学的制高点上了。要守住制高点，必然要抢占新的更高的制高点，才能不失阵地，才能迎来更加广阔的天地。行知实验中学第一阶段的使命已经出色地完成了，接下来要在学陶师陶上做出更有价值、更大贡献的成就来，就要站高望远，让"陶"旗在更高处飘扬。

（1）办学不止　弘扬不息

陶行知教育思想虽然诞生在上世纪上半叶，历经数十年风风雨雨、坎坷磨难，终于迎来了可以潜心实现先生遗愿的大好时光。陶行知教育思想具有顽强的生命力、普适的社会性、精辟的教育观，非但不会过时，反而随着时间一起愈来愈显得其蕴藏的极其丰富的教育思辨的光辉。陶先生的育人观、生活教育观、社会学校观、教学做合一观，至今对学校人才培育规格和办学方向有着巨大的现实意义和指导作用。陶先生的“真人”教育说，对今天学校培养国家、社会所需人才，学生自主发展自谋职业自立社会，仍然具有巨大的借鉴作用。

在当今形势下，传承、弘扬陶行知教育思想，是行知实验中学办学求发展的主旋律。传承上的忠诚忠实，弘扬上的不遗余力，是保持陶行知教育思想“原汁原味”的先决条件，这是行知实验中学的第一使命，责任重大，担当光荣。只有传承弘扬好，才能创新发展好，这应当是负重前行实践陶行知教育思想的铁律。

（2）高擎大旗　再铸辉煌

创新、与时俱进、发展、追求是使陶行知教育思想永葆青春的关键词，是开创属于行知实验中学自己学陶师陶特色的不二法则。时代性，是陶行知教育思想的鲜明特征，正如陶行知当年把理论交付实践、把心愿交与学生、把志向交与社会、把理想交与时代一样。行知实验中学既然已经接过了传承弘扬陶行知教育思想的大旗，就应该把这面旗帜举得高高的，传承不走样，创新不离宗，认认真真、踏踏实实地在先生生前工作过的学校旧址上接续先生未竟事业，把陶行知教育思想融入到学校工作的方方面面，用创新的胆略做实做强“真人”教育，用开拓的勇气建造“明师”优质工程，用创造的精神打理学校发展的各个环节。

前方的路不会平平坦坦，也不会一帆风顺。行实人认定了传承、弘扬陶行知教育思想的这条路，就会坚定地走下去，用自己的信念、自己的汗水、自己的努力、自己的创新谱写再出发的辉煌。

卷二

科研引领 求真创造

行知实验中学在办学发展中，通过教科研课题的探索、实践，不断将学校推向优质教育的新境界。

1. 围绕科学素养 探索课程整合

【课题一】

2018 年宝山区重点课题：

指向核心素养的学校课程整合探索研究

项目负责人：杨卫红 周燕

一、选题的背景与意义

（一）课题研究的背景

1. 解决当前学校课程改革发展现实问题的必要手段

近年来，我国一直以课程改革的方式来促进教育的改革与发展。从 2001 年开始的新一轮课程改革实施至今已有十余年，在此期间学校的课程改革取得了许多富有创新、卓有成效的进展。然而，伴随课程理论的不断发展，学校课程的不断革新，课程改革问题逐渐突显出来：其一，学校在课程改革、开发校本课程方面存在“重知识，轻素养”的教育偏失，或是课程目标不够明确，育人目标与课程目标不能很好地实现对接，学校课程缺少顶层设计或整体规划、课程之间的关联性和结构性较弱以至于存在“碎片化、拼盘化”等问题。其二，课程改革以来，国家实行三级课程管理，丰富多彩的国家课程、地方课程、校本课程纷至沓来，丰富了课程的门类，也增加了师生的负担。一位老师身兼数职，既要任国家课程，又要兼安全、环境、传统文化等地方课程，还要开发校本课程，学生的书包更是鼓胀了许多，名目繁多的课程让孩子们应接不暇。课程门类繁多，内容出现交叉重复、实施效率不高等问题。其三，学科与

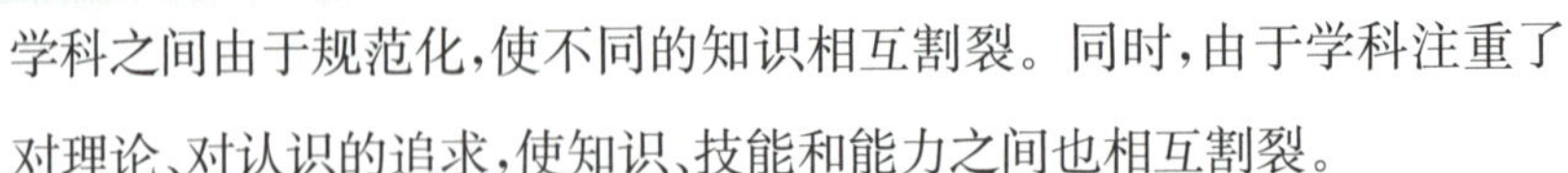

学科之间由于规范化，使不同的知识相互割裂。同时，由于学科注重了对理论、对认识的追求，使知识、技能和能力之间也相互割裂。

面对当前学校课程改革发展存在的现实问题，课程改革之路该走向哪里？这已成为各个学校不断思考的命题。

2. 融入国际课程改革潮流的现实需要

世界各国近年来课程改革中课程模型与课改实施模式的发展，使得各国基础教育的课程体系逐渐呈现出共同的发展趋势——在课程标准的内容上逐渐呈现关注学生发展的核心素养，强调培养适应现代社会所需的能力；注重课程的整合性，强调传统学科融合的趋势。进入新世纪以来，经济合作与发展组织（OECD）率先提出了“核心素养”结构模型，提出指向核心素养模型的课程框架拟定。随后，澳洲、新加坡、芬兰、美国、苏格兰等和我国的台湾地区先后进行了课程标准研究，“指向核心素养的课程整合设计”已逐渐成为国际共识。

3. 实现育人目标的实践策略

2016 年 9 月，中国学生发展核心素养研究成果发布，致力于回答了“培养什么人”和“怎样培养人”的问题。核心素养的提出明确了学校课程改革的方向，是基础教育课程改革的创新点和突破点。其创新在于，以核心素养为统摄，使得教育“立德树人”的育人价值更加凸现，同时引入“核心素养”这一体系后，课程目标能够进一步实现科学化，能进一步解决我国现行课程标准中缺乏核心素养导致教育能力本位与知识本位的混淆，课程目标或教育目标缺乏针对性，无法适应不同年龄阶段学生的发展需求的问题；其突破在于“核心素养”是一种跨学科素养，具有整体性、系统性和可迁移性，其培育和养成必须注重学科之间的相互融合，必须以整合的方式发挥出来，必须以整体性的课程来培育整体性的素养。为此，课程整合是搭建起课程与学生核心素养之间桥梁的必然选择。学校只有紧紧围绕核心素养，从顶层进行课程的设计与开发、以整合的方式进行课程内容的重构与实施，才是学校课程改革进入深水区的必然方向和路径。

4. 适应高考改革的重要举措

2014 年旨在“增加学生选择权”，“促进学生发展学科兴趣与个性特长”的新一轮高考改革方案出台，在《上海市深化高等学校考试招生综合改革实施方案》中指出：从 2017 年起，高考不再文理分科，考试科目由“3 + 1”变为“3 + 3”，这一规定为学生依据自己的学习兴趣、认知特长、专业志向自行选择学习科目，尤其是为选修横跨不同学习范畴的科目组合提供了保障。新高考方案最大的变化就是更为关注学生的个性成长发展和核心素养的形成，更为呼唤学科体系的衔接与整体设计，使教育资源和办学效益实现最大化。

（二）课题研究的意义

1. 理论层面：通过国内外研究的文献梳理，厘清核心素养、课程整合相关的概念，明晰二者之间的理论关系，以国内外关于核心素养的课程整合建设的理论框架为基础，对指向核心素养进行学校课程整合的过程进行理性的分析和研究，丰富课程发展的理论研究成果。

2. 实践层面：目前，关于核心素养为指向的课程整合是我国课程变革实践的热点话题，但深入分析总结这些课程建设中的相关经验的研究较少，多以课程框架搭建的理性讨论为主。本课题研究将通过深入观察、文本材料、实验结果等分析，透视一所学校指向核心素养进行课程整合的全过程，深入解析其实施的原因、过程和效果情况，总结其中存在的有效经验并反思其中不足，提出对策建议，为从核心素养的视角进行课程整合的学校课程改革实践提供可供参考的案例。

二、核心概念的界定

1. 核心素养

是指每一个人获得成功生活与功能健全社会必须具备而不可或缺的“关键素养”、“必要素养”、“重要素养”，代表着未来世界所需要的能力。在本研究中，核心素养指的是学校基于国家学生发展的六大核心素养（人文底蕴、科学精神、学会学习、健康生活、责任担当、实践创新），融合学校创始人——伟大的人民教育家陶行知先生所提出的五大培养目标（康健的体魄、农人的身手、科学的头脑、艺术的兴趣、改造社会的精神），结合学校培养目标和学生需求，根植于自己土壤所确定的校本学生发展核心素养。

2. 课程整合

课程整合（也有人译为“课程统整”等）是一个包含着多种含义、多种实践而且有着不同反映的概念。从总体上说，在国外，课程整合通常指的是“使学习计划中分化出来的各个部分比较紧密地联系起来的专门努力”。在我国，有研究者在分析后指出，它实质上是“把学生在校内的学习同校外生活及其需要和兴趣紧密结合的整体化课程”。

本课题所研究的课程整合是指在坚持国家课程改革基本精神和课程标准的前提下，学校根据自身性质、特点和条件，将国家层面上的规划和设计转变为适合本校学生需求的创造性实践。即以学生核心素养发展为统摄，通过素养领域整合的方式，主题式课程整合的策略，打通学科内和学科间的逻辑联系，把学生的学科知识和社会生活、课内学习和课外活动紧密联系起来，它包括同一学科和不同学科之间课程目标、课程内容的整合、学科知识与生活整合、资源的整合、教学方式和学习方式的整合等，有效地实现课程的整体育人价值和学生发展

核心素养。

三、研究目标、内容和方法

目标1：建构指向核心素养的学校课程整合结构框架

研究内容与方法：

1. 校本元素学生发展核心素养领域的整合

*课题组将通过文献研究法，探索2016年国家颁布的六大学生发展核心素养内涵以及学校创始人——伟大的人民教育家陶行知先生所提出的五大培养目标（康健的体魄、农人的身手、科学的头脑、艺术的兴趣、改造社会的精神）的核心内容，并进一步结合学校"真人"育人目标，整合提炼三者的核心内涵，形成具有校本元素的学生发展核心素养领域，即生活力、艺术力、科学力、创造力、自治力五大领域。（见图1）

基于国家学生发展核心素养
科学精神　人文底蕴　健康生活　学会学习　创新实践　责任担当

整合陶行知提出的对人的"五大"培养目标
科学的头脑、艺术的兴趣、康健的体魄、农人的身手、改造社会的精神

结合学校的育人目标：培育"真人"
追求真知　表达真情　实践真行　品味真趣　蕴育真心

凝练校本学生核心素养五大领域
科学力　艺术力　生活力　创造力　自治力

图1　校本元素的"五力"学生发展核心素养整合图

2. 指向核心素养的学校课程整合结构框架

整体设计规划和调整现行的课程结构，依据五大学生发展核心素养领域内容，把学校广泛开设的课程门类划分设置为生活力课程、科学力课程、自治力课程、创造力课程、艺术力课程，并将这五大领域课程归为学校基础型课程、拓展型课程、研（探）究型课程三类课程中，以大领域结构的设计思路，勾画学校课程的结构框架。（见图 2）

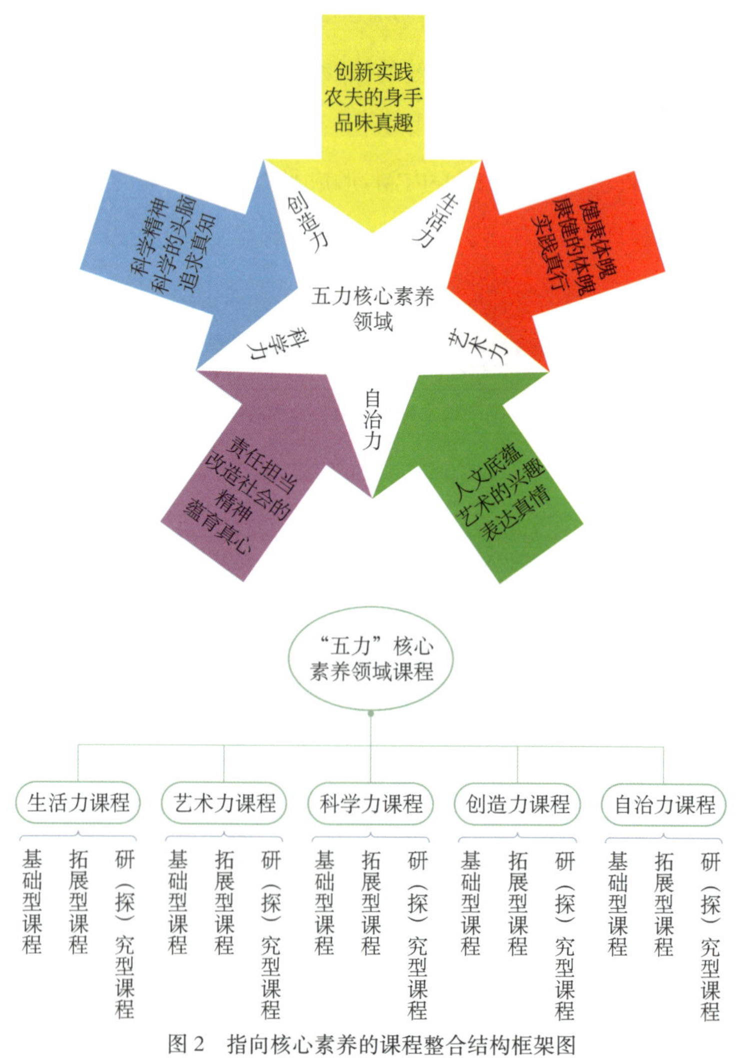

图 2　指向核心素养的课程整合结构框架图

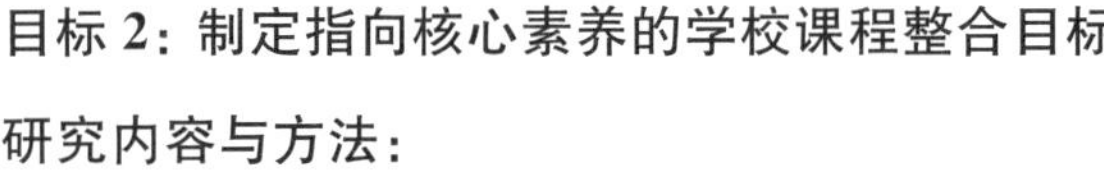

目标 2：制定指向核心素养的学校课程整合目标

研究内容与方法：

1. 核心素养领域培养目标的制定

* 课题组就生活力、艺术力、科学力、创造力、自治力五大核心素养领域，围绕基础、能力、态度等层面，基于中国学生发展核心素养，融合陶行知先生所提出的五大培养目标，结合学校育人目标，整合三者的核心内涵，制定五大核心素养领域的培养目标。（见表 1）

五大核心素养领域	指向核心素养的培育目标		
	基础	能力	态度
生活力	良好的生活习惯	扎实的生存技能	积极向上的生命态度
	目标总述：引导学生学会生存、学会做人、学会做事的生活技能，，具有良好的生活习惯和安全意识，并形成高雅的生活情趣。懂得与他人和环境和谐相处的道理，乐于探寻生命的意义和价值、塑造自我人格，树立可持续发展观念。		
科学力	正确的学习方法	科学的思维能力	实事求是的科学精神
	目标总述：引导学生树立敢于坚持科学思想的勇气和不断追求真理的意识，勇于说真话、办真事、求真知，养成良好的学习习惯和正确的学习方法，富有探究科学的兴趣和求实、理性质疑、审视反省的精神。		
艺术力	深厚的审美素养	艺术改造的能力	健康个性的审美情趣
	目标总述：引导学生发展审美个性、提升审美素养，具有艺术的改造自然和社会的能力，形成健康的审美情趣和审美价值取向，拥有兼济天下的人文情怀和人类意识。使审美的人与道德的人相统一。		
创造力	良好的劳动习惯	实践操作的能力	创新改变生活的意识
	目标总述：引导学生热爱劳动，注重实践，具有动手操作的能力和创造生活的意识，拥有开辟世界的勇气和深远的视野。		
自治力	良好的公民道德素养	自主管理的能力	服务国家社会的责任感
	目标总述：引导学生树立自主管理、自主参与、共同自治的公民主体意识，具有公民道德素养，懂得遵纪守法，诚信友善，感恩孝敬，富有高度的自治能力和责任意识，具有服务国家与社会“爱满天下”的精神。		

表 1　核心素养领域的培养目标拟制定

2. 核心素养领域课程目标的制定

* 结合五大核心素养的培育目标，课题组邀请学科专家、各学科骨干力量进一步融合学科课程目标，探索制定五大核心素养领域的课程目标。（见表2以科学力核素养领域课程目标为例）

核心素养课程	学科	课程目标
科学力课程	语文	1. 在已经积累的语言材料建立起有机的联系，在探究中理解、掌握祖国语言文字运用的基本规律。 2. 发展逻辑思维。能够辨识、分析、比较、归纳和概括基本的语言现象和文学现象，并能有理有据地表达自己的观点和阐述自己的发现；运用基本的语言规律和逻辑规律，判别语言运用的正误，准确、生动、有逻辑地表达自己的认识；运用批判性思维审视语言文字作品，研究和发现语言现象和文学形象，形成自己对语言和文学的认识。 3. 提升思维品质。自觉分析和反思自己的语文实践活动经验，提高语言运用的能力，增强思维的深刻性、敏捷性、灵活性、批判性和独创性。
	数学	1. 能获得进一步学习以及未来发展所必需的数学基础知识、基本技能、基本思想、基本活动经验；提高从数学角度发现和提出问题的能力、分析和解决问题的能力。 2. 能发展数学抽象、逻辑推理、数学建模、直观想象、数学运算、数据分析等素养。 3. 能提高学习数学的兴趣，养成良好的数学学习习惯，发展自主学习的能力；树立敢于质疑、善于思考、严谨求实的科学精神。
	英语	1. 能辨析语言和文化中的具体现象，梳理、概括信息，建构新概念，分析、推断信息的逻辑关系，正确评判各种思想观点，具备初步运用英语进行独立思考、创新思维的能力。 2. 进一步树立正确的英语学习观，保持对英语学习的兴趣，具有明确的学习目标，能够多渠道获取英语学习资源，有效规划学习时间和学习任务，选择恰当的策略与方法，监控、评价、反思和调整自己的学习内容和进程。

续 表 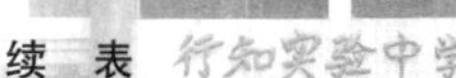

核心素养课程	学科	课程目标
	物理	1. 具有建构模型的意识和能力，能运用科学思维方法。从定性和定量两个方面对相关问题进行科学推理、找出规律、形成结论；具有使用科学证据的意识，能运用证据对研究的问题进行描述、解释和预测；具有批判性思维的意识，能基于证据大胆质疑，从不同角度思考问题。 2. 具有“科学探究意识，能在观察和实验中发现问题、提出合理猜想与假设；具有设计探究方案和获取证据的能力，能正确实施探究方案，使用不同方法和手段分析、处理信息，描述并解释探究结果和变化趋势；具有交流的意愿与能力，能准确表述、评估和反思探究过程与结果。 3. 能正确认识科学的本质；具有学习和研究物理的好奇心与求知欲，能主动与他人合作；尊重他人，能基于证据和逻辑发表自己的见解，实事求是。
	生物学	1. 能够运用已有的知识、证据和逻辑对生物学议题进行思考或展开论证。 2. 掌握科学探究的思路和方法，形成合作精神，善于从实践的层面探讨或尝试解决现实生活中的生物学问题。
科学力课程	化学	1. 初步学会收集各种证据，对物质的性质及其变化提出可能的假设；基于证据进行分析推理，证实或证伪假设；能解释证据与结论之间的关系，确定形成科学结论所需要的证据和寻找证据的途径。 2. 能依据探究目的设计并优化实验方案，完成实验操作，能对观察记录的实验信息进行加工并获得结论；能和同学交流实验探究的成果，提出进一步探究或改进的设想；能尊重事实和证据，破除迷信，反对伪科学。
	历史	1. 能够将唯物史观运用于历史的学习与探究中，并将唯物史观作为认识和解决现实问题的指导思想。 2. 能够通过对史料的辨析和对史料作者意图的认知，判断史料的真伪和价值，并在此过程中增强实证意识；能够从史料中提取有效信息，作为历史叙述的可靠证据，并据此提出自己的历史认识；能够以实证精神对待历史与现实问题。

核心素养课程	学科	课程目标
	地理	1. 能够形成从综合的视角认识地理事物和现象的意识，对地理各要素之间的相互作用关系有较强的分析能力，辩证地看待地理何题。 2. 能运用区域综合分析、区域比较、区域关联等方法认识区域。运用所学知识和地理工具，在室内、野外和社会的真实环境下，通过考察、实验、调查等方式获取地理信息，探索和尝试解决实际问题，具备活动策划、实施等行动能力。
	思想政治	1. 能够用马克思主义基本立场、观点和方法，观察事物、分析问题、解决矛盾。 2. 解放思想、实事求是，对经济、政治、文化、社会和生态文明建设的实践，作出科学的解释、正确的判断和合理的选择。
	信息技术	认识信息系统在人类生产与生活中的重要价值，学会运用计算思维识别与分析问题，抽象、建模与设计系统性解决方案，理解信息社会特征。
	艺术	在艺术与生活、艺术与文化、艺术与科学相关联的情境中，参与各艺术门类实践活动，获得艺术感知、创意表达、审美情趣和文化理解。
	体育健身	1. 能够运用所学的运动知识、技能和方法，参加与组织体育展示和比赛活动，显著提高体能与运动技能水平，掌握和运用选学运动项目的裁判知识和规则，增强发现问题、分析问题和解决问题的能力。 2. 能够独立或合作制订和实施体能锻炼计划，并对练习效果作出合理的评价。

表2　以核心素养课程——科学力课程目标为例

目标3：确立指向核心素养的学校课程整合内容

研究内容与方法：

1. 课程模块内容的确立

*课题组依据五大核心素养课程目标以及学生的生活实际、需求特点，确立不同领域核心素养的课程模块，从而形成生活力课程、科学力课程、自治力课程、创造力课程、艺术力课程的课程内容体系。（见

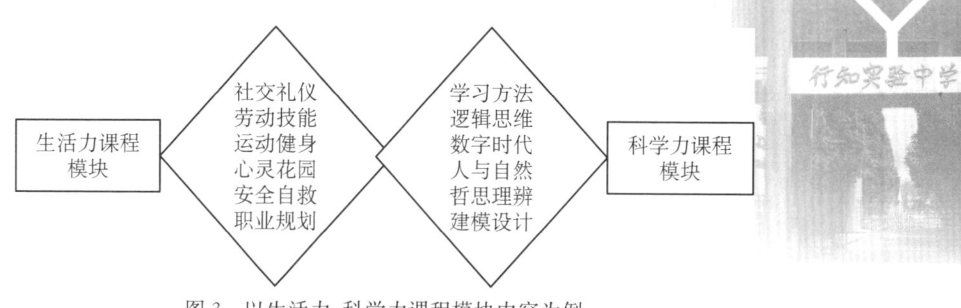

图 3　以生活力、科学力课程模块内容为例

图 3 以生活力、科学力课程模块确立为例)

2. 课程清单和课程群的形成

＊课题组根据课程模块内容整合基础型课程、拓展型课程、研(探)究型课程,通过梳理、合并、创生,形成课程清单和课程群,使课程内容与育人目标匹配值增强,实践指向性更明确,课程建构更趋于科学性。(见表 3)

(注:鉴于并非所有课程内容都可以融合于核心素养中,因为以核心素养统领的各学段、各领域以及各科目的框架和内容,是一个系统"发育"的过程,虽然希望保证课程理念和课程思维的一致性以及课程体系的整体性,但是,核心素养事实上很难涵盖所有科目的子目标和具体内容,特别是学科层面的素养如何与上位的素养框架对接。再加之课题研究的时间和范围有限,因此本课题先行选择部分学科内容率先开展整合研究,以期待研究成熟后逐步覆盖研究。)

课程领域	课程模块	基础型课程	拓展型课程	研(探)究型课程
生活力	社交礼仪 劳动技能 运动健身 心灵花园 安全自救 职业规划	语文 心理健康 体育与健身 劳技 安全教育	《高中生礼仪》等 《乐活手工坊》等 《舞动的旋律》等 《青春期教育读本》等 (后略)	生涯规划项目课程 (后略)

续　表

课程领域	课程模块	基础型课程	拓展型课程	研(探)究型课程
科学力	学习方法 逻辑思维 数字时代 人与自然 哲思理辨 建模设计	历史 地理 生物 数学	《史家说史》等 《数学思维》等 《网页制作》等 《地图的发展》等 (后略)	综合实践活动 项目课程 (后略)
艺术力	(略)	语文 英语 音乐 美术 艺术	《清新雅韵-国学经典》 《英语美文阅读》 《中国篆刻》 《音乐之声》 (后略)	舞龙舞狮项目课程 (后略)
创造力	(略)	物理 化学 信息技术	《无线电之谜》 《生活中的化学》 《头脑奥林匹克》 (后略)	STEM项目课程 (后略)
自治力	(略)	品德与社会 政治	《走进社会主义 核心价值观》 《法在我心中》 《志愿者培训课程》 (后略)	真人教育德育 项目课程 (后略)

表3　指向核心素养的学校课程整合内容拟规划清单

目标4：指向核心素养的学校课程整合实施途径

研究内容与方法：

1. “主题式课程整合”策略在指向核心素养的学校课程整合中的运用

* 纵观国内外有关课程整合的策略，大都是以学科为基础，以一定的主题作为组织中心，进行学科之间或学科与学生实际生活世界的连接。鉴于本课题所研究的课程整合指向核心素养，因此选择以“主

题式课程整合”为学校课程整合的策略，更有利于课题的开展和研究成果的达成。为此本课题组拟采取“主题式课程整合”的策略，通过基于核心素养的目标内容，教师深入教材进行主题挖掘，同时围绕主题以一个个相关概念、引导性问题等为线索，整合教学内容和学习者经验，把分散在各学科教材的核心素养内容融合成一个个“模块”，使各分立的学科贯穿起来，以便学生更好地理解所学内容，并迁移到其它的情境中，达到更充分更有效的开展核心素养培育的效果。

围绕国外课程专家、学者对主题式课程整合策略的理解，以及本文对主题式课程整合的限定，拟运用以下主题式课程整合的策略。(见图 4)

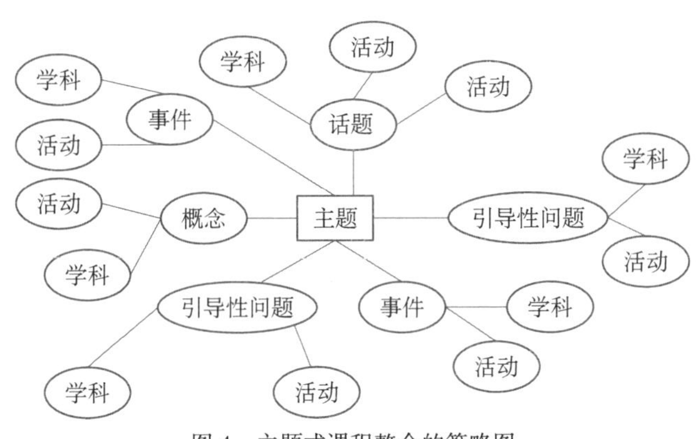

图 4　主题式课程整合的策略图

具体实施步骤如下：

(1) 由学校课题组层面提炼学科课程整合主题：组织各教研组组长成立主题课程整合方案小组，依据核心素养课程目标、课程模块内容以及学生的生活实际，年龄特点，提炼各学段(低学段：六、七年级；中学段：八、九年级；高学段：高中年级)及学科课程整合主题。(见图 5)

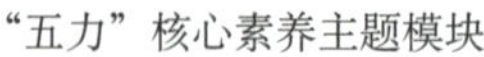

图 5　教研组课程整合主题方案图

（2）由学段层面形成主题大单元课程整合方案：课题组与所在学段的任科教师、学生代表进行讨论，选择与教学进度匹配、学生发展需求相适应的主题，开展基础型课程、拓展型课程、研（探）究型课程相整合的主题大单元课程整合方案的设计，探索主题大单元课程整合的具体目标、内容、结构和授课安排。（见表 4）

<table>
<tr><th>课程领域</th><th>主题</th><th colspan="2">课程类型</th><th>主题目标</th><th>课程内容</th><th>授课时间</th></tr>
<tr><td rowspan="3">艺术力课程</td><td rowspan="3">审美</td><td rowspan="3">基础型课程</td><td>语文</td><td>学习课文通过视觉、听觉的语言文字来描绘艺术形象的方法，感受不同艺术的魅力，提升艺术鉴赏能力。</td><td>《晋祠》《达芬奇·最后的晚餐》</td><td rowspan="3"></td></tr>
<tr><td>英语</td><td>能根据情景正确使用作定语和宾语补足语的动词不定式来复述课文大意，简单介绍片名、电影类型、主要情节等，培养对中外电影的兴趣，提高艺术鉴赏能力。</td><td>Leisure time Let's go to the movies</td></tr>
<tr><td>音乐</td><td>熟悉《芬兰颂》主要音乐主题。演唱“圣咏主题”和“赞美诗主题”，感受作品音乐情绪，学会赏析民族乐派的风格特征。</td><td>听赏《芬兰颂》</td></tr>
</table>

续 表

课程领域	主题	课程类型		主题目标	课程内容	授课时间
艺术力课程	审美	基础型课程	美术	从审美角度走进生活，培养美化生活的意识。	《文化景观设计》	八年级第二学期第四周
			体育	了解排球运动的战术和裁判规则，懂得欣赏排球运动的方法，体验排球运动的乐趣，学会欣赏排球比赛。	《排球运动观赏》	
			（略）			
		拓展型课程		通过国学经典著作的背诵和习得，进行中华经典文化的熏陶，积淀文化底蕴。	《清新雅韵-国学经典》	
		研（探）究型课程		通过欣赏龙狮运动表演课程的学习，感受龙狮运动的文化力量之美，体会中华传统优秀文化灿烂博大。	舞龙舞狮项目课程——龙狮运动欣赏课	

表 4　以八年级学段艺术力课程“审美”主题大单元课程整合方案设计为例

（3）由教师层面围绕主题大单元整合方案选择与之相适应的教学内容，开展教学活动整合的设计和实践研究（见图 6、图 7）

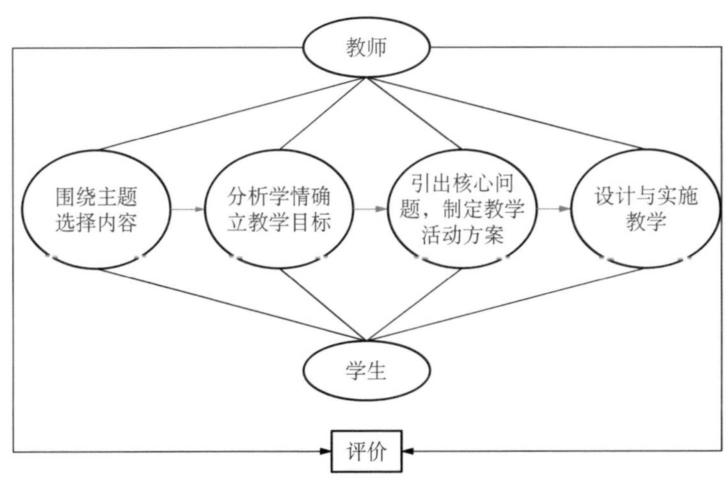

图 6　教师主题教学课堂实施程序

针对不同课程类型，建议教师采用不同的课程整合形式开展课堂教学实践研究。

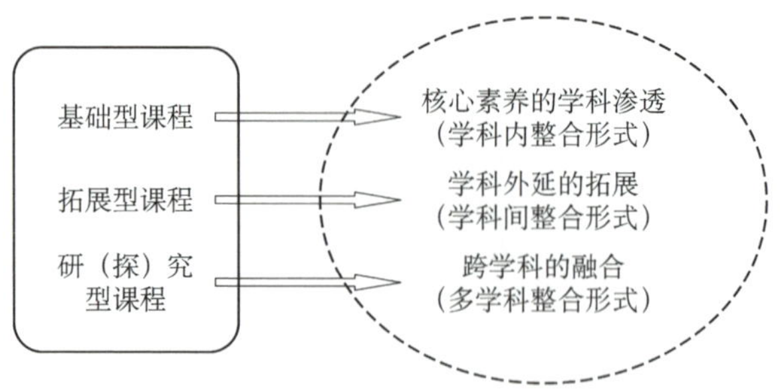

图 7　教师主题教学课堂实施整合形式的选择

（4）教师在教学活动整合研究实践的过程中，撰写主题单元课程设计报告，逐步形成一批课堂教学活动整合设计案例（见表 5）

主题	课程内容
课程整合目的与教学目标	
整合资源与基本资料	
整合设计理念	
教学程序与活动：	
教学评价与反思：	

表 5　主题单元课程整合设计报告

2. 课程整合实施的管理

（1）课程管理机制的改革与调整

* 通过推行领域管理机制，设立领域管理责任群，改变原来条线

单一管理的教研组长拓展为领域课程责任人，通过统整、协调管理，促进分领域课程目标的集中达成。

（2）课程设置的管理

＊课题组拟根据学生的需求把学校整合的课程划分为公修课程（基础型课程）、选修课程（拓展型课程、研究型课程）、特修课程（校本特色课程）。探索基于课程整合特点教学课时的设置和安排：如长课时、短课时、半日课时、周课时，走班制领域选修课时。

目标5：核心素养培育达成度课堂效果观测与学生评估

研究内容与方法：

1. 制定课堂效果观测评价框架，探索指向核心素养的学校课程整合的实施对于学生核心素养培育达成度的作用。

2. 积累学生典型案例，通过比较分析，探索学生核心素养培育成效。

＊依据核心素养课程目标编制课堂观测评价框架，积累学生典型个案，检测课程达成培育学生核心素养的成效。（见表6）

一级指标	二级指标	三级指标	表现标准 1－3－5	典型样例
教学目标	目标的学科特点			
	目标的针对性			
	核心素养的形成			
教学内容	教学的一致性			
	教学内容的结构			
	内容层次性			
教学过程	核心素养传递			
	合作互动			
	情境创设			

续 表

一级指标	二级指标	三级指标		表现标准 1-3-5	典型样例
学习效果	目标达成				
学习效果	目标达成				

表6　核心素养达成度课堂教学效果观测评价框架举隅

四、课题研究思路设想

本课题研究遵循学校课程体系建设的系统逻辑，预想以核心素养的培育为逻辑起点，从课程目标、内容、实施、管理、评价等层面从上至下开展学校课程整合的探索研究。（见图8）

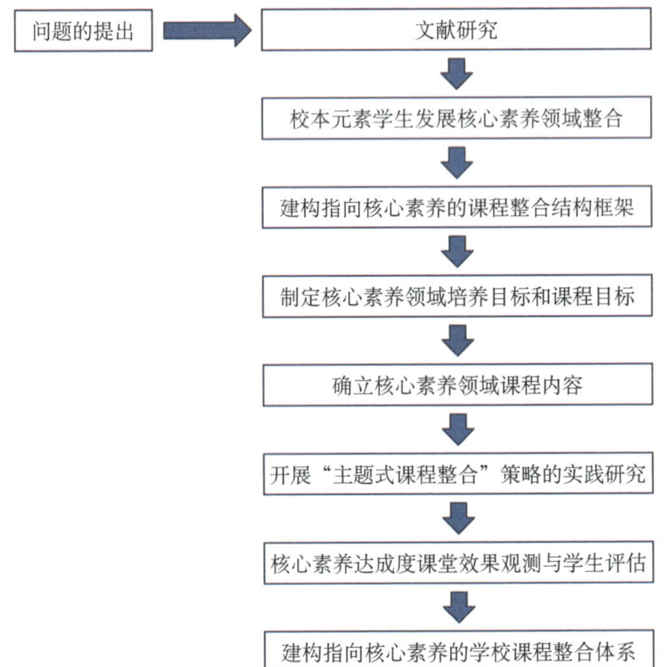

图8　课题研究思路设想

五、研究分工与进度

第一阶段：2017. 09—2017. 10，酝酿筹备阶段

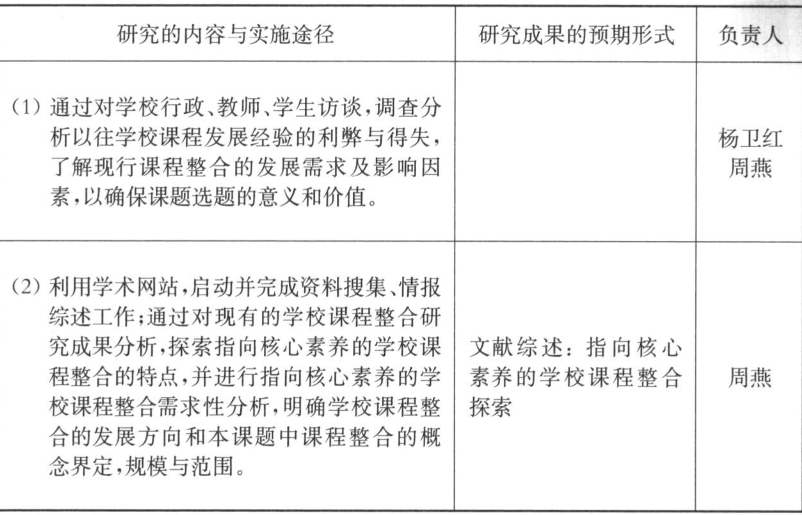

研究的内容与实施途径	研究成果的预期形式	负责人
(1) 通过对学校行政、教师、学生访谈，调查分析以往学校课程发展经验的利弊与得失，了解现行课程整合的发展需求及影响因素，以确保课题选题的意义和价值。		杨卫红 周燕
(2) 利用学术网站，启动并完成资料搜集、情报综述工作；通过对现有的学校课程整合研究成果分析，探索指向核心素养的学校课程整合的特点，并进行指向核心素养的学校课程整合需求性分析，明确学校课程整合的发展方向和本课题中课程整合的概念界定，规模与范围。	文献综述：指向核心素养的学校课程整合探索	周燕

第二阶段：2017. 11—2018. 03，课题启动阶段

研究的内容与实施途径	研究成果的预期形式	负责人
(1) 召开课题实验学校启动会，搭建好课题组。拟定课题实验方案，初步确定实验框架，选择性的开展学习与培训活动，并完成课题开题报告。	开题报告：指向核心素养的学校课程整合探索	杨卫红 葛娟 周燕
(2) 邀请市级专家对课题研究进行前期培训，统一对课题“核心素养”、“课程整合”等核心问题的认识。进一步细化研究内容，明确并分解子课题任务，制定子课题研究计划，明确预期成果形式、完成时间节点安排、责任分工，形成总课题及子课题群的相关管理制度。		

第三阶段：2018.04—2018.12，初步实施阶段

研究的内容与实施途径	研究成果的预期形式	负责人
（1）课题组开展我国关于核心素养的内涵及框架理论的研讨，探索基于国家学生发展的六大核心素养，融合陶行知提出的五大培养目标，结合学校培养目标及特色发展方向，整合形成具有校本元素的五大学生发展核心素养领域。		周燕
（2）课题组拟把学校广泛开设的课程门类划分设置成生活力课程、科学力课程、自治力课程、创造力课程、艺术力课程，并将这五大领域课程归为基础型课程、拓展型课程、研（探）究型课程三类课程中，以大领域结构的设计思路，至上而下从整体建构指向核心素养的学校课程整合实践框架思路。	子课题： 初高中衔接的指向核心素养整合的课程目标与内容体系框架探索	
（3）题组邀请学科专家、各学科骨干力量依据五大核心素养课程目标以及学生的生活实际、需求特点，提炼不同领域核心素养的课程模块，从而形成生活力课程、科学力课程、自治力课程、创造力课程、艺术力课程的课程内容体系。		各学科教研组长学段课题组长
（4）课题组进一步根据课程模块容整合基础型课程、拓展型课程、研（探）究型课程，通过梳理、合并、创生，形成课程清单和课程群，使课程内容与育人目标匹配值增强，实践指向性更明确，课程建构更趋于科学性。		

研究的内容与实施途径	研究成果的预期形式	负责人
(1) 课题组拟采取“主题式课程整合”策略，通过以下步骤开展研究： * 学校课题组层面：组织各教研组组长成立主题课程整合方案小组，依据核心素养课程目标、课程模块内容以及学生的生活实际，年龄特点，确立各学段及学科课程整合主题。 * 学段层面：课题组与所在学段的任科教师、学生代表进行讨论，选择与教学进度匹配、学生发展需求相适应的主题，开展主题大单元课程整合方案的设计，探索主题大单元课程整合的具体目标、内容、结构和授课安排。 * 教师层面：各任课教师围绕主题大单元整合方案选择与之相适应的教学内容，开展教学活动整合的设计和实践研究。	1. 基于科学精神素养培育的学科内整合途径探究案例 2. 研探型课程多学科整合的实践案例 3. 主题单元课程教学活动设计案例	周丽芳 范晓艳 孙颖 徐旭东 陈贤 曹红燕 倪佳慧 卜洪生 沈洁 邵懿 陈　岭 王婷婷
(2) 教师在教学活动整合研究实践的过程中，撰写主题单元课程设计报告，逐步形成一批课堂教学活动整合设计案例		

第四阶段　2019.01—2019.06，课题推进阶段

第五阶段：2019.07—2020.01，深入推进阶段

研究的内容与实施途径	研究成果的预期形式	负责人
(1) 进一步研究形成指向核心素养课程整合的基础型、拓展型和研探型课程管理运行模式和管理机制，探索多渠道、多角度课程整合实施的方式。	课堂评价观察框架 学生典型个案	葛娟 周燕
(2) 依据核心素养课程目标编制课堂观测评价框架，积累学生典型个案，检测课程达成培育学生核心素养的成效。		

第六阶段：2020.02—2020.06，成果总结阶段

<table>
<tr><th>研究的内容与实施途径</th><th>研究成果的预期形式</th><th>负责人</th></tr>
<tr><td>（1）通过课题研究最终能形成“指向核心素养的学校课程整合体系”，打造一批初高中衔接的特色课程，彰显学校的品牌文化，使核心素养真正在学生身上落地生根。</td><td rowspan="2">案例集：
指向核心素养的学校课程整合教学实践案例研究
结题报告：
指向核心素养的学校课程整合探索研究</td><td rowspan="2">王玲琴
蒋克清
周燕</td></tr>
<tr><td>（2）全校推广“指向核心素养的课程整合”的实践，探寻中观生态群体的多样化实践形态，并探索在兄弟学校中复制推广的可能性。围绕课题，召开各级各类研讨活动，组织结题汇报会议，鼓励教师归纳提炼学科内整合、学科间整合、跨学科整合及教师课程整合力、学生学习整合力等研究过程中的成功经验，撰写一批富有特色的整合课程案例；教科研处协助课题领衔人（校长）提炼课题成果，完成结题报告。</td></tr>
</table>

六、经费分配

年度	研究内容	支出费用类别	单价	数量	总额	标准依据
2017	文献理论研究	专家咨询费			2000	宝教【2013】12号
2018	课题整合教师师资队伍培训	培训费			1500	同上
2018	教学、科研研究	设备费			1000	同上
2018	教学、科研研究	材料费			1000	同上
2019	开题论证会、结题会议、成果推广会议	会议费用			1500	同上
2020	研究出版	文献、信息传播、知识产权等费用			3000	同上

2　学业规划构建　优质发展探索

【课题二】

2013年上海市教育科学研究项目：

基于学业规划建构下的完全中学优质发展的实践探索

项目负责人：杨卫红　徐萍

2012年11月19日《文汇报》登载“沪探索初高中衔接教育模式‘共处同一屋檐下’”一文。文章提到，仅一墙之隔的静安区市西高中与市西初中将共享教育资源，实现联合办学。高中“带”初中的办学模式，近来在沪上有不断“冒出”的趋势，初高中衔接教育的研究与探索将进入“新时代”……这给初高中原本处同一屋檐下的完全中学以反思。

据估测，上海现有完全中学约130所。本课题组所在区域有完中7所，约占高中规模的50%，初中规模的17%。无论教育主管部门还是属地百姓，都希望完中能发挥优势，提高办学质量，成为家门口的好学校。在此背景下，本课题组认为，挖掘完中初高中一体化优势、家校合力指导学生通过学业规划自主学习、自我管理，提高学生学业水平、促进学生健康成长，将成为探索完中优质发展的新路径。

一、课题研究的意义和概念界定

(一) 课题研究的意义

1. 学业规划是个人发展的有效途径

进入二十一世纪，人才竞争日趋白热化，我国提出人才发展战略规划，学业规划变得急需和可行。学业规划是促进个人发展的基本前提和有效途径，它具有远景规划和近期计划，随着一个个小目标的实现，坚持到最后就是个人理想的实现。目前我国高等院校已开始实施探索大学

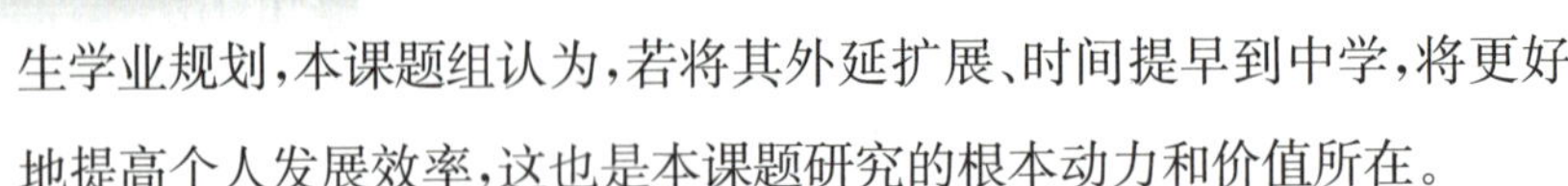

生学业规划，本课题组认为，若将其外延扩展、时间提早到中学，将更好地提高个人发展效率，这也是本课题研究的根本动力和价值所在。

2. 学业规划是学生自主学习的重要载体

《新课程标准》要求学生“学会自主学习、实现自主发展”，而学业规划落实是学生自主学习的重要载体，它对学生的学习起到导向、激励和评价作用，能让学生明确学习目标、产生学习动力、激发学习兴趣，形成自主学习、自我管理的意识和习惯，最大限度地提高学业水平。教育者若能指导帮助学生开展学业规划，培养学生自主设计、管理自我学习的行为，会促进其自主学习能力和学业水平的提升。

3. 学业规划是提高完中学生学业竞争力的关键

完中学生学业水平普遍低下，学生学习的基础、习惯、态度、方法与能力同重点中学学生存在显著差距，但社会家庭对学校的期望值却逐年提高。因此，指导学生自主设计、自我管理，通过学业规划使其学得更有目标、更为主动，转变被动应付的学习状态，是提高完中学生学业竞争力的关键。基于文献调查和问卷调研数据反馈，学生普遍缺乏学业规划的意识和能力，因而我们瞄准此研究方向，即希望通过研究，使完中学生“学有所向，学有所法，学有所得，学有所乐”。

4. 完中特征确保周期长远的学业规划的落实

完全中学具有初高中七个教学年段“一体化”的特点，其教育目标、教育理念、学校文化、管理体制、课程设置和教学行为等方面贯通融合，把初高中七年的教育教学作为一个统一整体通盘考虑。完中初高中一体化的持续发展特征保障了周期较长的学业规划的实施，为课题研究的科学性和准确性提供了有利条件。本课题力图因校制宜，设立多级学业目标，加强初高中人才培养的衔接，把学业规划作为统一整体融合贯穿在各年段，在循环推进中激发学生学习的内驱力和自主

性，确保学业目标的最终实现。

5. 完中发展问题亟需得到关注

追求教育公平，多样化、个性化、优质化办好每一所学校已成为基础教育的主旋律。从课题组掌握的文献情况来看，目前对于完全中学的专门研究不多，对完全中学学生学业规划的研究更是少见。加之完全中学在办学规模、办学格局和办学方式上的特殊与复杂性，给予我们探索学校优质发展的实践空间，也是推进完中学生学业成长、教师专业境界的拓展的价值所在。

（二）核心概念的界定

1. 学业规划——

（1）学业规划理论：

由我国学业规划与升学决策研究专家张恒亮先生创立，它继承和发展了从上世纪发端于美国的职业指导与生涯教育理论，指出求学者一般为初中毕业，通过对自身实际情况和未来的认识，确定阶段性职业目标，选择适当专业和学校，制定学业发展计划，以确保用最小的求学成本获得阶段性职业目标所必需的素质和能力的过程。张恒亮的学业规划直接指向的是初中毕业后到顺利入职期间的人生发展规划，与顺利入职密切联系。

（2）本课题组对学业规划的重新界定：

学业规划，属于个人发展规划。狭义地讲，即学生对与之相关的学业进行科学筹划与合理安排，以此顺利完成学业，并最大限度地提高学业竞争力，为未来人生发展奠定基础。具体来讲，即中学生在老师和家长的指导下，较为全面正确地分析、认识自身的知识基础、性格特点、能力特点、家庭情况和未来发展，自主确定学业发展目标，自行制定与之相配套的阶段性学业计划，独立做好具体的学习准备，并通

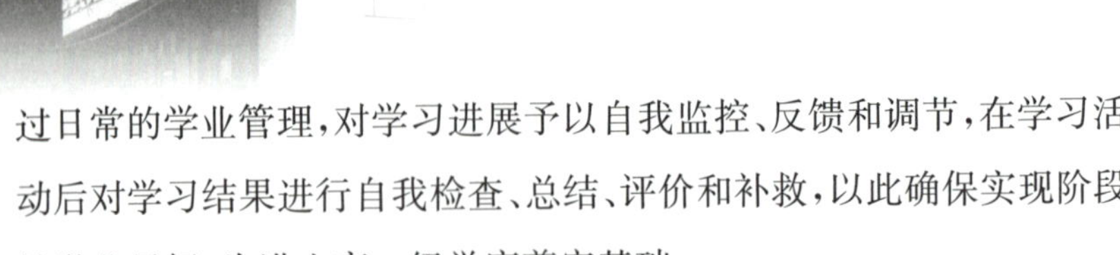

过日常的学业管理，对学习进展予以自我监控、反馈和调节，在学习活动后对学习结果进行自我检查、总结、评价和补救，以此确保实现阶段性学业目标，为进入高一级学府奠定基础。

2. 完全中学——完全中学一般意义上是指：设置中既有初级中学的学段，又有高级中学学段的学校，简而言之是“初高中一体化”的一种办学模式。初中学段四个年级属于9年制义务教育阶段，而高中三个年级不属于义务教育。完全中学在教育中具有连贯的，承上启下的特征。

3. 优质发展——优质属于质量范畴，指的是办学水平优良，质量高。从办学结果的角度看，优质即育人结果的优良，包括学生的学业水平、学习兴趣、学习效率和学生身心健康等核心指标，也包括学生的特长、优势潜能的挖掘和进一步提升。学校的优质发展必须树立科学全面的质量观，把学生的学业水平、学习经历、身心健康、学习兴趣都纳入到办学追求之中去，根据自身办学资源的特点和优势，寻求自身优质发展的新路径。完全中学初中义务教育阶段以绿色指标为标准，高中阶段以特色多样发展为标准。

二、课题研究的目标、内容和方法

（一）研究目标

发挥完全中学的特征优势，针对学生发展特征进行适宜的学业规划指导，最大限度地提高完全中学学生自主规划、自主学习能力和学业发展效率，促进完全中学的优质发展。因而研究的核心内容是学业规划建构，主要保障手段是为学生学业规划与发展注入以学校、教师、家长和同伴建构的群体促进等策略，针对初高中七年一贯制的学业规划，设计好内容与途径的衔接梯度。基于此，提出以下研究目标：

1. 厘清完全中学办学特征及学生学业发展现状和实际需求，建

构初高中衔接的学业规划实践思路。

2. 形成完中学生学业规划编制的基本体例，探索教师、家长对学生学业规划有效联动的指导模式，促进策略及评价和保障机制。

3. 提炼具有较高普遍性和推广价值的，能促进完中学生学业水平持续发展的实践经验和典型案例。

（二）研究内容

1. 我校学生学业发展现状问题调查

厘清完全中学学生学业发展的现状、现实需求、制约因素等问题是探索完中学生学业规划实践的基础，因而我们需要通过科学细致的调查分析，去发现共性问题，总结出基本规律，并将完中学生学业发展问题和教师专业发展、完中办学特点紧密结合起来，从而为研究的深入打好基础：

（1）通过调查问卷掌握完全中学学生学业规划实施的基本情况。针对学生、教师、家长三种对象，分别从学业内涵认知、学业目标设定、学业自控自律、课外学习安排、学业困难所在、学业提升空间等问题设计三份问卷，主要了解掌握我校初高中学生的学业发展现状、实际需求和制约因素，分析提炼出共性特征，并结合四大模块进行梳理分类，遴选出具有实验价值的典型性班级和个人。

行知实验中学学生学业规划基本情况表

姓名		性别		年龄	
年级		班级		其他	
学生填					
身体状况	健康	一般	虚弱	其他	
性格特征	活泼好动	沉静内向	自信勇敢	敏感孤僻	其他
兴趣特长	文学	体育	艺术	其他	

续 表

困难提升	德行心理	学科学习	体育健身	特长发展	其他
目标设定	阶段目标		长期目标		
家长填					
	父亲	母亲			
姓名					
年龄					
职业					
学历					
家庭教育主要承担人	祖父辈	父亲	母亲	其他	
对孩子的期望	阶段目标		长期目标		
希望提升空间	德行心理	学科学习	体育健身	特长发展	其他
教师填					
该生的长处					
不足与提升	德行心理	学科学习	体育健身	特长发展	其他

(2) 通过问卷和访谈两种方式，深入了解研究完全中学实施学业规划的基本前提

诸如完全中学在培养目标、学业衔接、师资队伍、教育资源等方面存在的优势，以及在管理方面、生源方面的不足，厘清完全中学办学现状、特征和基本发展规律，对学生学业发展的影响作用，寻找完全中学优质发展的提振空间。

2. 建构符合完全中学学生特点的学业规划实践思路

探索完中学生学业规划的建构是完全中学对学生学业发展的主动设计和引导过程，因而需要在研究相关理论的基础上，借鉴一些优秀学校的成功做法，并将学校的价值判断和目标追求注入其中：

（1）深入研究国内外学业规划的相关理论与实践，借鉴经验分析完中学业规划的建构基础及其影响因素。理论上深入研究张恒亮的学业规划理论，实践上主要调查研究美国中学的生涯规划教育、日本中学的进路教育以及国内有关大学开展的学业规划教育，以此梳理可供我校学业规划建构借鉴的经验和做法，确保课题的顺利落实。

（2）探索设计基于初高中一体化的完中学业规划概念实践框架，制订相关实践思路。突破学业规划即学科学习规划的狭隘认知，全面纵深地建构完全中学学生学业规划的概念实践框架，是明确学业规划实施目标和确保过程落实的前提。我校创始人陶行知先生于 1934 年的《淮安新安小学第六年计划大纲》下列五项“生活目标”：1. 康健的体魄；2. 科学的头脑；3. 艺术的兴趣；4. 生产的技能；5. 自由、平等、互助的精神。这缺一不可的五项目标最终成就了一个身心健全的人。故此本课题初步将学业规划所计划和管理的内容建构成四大模块，并结合日常学习设置相应的内容、目标、实施途径、导师团队。通过日常管理和阶段性的自主评价反馈来保障规划研究的实现。初中阶段侧重学生的行规养成和兴趣培养；高中阶段侧重学生个性能力和职业发展的设计；两者既独立又相互关联。

行知实验中学学业规划概念实践框架

<table>
<tr><th>概念模块</th><th>建构内容</th><th>设置目标</th><th>实施途径</th><th>导师团</th></tr>
<tr><td rowspan="2">德行
心理</td><td>行规礼仪</td><td>知行统一，内外兼修
自主自律，学做真人</td><td>仪式教育
团队活动
主题宣传</td><td rowspan="2">团长：周燕
团员：
1. 小先生（学生会、团委小干部）
2. 家委会
3. 人生导师</td></tr>
<tr><td>社会实践</td><td>实践体验，感悟熏陶
走进社会，服务他人</td><td>学农学军
安全教育
志愿服务</td></tr>
</table>

续 表

概念模块	建构内容	设置目标	实施途径	导师团
德行心理	健康心理	认识自我，悦纳自己 和谐关系，适应环境	日常辅导 课程设计 专家讲座	
	生涯教育	个性发展，激发潜能 学会规划，融入社会	课程设计 主题活动 团队互助	
学科学习	学法指导	激发兴趣，增强信心 调整方法，培养习惯	学生大会 教师讲座 衔接过渡	团长：王玲琴 团员： 1. 学术委员会 2. 小先生 3. 家委会
	学品涵养	价值观念，态度技能 因势利导，潜移默化	班级活动 课堂教学 课后督促	
	选课指导	正确定位，兴趣优先 发挥潜力，扬长避短	高二选课 文理分科 家长会议	
	志愿填报	学业发展，职业规划 了解社会，合理定位	中考志愿 高考志愿 大专自主	
体育健身	自我健身	素质提高，卫生保健 增强体质，终身体育	体育教学 社团建设 高中体育专项化 初高中一体化 教学 阳光体育 体育品牌 联盟建设	团长：卜洪生 团员： 1. 体育教师 2. 小先生 3. 家委会
	技能掌握	兴趣培养，多样发展 专项教学，开发潜能		
	体育文化	知行合一，创新实践 传承精神，群体共进		
特长发展	社团活动	拓展课堂，启迪互励 实践能力，完善自我	辩论书法 篆刻宣讲 科技园艺	团长：沈裕华 团员： 1. 社团指导教师 2. 外聘专家 3. 家委会 4. 小先生
	个别辅导	因材施教，个性发展 强化优势，身心和谐	教师辅导 专家指导 校外机构	
	追踪调研	动态把握，调整策略 优化方案，形成模式	成长档案 衔接培养 示范辐射	

3. 完中学生学业规划体例编制和案例分析

完中学生学业规划的研究与落实绝非一蹴而就，它是一个持续成长、优化的过程，故而需要通过对案例进行科学系统的数据观察和分析来判断哪些做法是有效的、哪些是无效的，在这个过程中，还必然会涉及到研究内容和形式的再度选择与创新：

（1）编制完全中学学生学业规划的基本体例。广泛寻找吸纳学业规划研究已有的应用成果，归纳可借鉴的操作模式；设计编制完全中学学生学业规划的基本体例。以学科学习模块中的语文学科高三学习规划为例编制如下体例：

高三____班________语文学习规划（一）				
目标设定				
长期目标（高考）				
中期目标（区定位考试）				
近期目标（月考）				
现状分析				
考试项目	年级均分	班级均分	最高分	“我”的成绩
9 月入学考试				
10 月月考				
11 月期中考试				
优势与不足				
优点				
不足		改进措施与途径		
现代文阅读				
诗歌与鉴赏				
古文阅读				
写作				
意见建议				
________老师：	________同学：	________家长		

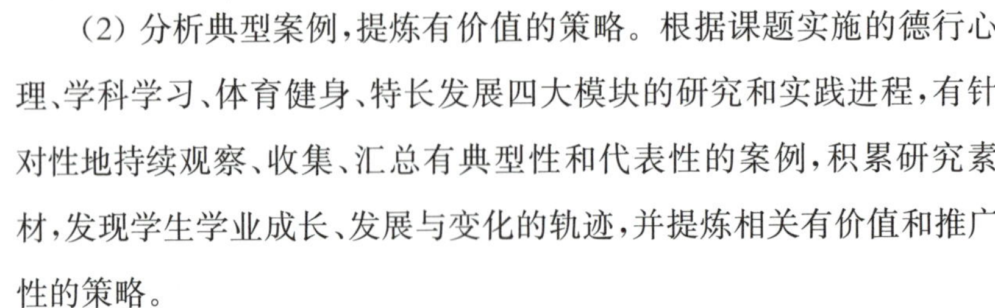

(2) 分析典型案例，提炼有价值的策略。根据课题实施的德行心理、学科学习、体育健身、特长发展四大模块的研究和实践进程，有针对性地持续观察、收集、汇总有典型性和代表性的案例，积累研究素材，发现学生学业成长、发展与变化的轨迹，并提炼相关有价值和推广性的策略。

☆一类研究实验对象（案例）以班级为单位。 主要特征为班级集体呈现出较为集中的学业模块中的缺失和不足。例如，本课题组据观察诊断初一(1)班在班级纪律，学生品性上长期存在问题，有待改进，故将此班级定为模块一的实验跟踪对象。

☆一类研究实验对象（案例）以个体为单位。 经学业规划基情调查，经学生、家长、教师三方共同认定在某一模块具有较大上升发展空间的学生，归类后进行研究跟踪。例如高一年级一些学生过早存在偏科现象，选择整合有代表性的个体，由相关学科导师进行指导跟踪。

☆另一类为初高中七年均在本校的学生。 即由本校初中直升本校高中或由本校初中经中考考入本校高中的学生)，遴选在学业上均衡发展，但还有待提升的个案(翁羽翕，江俏奇，曹骞，丁盛豪，袁佰祥，陈雄等)，经由导师团指导跟踪，梳理出初高中一贯制教育对人才培养的优势。

附录：行知实验中学学生学业规划德行心理模块个案研究

案主：________(编号：________)

【背景资料】：学生基本情况概述

【表现描述】：

内容	选项	评价	典型事例
服装仪容	A 干净整洁　B 一般　C 邋遢		
精神面貌	A 抖擞　B 一般　C 萎靡		

续 表

内容	选项	评价	典型事例
同伴关系	A 友好 B 一般 C 对抗		
班级服务	A 积极主动 B 听从安排 C 事不关己		
遵守行规	A 认真遵守 B 偶尔违反 C 经常违反		
学习态度	A 很好 B 较好 C 一般 D 差		
上课状态	A 注意力集中 B 偶尔注意力不集中 C 经常注意力分散		
完成作业	A 按时完成 B 偶尔不完成作业 C 经常不完成作业		
心理状态	A 积极 B 平和 C 消极		
与班主任关系	A 很好 B 较好 C 一般 D 差		
与语文老师关系	A 很好 B 较好 C 一般 D 差		
与数学老师关系	A 很好 B 较好 C 一般 D 差		
与英语老师关系	A 很好 B 较好 C 一般 D 差		

【目标制定】

1. 核心目标：（略）

2. 主要方法：个别辅导、团体辅导、家庭辅导

3. 导师团队：班主任、心理老师、爸爸、高年级小先生。

【实施过程】：循序渐进的日常个别指导与督促

目标行为观察记录表

（第____周）姓名________ 目标行为________

项目		周一	周二	周三	周四	周五	平均数
目标行为数							
实际行为数							
本周总体评价	自己						
	导师						
	家长						

【实施效果】：阶段目标行为和观察行为数据汇总

目标行为观察汇总表

项目	第 1 周	第 2 周	第 3 周	第 4 周	第 5 周	第 6 周	第 7 周	第 8 周
目标行为平均数								
实际行为平均数								

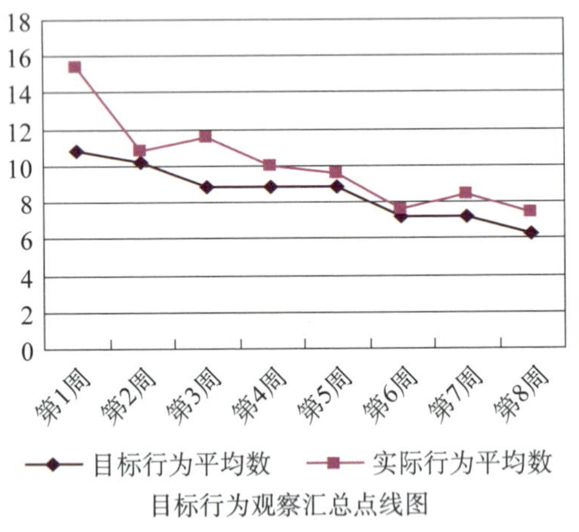

目标行为观察汇总点线图

【反思调整】：导师团与学生、家长共同寻找解决问题切入点，形成共识，制定下阶段目标。

【跟踪评价】：经过几个阶段的规划管理与实施进行再评价，形成经验

4. 提炼出可操作、可推广的实践模式和策略

学业规划的培育与发展对完全中学学生可持续学业发展究竟能产生怎样的影响，对教师的专业发展、对家校教育指导一体化以及完中的优质发展有怎样的影响，哪些做法和策略是具有普遍意义的？种

种问题并不能完全通过数字来表达，因而需要运用诸如案例分析、叙事研究、经验报告等方法将其呈现出来并进行多元视角的分析，从而实现课题研究的借鉴意义和推广价值。

(1) 通过课题研究实施，形成可操作的管理体系。对学生学业规划研究的相关数据进行纵向(时间历程)和横向(群体间差异)的分析对比，生成、遴选有利于完全中学优质办学、特色发展的促进手段和管理体系。

☆**学业规划操作流程：** 设计文本模板→学生自主设计→导师团指导→过程管理跟踪→汇总评价调整

☆**导师团指导制：** 导师团团长——导师团团员(名师，教育教学骨干教师，学术委员会成员，家委会成员，小先生)——小先生制(高年级的优秀学生，已进入高等院校的优秀校友)

☆**四大模块课程：** 德行心理——学科学习——体育健身——特长发展

(2) 学生学业规划全面有序推进的相关策略的制度性固化。例如以“任务驱动、各处联动、全校启动”的动态模式、由“导师制、小先生制、家长制”家校协同构成的指导制度、“初高中衔接、垂直化跟踪”的七年育才计划，以及完全中学七年一贯制的衔接式学业规划四大模块管理模式及相应课程设置以及校本教材。

☆**保障体系：** 导师团队制度——四大模块课程体系——家校社区三位一体——明师工程

☆**评价体系：** 数据分析——学生个案进步发展——学校发展评估(初中：新优质学校、素质教育示范校；高中：特色多样发展)——策略辐射

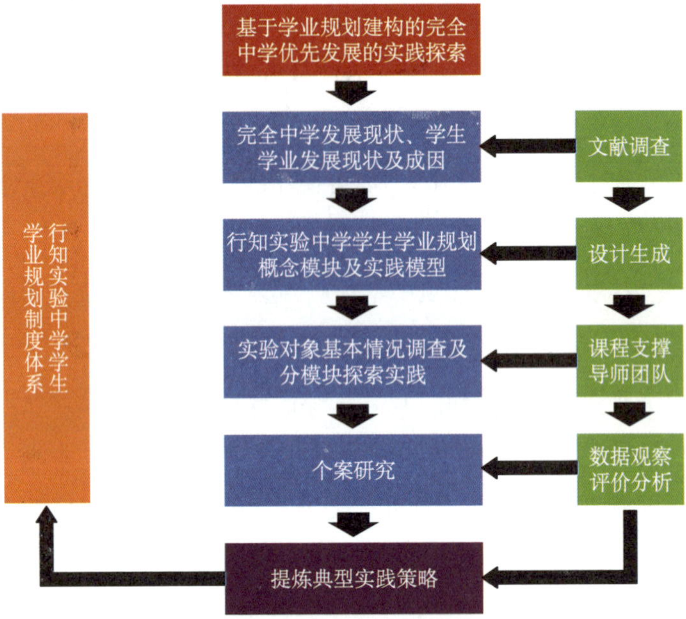

基于学业规划建构的完全中学优先发展的实践探索
完全中学发展现状、学生学业发展现状及成因
行知实验中学学生学业规划概念模块及实践模型
实验对象基本情况调查及分模块探索实践
个案研究
提炼典型实践策略
文献调查
设计生成
课程支撑导师团队
数据观察评价分析
行知实验中学学生学业规划制度体系

（课题研究构思基本流程图）

（三）研究方法

本课题以行动研究法为主，将文献研究法、调查访谈法、案例研究法、经验总结法等，贯穿于行动研究法运作过程之中。

1. 文献研究法

查阅国内外相关学业规划与完全中学的理论与实践的文献资料，了解研究现状与成果；针对完全中学这一领域，总结已有研究之不足，并借鉴已有研究经验，丰富本研究的理论内涵，拟定本研究的创新点，确保研究的科学性和独创性，形成本课题“文献研究综述”。

2. 调查访谈法

自编系列《完全中学学生“学业规划”实施情况调查问卷》，从教师、学生和家长三个方面，在课题的研究初期、中期和末期进行针对性调查。内容主要包括：对学业规划的基本认识及态度、学业规划设计的技能、学业规划实施的途径和方法、学业规划成效的评估以及完全中学办学特征优势的认识及评价等。采用有关统计软件对问卷数据进行统计分析，梳理完全中学学生学业发展中存在的问题，针对完全中学的办学优势特征确定研究指向，探索新的教育教学增长点，形成“完全中学学生学业发展的现状调查研究报告”。

3. 行动研究法

课题组在前期文献资料研究和现状调查研究的基础上，结合专家咨询信息，首先组织课题组成员开展学习讨论；其次，由科研骨干领衔，以年级组、学科教研组为单位，依据不同年段的学生特点和学科特点，以学生实际需求出发，构建“完全中学学生学业规划初步概念实践框架”。选择实验点(班和人)，实施研究。在实施过程中，以个案研究法为主收集相关研究信息，进行信息反馈，在此基础上调整完善“学业规划”设计实施，提炼有推广价值的策略并形成机制。

4. 个案研究法

持续观察、跟踪个案学生的学业规划发展动态，做好研究材料的日常收集，形成典型性案例，提炼有价值的实践策略和研究成果。

5. 总结指导法

对研究内容和阶段目标达成情况及时总结经验、反思得失、适时调整，以确保课题有效落实。借助开题论证、中期评估和结题鉴定等活动，邀请相关专家进行理论培训与指导，组织课题组成员共同参与各阶段研讨活动，确保课题高质量完成。

三、研究步骤

1. 酝酿准备阶段：(2012.06—2013.01)

(1) 观察现状，发现问题

秉承课题研究为学生与学校发展服务的理念，以校长为核心的行

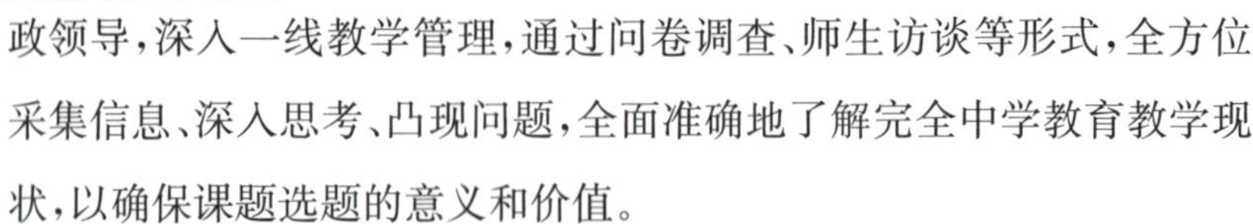

政领导，深入一线教学管理，通过问卷调查、师生访谈等形式，全方位采集信息、深入思考、凸现问题，全面准确地了解完全中学教育教学现状，以确保课题选题的意义和价值。

（2）找准角度，明确思路

在专家指导和点拨下，以“学业规划”为载体，以“促进学生学业发展”为目标，以“学生主体、家校合力指导”为手段，以“初高中一体化衔接”为特色，在实践研究中不断完善思路，从关注“教”到关注“学”；从“教”延伸到“导”；“以教导学、以学促教、教学相长”；从宏观地勾勒“为了一切学生”的教学愿景到微观地确立构建“学生学业规划”的指导与管理机制，探索完全中学优质发展的新路径的研究思路日渐明晰。

2. 启动研究阶段：(2013.02—2013.06)

（1）理论研究，初定方案

利用“中知网”等学术网站的电子资源，启动并完成资料搜集、情报综述工作；基于理论引导，联系学校实际，制定切实可行的课题论证方案；认真组织课题申报工作，及时采纳专家建议，确保课题方案的高质量。

（2）建构核心，明确方案

邀请区进修学院科研室专家对课题研究进行前期培训，统一对课题核心问题的认识。搭建好课题组，明确并分解子课题任务。进一步细化研究内容，形成子课题群，制定子课题研究计划，确保课题成功申报。

3. 初步探索阶段：(2013.07—2013.12)

（1）完善思考，初定主线

基于实践研究的得失，课题组成员群策群力，通过理论学习、专家指导及时调整完善研究思路，夯实研究主线，通过开设研讨、交流会议等形式，统一思想，形成共识。明晰各子课题与总课题的关系及各子课题预期成果形式、完成时间节点安排、责任分工；形成总课题及子课题群的相关管理制度。

（2）先行启动，多组联动

基于语文组、数学组、英语组教师的初高中衔接教学和学法指导的实践尝试，率先启动课题研究；再由试点学科，逐渐向化生、政史地、音体美等学科扩展；进而使各学科组交流实践研究的经验，实现优势互补、资源共享、多组联动。

基于初三年级和高一年级的衔接式学业规划的实践尝试，调动两个年级率先启动课题研究，再由试点年级逐渐向初二、高二等依次辐射推广；进而使各年级组交流实践研究的经验，取长补短，长效发展。

（3）骨干先行，全员参与

依托我校学术专业委员会中的名师、学科带头人、教学骨干、行政管理人员率先参与课题研究，重点从学科学习规划、社会实践与职业规划、体育与健身三个方面的指导与实践来完成子课题的申报、论证、立项工作，及时总结经验、完善思考，影响并带动其他教师参与课题实践研究，形成全员参与的研究格局。

（4）案例研究，经验积累

以“学业规划”为载体，凸显初高中一体化特征，不断完善“规划”的体例编制的，深入思考“学生学业规划”的有效指导策略，积极探索两者之间的内在关联影响，在实践中感悟、在反思中改进、在探索中提升。

4. 调整完善阶段(2014.01—2014.06)

（1）师生联动，体例初明

在教学实践中，教务、政教、研训三处合力带动备课组、年级组教

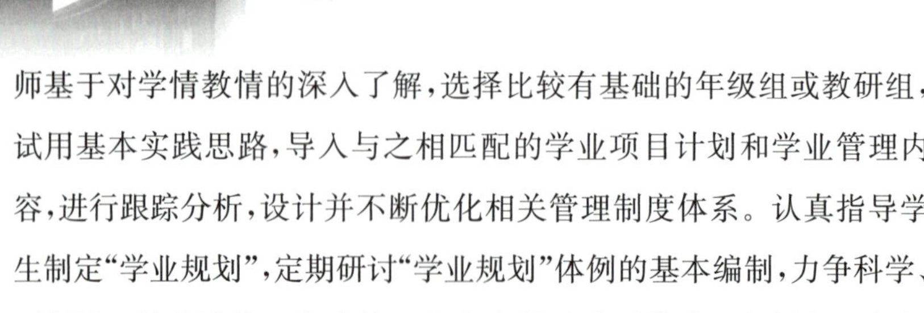

师基于对学情教情的深入了解，选择比较有基础的年级组或教研组，试用基本实践思路，导入与之相匹配的学业项目计划和学业管理内容，进行跟踪分析，设计并不断优化相关管理制度体系。认真指导学生制定“学业规划”，定期研讨“学业规划”体例的基本编制，力争科学、可行性又具个性化。完成基于完全中学基础下的学业规划概念框架设计，提出学业规划的设计和动力机制。

（2）创新衔接，模式初成

依托日常教学管理，认真总结提炼由“学业规划”指导教育触发的师生课堂教学的变化、教学效果的变化、学生态度行为的变化，及时归纳由之产生的新资源、新策略、新感悟，积极探索“准确认清自我——制定阶段规划——师生互动生成——反馈评价调整”的流程，并使之初具雏形。

（3）提炼经验，特色初现

基于实践研究，凝练经验、积淀智慧，个别班级、学科成绩突出、一些教师指导高效、一批学生进步显著、学校教育充满活力……总之，课题研究的显性价值初现。

5. 深入推进阶段：(2014.07—2015.01)

（1）教学相长，联动促进

以课题研究带动课堂教学的优化，以课堂实践、作业反馈、练习测试、学生面貌等丰富研究内涵，“导”、“学”、“研”三维互动，构建以导学促教学、以导学促师生和谐发展、以导学促完全中学初高中一体化。

（2）自觉主动，文化浓郁

基于课题的不断推进深入，学生由“要我学”为“我要学”，学习目标明确。教师由“要我研究”到“我要研究”，研究意识和能力不断提升。通过“主题班会”“公开课展示”“专题研讨”“家校互动”等形式使

师生对学业规划的指导教育由行动自觉提升到文化自觉。

(3) 数据观测,跟踪分析

设计匹配于普通完中学生在诸多动力因素影响下的学业规划发展的数据观察统计手段及相应的调查问卷,对实验过程进行持续跟踪分析。

6. 成果总结阶段:(2015.02—2016.01)

(1) 打造品牌,凸显特色

充分发挥名师、学科带头人和骨干教师的优秀示范作用,带动成熟一批年轻教师;指导培养一批“自信、自主、自律”“会规划、会学习、会反思”的能适应未来社会需要、符合时代人才观的学生;打造两至三个初高中衔接的品牌学科和校本教材;落实“真人教育,名师策略”的行动口号,凸显“实验行知、求真创造”的办学理念。

(2) 升华认识,成果提炼

全校推广学业规划的实践,探寻中观生态群体的多样化实践形态,实现学校管理制度体系的固化,并探索在兄弟学校中复制推广的可能性。围绕课题,召开各级各类研讨活动,鼓励教师群策群力,归纳提炼学科指导、综合学业指导、初高中学业衔接指导研究的成功经验,撰写一批富有特色的导学案例;教科研处协助课题领衔人提炼课题成果,完成结题报告。

四、课题任务分解及子课题

(一) 任务分解

具体时间	主要任务	成果形式	承担人
2012.09—2012.12	学校发展现状及规划调研报告	规划报告	杨卫红
2012.01—2013.03	文献梳理	情报综述	徐　萍

续 表

具体时间	主要任务	成果形式	承担人
2013. 04—2013. 06	课题方案设计	课题申请书	徐 萍
2013. 07—2013. 12	课题及子课题方案设计	开题报告	徐 萍
2014. 09—2014. 12	中期论证	中期报告	杨卫红
2015. 01—2015. 06	各子课题相关中期报告	研究报告	子课题负责人
2015. 09—2015. 12	课题相关论文集、案例集	案例集	徐 萍 贺秉飞
2016. 01—2016. 06	课题结题报告	结题报告	杨卫红

（二）子课题

序号	子课题名称	成果	承担者
1	基于学业规划建构的教师专业发展项目库建构的实践	论文	葛 娟
2	行知实验中学学生学业规划课程建构	论文	贺秉飞
3	完全中学学生学科学习指导的实践探索	案例集	王玲琴 朱建兰
4	完全中学学生社会实践与职业规划的实践探索	校本教材	周 燕
5	完全中学学生体育与健身规划的指导	论文	卜洪生
6	完全中学社团活动中特长生特色发展的指导	案例集	沈裕华 张奕卿 唐向东 陈 岭 贺秉飞
7	不同年段的学生生涯发展的意识与特点及指导研究	论文	李峰慧
8	完全中学学生语文阅读规划的指导与实践	论文	周丽芳
9	完全中学学生英语词汇衔接教学指导的实践	校本教材	冯 霞

五、预期研究成果

1.《基于学业规划建构下的完全中学优质发展的实践探索》案例集

2.《基于学业规划建构下的完全中学优质发展的实践探索》研究报告

六、本课题的研究基础和保障

1. 业务精深的专家引领，确保课题研究契合前沿

本课题研究有幸得到上海市教育教学科研领域诸位专家的引领，理论上，我们课题组可从教学论、教育研究方法、课程论、教育学原理研究、基础教育改革研究上受益；实践上，区进修学院科研室陈明敏、蔡维静、罗青香老师全程指导课题的实践研究。这些必将拓宽我们研究视野、挖掘课题思考的深度、提升实践研究的效度实效、凝练研究特色，确保了我校课题研究契合当今教育改革的前沿。

2. 求真创造的行政支持，确保课题研究有效落实

课题组负责人杨卫红校长，作为上海市首批名师重点培养对象、第三期名校长基地学员，长期以来关注上海教育改革动态，敏锐捕捉教育生长点，近年来引领我校教育教学工作稳步走上特色发展之路。2012 年我校被《上海教育》推介为“家门口的好学校”，2013 年以传承、研究行知文化为切入口，成功申报“行知育才旧院”为上海市普教系统十大校园新景观。杨校长不仅以自身的务实求真精神引领教师参与课题研究，更是从专家资源、组织经费上倾力支持课题研究的开展。

3. 精诚团结的团队合作，确保课题研究有效落实

课题组成员均参与过区级重点课题，有较好的研究素养；课题组成员分别来自语数英物化、历史生物体育等各学科，都有过班主任、年级组长、教研组长的管理经验，保证了课题研究与一线教学的有机融合。同时，我校来自教科研处、教导处、政教处的中层干部也参与课题的推进，由此确保了课题研究的上传下达，有效落实。教务处和各年级组组长、班主任、任课教师，既有研究思路的群策群力，又有教学实践的果敢尝试，科研团队精诚合作、齐心协力，使课题研究思路日渐明晰、研究方向逐渐聚焦由此确保了课题研究的有效落实。

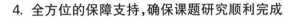

4. 全方位的保障支持，确保课题研究顺利完成

从时间保证而言，以学生学业规划指导与评价为载体，课题组每月安排两次主题明确的集体研讨活动；从经费保证而言，课题组将在上级部门的主要经费支持下，我校自筹研究经费，确保课题实施；从资料设备而言，学校购买了中国知网网卡，便利学术资料的电子查询，以此为课题开展提供有力支持。

该课题结题证书和获奖证书：

上海市教育科学研究课题结题证书

Certificate

for Undertaking and Completing Shanghai Education Research Task

课题名称：基于学业规划建构的完全中学优质发展的实践探索

课题编号：B13107

课题类别：市级项目

课题承担单位：上海市行知实验中学

课题主持人：杨卫红

课题组核心成员：葛娟 贺秉飞 徐萍 沈裕华 张奕卿 王岭琴 朱建兰 陈越天

课题完成时间：2016年12月

验收等第：优秀

上海市教育科学规划领导小组办公室

奖 状

杨卫红 徐萍 葛娟 沈裕华 周燕老师：

您的《中学生学业规划——基于学业规划建构的完全中学优质发展的实践探索》项目，荣获宝山区第十三届学校教育科研成果评比壹等奖。特发此证。

上海市宝山区教育局

2017年4月

获奖证书

《基于学业规划建构的完全中学优质发展的实践探索》

荣获上海市教育科学研究院第六届学校教育科研成果

三 等 奖

课题组组长：杨卫红

课题组成员：葛 娟 徐 萍 沈裕华 周 燕 张奕卿 王岭琴 朱建兰 陈越天

沪教科院（2018）证字（144）号

上海市教育科学研究院
2018年12月

中学生学业规划

基于学业规划建构的完全中学优质发展的实践探索

◎上海市行知实验中学 编著

华东师范大学出版社

3. 德业兼修　专业发展

【课题三】

2011年华东师范大学基础教育与教育实习研究项目：

德业兼修促教师专业发展的个案研究

项目负责人：杨卫红

一、本项目的研究意义和主要内容：

（一）研究意义

1. 符合当今时代对基础教育的需求。

《国家中长期教育改革和发展规划纲要》特别强调加强教师队伍建设。“教育大计，教师为本。有好的教师，才有好的教育……严格教师资质，提升教师素质，努力造就一支师德高尚、业务精湛、结构合理、充满活力的高素质专业化教师队伍。”

2. 促进教师、学生、学校的可持续发展。

通过对教师专业成长的个案研究提升教师的知识、技能和态度。改进优化教师的意识行为，才能激活学生的学习潜能，提高教育教学的实效性，达成教学相长的效果，体现素质教育的精髓。同时使学校的新课程建设焕发生命力。

3. 突破发展瓶颈，彰显校本特征。

我校建立在陶行知先生创办的育才学校旧址上，有着学陶师陶研陶的良好传统。本课题试图通过个案研究来初步构建符合学校实际和文化背景的教师专业培养模式。在寻找到契合学校的增长点，凸显校本特色的同时，亦更好地担当起实践传承陶先生的教育思想的责任与使命。

（二）主要内容

1. 确定研究个案。

在教师专业发展的几个层次阶段中（职初、成长、称职、成熟、专家）选取具有代表性和生长点的样本个案。

2. 追踪观察个案。

预设在新课程实施过程中教师所要面临的几个主要问题，诸如：新教材新课堂的研读把握，课堂教学手段的改进优化，校本课程的开发设计，师生关系的和谐推进，教师职业态度和情绪的调适等，观察当事人是如何采取有效策略解决问题、提升效能、发展自我的。

3. 适当干预个案。

通过对各阶段教师中的典型性个案的追踪观察、分析诊断、建议改进来提升教师专业发展，促进教师有效的职业规划调整，初步构建我校教师专业成长的培养策略和模式。

二、现有工作基础：

1. 课题组组长和主要成员具备课题研究的能力和相应的理论学习水平。具有区级重点、一般课题和条线上全国性课题的研究实践经验。并在《上海教育》《上海教科研》《现代教学》等主要教科研期刊上发表过相关论文。

2. 学校师资培养、梯度发展初显成效。职初教师，合格教师，教学骨干，区域内教学带头人，上海市名师基地成员，层次日趋明显，搭配较为合理。

3. 学校结合评审区实验性示范性高中正大力推进校本课程建设，为此课题的研究实践创设了背景和平台。

4. 相关高校基地建设和名师引领指导为课题顺利研究给予智力支持。

5. 此课题与我校主课题“陶行知创造教育下的明师工程策略研

究”有交汇，我校还是宝山区市级重点课题“德业兼修”的实践研究基地，三者可以互相推动。

三、项目研究方案(工作方法及进度)：

第一阶段　2011年1—2月

成立课题小组，确立课题研究项目，完成课题申请。

第二阶段　2011年3—6月

确定研究个案，拟定课题实施方案，举行课题论证。

“名师引领，以学定教”改进课堂教学方法主题研究活动。

1. 专家讲座，名师指导
2. 校本教研，内化吸收
3. 以学定教，个案展示
4. 反思改进，辐射影响

第三阶段　2011年7—8月

课题中期反馈与小结。

第四阶段　2011年9—12月

完善改进研究方案，个案交流，课题组跨区域实践参观学习。

“求真创新，凸显校本”推进新课程设置主题实践活动

1. 拓展型课程、研究型课程的研发展示研讨
2. 特色社团活动展示研讨
3. 社区家校共同体互动主题展示研讨

第五阶段　2012年1—3月

课题结题，撰写结题报告，编辑个案会刊。

个案成果交流

四、研究预期成果：

1. 完成课题中期报告，结题研究报告。

2. 集结典型性个案汇编。

3. 促进个案研究相关教师的专业发展，使之在校内区域内提升知名度和辐射力。

4. 整体推进我校师资队伍综合素养，初步摸索构建符合我校特征的教师专业化发展的策略模式。

4. 创造教师幸福　明师工程策略

【课题四】

2010 年宝山区重点课题：

在创造中实现教师的幸福与价值

《陶行知创造教育下的"明师工程"策略研究》

上海市行知实验中学在 20 年发展历程中，全体教师秉承陶行知先生的教育思想，求真创造，不断丰富教育教学内涵，办学质量与特色日益凸显。2010 年学校参评区实验性示范性高中，以《陶行知创造教育下的明师工程策略研究》为实验性课题引领发展。三年来，课题组以创造教育思想为指导，从"德智术达"等方面探索创新丰富教师专业提升的策略途径，铸造具有创造力的"明师"队伍，以"明师"育"真人"，以"明师"蕴"名师"，取得显著成果。

关键词：创造教育　明师工程　策略

正文：

教师是学校第一人力资源，教师的专业发展带动学生的多元发展，进而推动学校的持续发展。因此，建设好教师队伍是办好学校的关键所在。《上海市中长期教育改革和发展规划纲要（2010～2020年）》提出了"要注重每一个教师的发展，建设一支德才兼备、富有创新

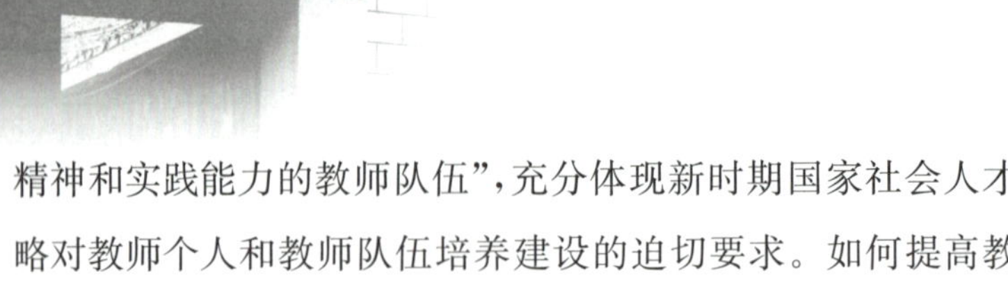

精神和实践能力的教师队伍”，充分体现新时期国家社会人才发展战略对教师个人和教师队伍培养建设的迫切要求。如何提高教师整体素质，建设好具有创新性和创造力的教师队伍，更好地服务学生、造福社会，已成为当前学校关注的重要问题。

一、研究目标

以陶行知创造教育思想（行动 + 思想 = 创造）为指导，探索拓宽教师专业提升的策略与机制，培养青年教师队伍、打造班主任队伍、发展骨干教师队伍，开发一支具有创新性和创造力的“明师”队伍。

基本目标是培育“明德”、“明智”、“明术”、“明达”，既师德高尚、学养丰厚、教法得当、心态豁达的“明师”。核心目标是出“名师”，推动一部分骨干教师“明师”率先达到德业兼修的境界，成为在区域内享有一定知名度和影响力的“名师”，示范引领同伴共同提升。

二、研究内容

（一）文献研究陶行知“创造教育”思想理论的现代价值

其中主要研究的内容包括：创造教育的核心与内涵，方法与实施，创造教育对当今创新型教师人才培养的价值与影响。

（二）调查分析影响学校“明师”个体发展的主要因素

其中主要研究的问题包括：我校教师专业发展的基本现状，影响和制约明师个体发展的内因与外因。

（三）“明师工程”策略的设计与实践

其中主要研究的问题包括：结合学校的师德建设、课堂教学、课程建设、校本研修、文化建设、家校建设、学校管理等方面工作，拓展创新明师工程培养的途径策略。

（四）“明师工程”策略的阶段性成果梳理

其中主要研究的问题包括：对“明师”内涵的分析挖掘，在行动研究与个案研究的实施基础上思考总结，围绕“明德、明智、明术、明达”梳理出相应的策略体系和保障制度，形成课题报告，论文专辑等。

三、研究过程

（一）陶行知“创造教育”思想理论对现今学校发展的思考分析

理论学习陶行知创造教育的核心思想与内涵方法，思考探讨陶行知创造教育与创新教育之间的共同点，将对学生的创造力培养的意识和方法借鉴转化到对教师内在创新能力的激发，促进学校的内涵发展和特色多元办学。

（二）明师内涵的挖掘与相应策略的实施探索

采取行动研究和案例分析，边设计、边实验、边反思修整实验方案，结合教育发展的要求对“明师”内涵进行挖掘剖析，设计相应“明德、明智、明术、明达”的研究方案，并进行具体实践。

（三）交流研讨，专家论证

定期开展课题组成员会议，调整研究思路，改进研究方法。召开课题开题论证会、课题交流研讨会和课题中期论证会，赵才欣、叶佩玉、沈荣祥等专家以及区教育局和进修学院的领导对课题把脉诊断，确保课题的顺利有效推进。

（四）反思修正，总结提炼

注重资料的积累、收集、整理、分析和归纳工作，探寻研究中的规律和存在的不足，适时调整研究方案和策略，总结推广卓有成效的经验体会和成功案例。组织 2011、2012、2013 年主题为“以学定教，课例研究”、“他山之石，名师论坛”和“自主体验，乐学求真”的暑期教师论坛，与广大教师分享课题研究的阶段成果。2011 年，依托《宝山教育》编撰课题研究论文、反思、案例集。2013 年，举办主题为“自主体验、乐学求真”的全区性教学展示，编辑《明师专辑》，形成课题的区域辐射。

四、研究成果

(一) 策略生成

1. 以陶为师,创新师德建设载体

挖掘学校文化积淀,传承发扬"爱满天下"精神,以创新师德载体建设为策略,深化学陶师陶研陶,加强师德建设,提高"明德"认知,培养"明达"胸怀,积极塑造"明师"。

2. "真人教育"的实践和探索

秉承"生活教育"理论,把"真人教育"、"创造教育"渗透于学校的德育工作,开拓和创设多种德育活动,使学生在丰富多彩的德育生活体验中学做"真人",从而提升教师的师德修养、教育水平,激发自身的创造力。

3. 构建学习型团队,提升教师研究水平

以教研组、备课组、课题组为团队组织,以研究项目为任务驱动,激发教师勤于思考、勇于实践的研究热情和创造能力,将课题研究与校本课程、校本研修、业务培训相结合,在实践中反思研究,在反思研究中实践,营造良好的学习氛围。

4. 开展家庭教育指导,促进家校合作

运用科研的方式指导家庭教育工作,创新家校合作模式,使家庭教育指导工作开展得更为扎实有序。构建了教师、家长共同参与,学校、家庭、社会形成合力共同发挥作用的开放的、立体的大教育环境,拓宽了家校合作的渠道,为学生撑起了一片健康成长的天空。

5. "以学定教,名师引领",促进课堂有效教学

通过专家与名师的指导引领提升教师教学水平。青年教师在教研员和市区级骨干教师的指导和教研组同伴互助下,开展备课、磨课活动，共同思考和探究高效课堂的构建。市教委教研室主任徐淀芳为全体教师作《以学定教，提高教学有效性的策略与模式》的讲座，指点迷津，启迪智慧。

6. 细化常规教学管理，促进教师教能提升

坚持科学内涵发展，以质量为中心，以管理为抓手，深入推进课程改革、教研组和学科建设及教学研究，为实施"明师"工程，搭建各种成长平台，提供各种发展机会，提高教师有效教学的能力和水平。

7. 传承创新，探索特色发展和有效管理

主动寻找学校发展新点，在继承优良办学传统的基础上，以创建区实验性示范性高中为抓手，有步骤地分段推进学校学陶特色和文体特色建设，为师生进步、学校发展提供多种可能。

8. 实施人文关怀，打造和谐校园

营造适合教师发展的人文氛围，激发教师自身对发展的关注和对人生价值的追求。让友爱和谐的环境、严谨高雅的格调和务实进取的精神成为学校文化的主流，为"明师"团队的建设提供有力的保障。

（二）特色案例

1. 修葺行知育才旧院，构建行知特色文化

课题组深度挖掘校友和校史资源，努力创建行知特色的校园文化。邀请育才校友、陶研专家叶良骏女士和原行知艺术学校校友黄白教授作词作曲，精心谱写了校歌。整合校园绿色环境，整体规划打造了"一院"（行知育才旧院）、"一园"（求真园）、"一廊"（创造廊）、"一墙"（行知箴言语录墙），以浓郁的"行知"文化氛围润泽师生心灵、陶冶师生情操、构筑健康人格，引领学校的内涵发展。重新修葺布置的"行知育才旧院"，于 2011 年 10 月举行了隆重的揭牌仪式，以纪念陶行知先

生诞辰120周年。同年11月行知育才旧院被认定为宝山区区级文物，立"行知育才学校旧址"牌。2012年8月，重铸育才铜钟，由育才校友、著名书画家富华题写了"育才钟声"，悠扬古朴的育才钟声再次响起。2013年1月，"行知育才旧院"被评为上海市普教系统十大校园文化新景观，与旧院前亭亭如盖的百年广玉兰及树上高挂的育才铜钟、广场中央庄严矗立的陶行知雕像铸成了学校独有的一道文化风景线，也为宝山区文化事业添砖加瓦。

2. 践行"真人教育"，促进学生快乐成长

把科研的思维与德育工作相融合，加强"真人"教育德育课题和校本课程的研究开发。先后围绕"真人教育"开展了德育市级课题《真人教育下的绿色育人策略的设计研究》、全国家庭教育课题《构建家校德育共同体，促进"真人教育"的实践研究》等；同时不断丰富完善德育课程体系，从理论修养、行为修养、艺术修养、社会实践几方面构建真人教育德育校本课程体系，使真人教育的内容更加贴近学生、贴近生活，在德育课程的浸润中升华学生的社会责任意识，从而进一步完善自我。2012年，学校被第一批任命为区德育"一校一品"特色学校；初中"小陶子社团"获区"一队一品"最具潜力项目奖；高中"小先生宣讲团"被评为区明星社团。2013年，小陶子和小先生联合组成宣讲团，深入我区机关、街道、学校宣传党的十八大精神，产生了良好的社会效应。

3. 发挥基地资源，促进学校多样发展

2011年6月，发起成立以大场陶行知教育思想实验区学校为主体的象棋联盟，推进探索中小学阳光体育、落实"每天一小时校园体育活动"。2012年，加入上海市高中体育专项化改革试点研究项目，探索高中体育特色发展。发挥华东师范大学、上海体育学院的教育实习基地作用，引进高校智力支持。整合上海市名校长和名师基地资源，与国家教育部华东师范大学新疆高中骨干教师培训班，四川雅安、云南楚雄、安徽马鞍山高中骨干教师进行教学研讨活动。此外依托“全国地理科普基地”和宝山区英语学科教学联盟，不断推进地理、英语等学科的特色发展。

4. 小小科技创新，初高中衔接推进

以科技创作为创造教育的突破口，提高学生的科学素质，培育学生良好的创新精神与动手实践能力。同时发挥完中七年一贯制的办学优势，形成初高中衔接的人才培养模式，通过打造无线电科技、气象等品牌社团，实践创造教育，促进创新型人才的培养。物理组青年教师陈玲、何国俊依托学校教研组、区少科站专家的支持，指导无线电通讯等科技课题研究活动，在较短时间内就取得了突破性研究成果。2011 年，徐天阳、张杰同学的《研究业余电台超短波电台在抢险救灾中的作用》获第 26 届英特尔上海市青少年科技创新大赛二等奖。2013 年，丁盛豪同学获得上海市青少年单片机应用比赛多个单项第一名、第 28 届中国青少年创新大赛上海市二等奖、延安杯专项奖以及上海市第十一届明日科技之星的光荣称号。

五、课题反思

课题组通过创造、拓展多途径、跨学科、跨地区的师资培养模式，推动合格教师向“明师”发展，由“明师”向特长教师和名师发展，一部分骨干教师率先达到德业兼修的境界，成为带动全体同事共同进步的“名师”，一批青年教师脱颖而出，学科带头人及领军人物崭露头角。英语组冯江华、历史组唐向东、体育组卜洪生、语文组周燕老师等一批上海市名师基地学员走出宝山、走向上海，辐射全国；语文组、英语组、化学组、体育组先后被评为宝山区优秀教研组；卜洪生、唐向东、冯霞

老师分别在上海、广西、哈尔滨公开教学展示，展示了我校“明师”工程的研究成果。

通过“明师”工程策略实践研究，学校教师队伍得到了发展壮大，教师文化、教研氛围逐渐形成，但仍存在不少有待于改进的地方。为此，本课题组将后续加强学习与反思，深入学习陶行知创造教育思想理论精髓，加强文化与行动的自觉性和责任感，努力创造一个民主的、宽松的、有包容性的软环境，实施更科学人性化的教师评价标准，通过软环境的建设促进创造性的人才的培养。

当下，社会上一些浮躁的思想势必会影响到教师队伍，形成深层次的隐形危机。作为学校，更要注重教师的思想作风建设，加大青年教师和骨干教师的培养力度，引领教师明白教育生命的价值，让每一位教师通过不懈的努力，在思考中提升，在行动中成长，在创造中实现教师的幸福与价值。

该课题获奖证书：

奖 状

杨卫红 徐 萍 葛 娟 沈裕华 朱惠忠

陈越天 王玲琴 周 燕 贺秉飞 老师：

《在创造中实现教师的幸福与价值——陶行知创造教育下的明师工程策略研究》项目，荣获宝山区第十二届学校教育科研成果评比 贰 等奖。特发此证。

上海市宝山区教育局

2014年4月

5. 建德育共同体 促"真人"教育

【课题五】

2009 年全国家庭教育课题：

构建家校德育共同体，促进"真人教育"的实践研究

项目负责人：杨卫红 周燕

一、课题的提出

(一)"真人教育"的提出及价值意义

陶行知是我国现代著名的教育家，他把自己的一生奉献于中国乡村教育事业的发展，创立了许多精辟的教育新理论、新观点和新方法。其中他所提出的"千教万教教人求真，千学万学学做真人"，即"真人教育"，是陶行知一生所追求的德育目标。他认为德育的根本任务就是塑造"真人"，什么是真人？所谓的真人就是德智体和谐发展的人，是真善美的人，是说真话、办真事、求真知、为真理而奋斗的人、充满爱心，为新生活、新社会积极创造的真正的大写的人。虽然陶行知的"真人"观是在十九世纪提出来的，但是其中的理论精髓却有着前瞻性，他驳斥了应试教育的弊端，高瞻远瞩地提出了未来所要培养的人的目标，与当今素质教育所提出的"以培养学生的创新精神和实践能力为重点，造就'有理想、有道德、有文化、有纪律'的德、智、体、美等全面发展的社会主义事业建设者和接班人"的培养目标是不谋而合的，与联合国教科文组织指出 21 世纪全世界教育的四大支柱："学会认知"、"学会做事"、"学会共同生活"，"学会生存"的内容也有许多相通之处，而且随着时代的发展，陶行知的真人教育愈来愈显示出它宝贵的思想价值，特别对我们当前的德育工作有着突出的指导和启发意义。

(二) 我校真人教育的现状、面临的问题

1. "真人教育"的界定

我校前身是陶行知先生亲手创办的原育才学校，如今已是宝山区一所公办的普通完中，具有丰厚的文化历史底蕴，继承和发扬陶行知教育思想是学校义不容辞的责任。面对新世纪的机遇和挑战，我校前瞻性地意识到陶行知的"真人教育"对当今德育工作的重要理论指导意义和价值，如何利用好"真人教育"的思想宝库资源是我们一直以来思考的命题和努力的方向。

通过对陶行知"真人"教育理论的学习，结合当今时代的人才观，以及我校作为完中，学生层次跨度大的特点，我们所理解的"真人教育"就是培养"蕴育真心"(有爱心、讲诚信)、"追求真知"(追求真知识、掌握真本领)、"品味真趣"(学会创造、自主发展)，即知、行、意三环目标层层递进又密切结合的目标、方法和过程的统一体。

2. 我校真人教育的现状

我校把"真人教育、明师策略"作为学校的办学理念，《真人教育、明师策略的实践研究》是我校的区级课题，同时"真人教育"也是我校未来三年规划中德育工作的重要内容。在教师层面，加强师德，以陶为师，树立"真人"意识，以"真人"育"真人"；在学科教育中，充分挖掘真人教育资源，构建"真人"教育校本课程；在学生层面，进行分层次、分阶段真人教育，开展了丰富多彩的"真人"教育的校园文化建设活动。在多年努力下，学校德育水平逐步提升，学生的道德实践能力也有所加强，"真人"教育取得了一定的成果。

3. 面临的问题

(1) 5+2=0 现象：即学生五天在学校接受学校的教育，以"真人"标准衡量自己的言行；双休日两天回到家中，受到家庭教育的影响，又恢复了原状，“真人”教育的收效甚微，学生离“真人”教育的目标还甚远。

究其原因在于我校是一所坐落于城郊结合部的普通完中，而农民出身的家庭所占的比例不少。因此，家长大多自身文化程度不高，也缺乏教育理论的指导，教育观念落后。只看成绩，不注重能力的提升；只看分数，不关注道德的培养的观点还在一部分家长当中存在着，家庭教育目标与学校教育目标的不一致，家庭教育对学校教育的不合作甚至脱节，这些都严重阻碍了我校“真人教育”的进一步深入开展。

(2) 不同步、不协调现象：由于我校是一所坐落于城郊结合部的普通完中，家长的文化层次参差不齐，学生年龄跨度又大，造成了“真人”教育的分层次、分阶段实施的难度，即使同一个年龄段的学生，由于所受的家庭教育文化的差异，也不能同步、协调。

思考： 如何解决以上我校“真人”教育中所遇到的难题？我们不由陷入深深的思考中。其实一个人的塑造是离不开学校教育、家庭教育和社会教育三方面的，而家庭教育又是一切教育的基础，是培养一个人不可或缺的环节。学校的“真人教育”虽然开展得如火如荼，而家庭教育如果质量不高、与学校教育的同步协调不够，家庭教育和学校教育之间存在着较为严重的脱节现象，特别是家庭教育和学校教育在手段和态度等方面不能很好的结合，形不成合力，也就达不到教育应有的效果。

途径： 构建家校德育共同体是促进“真人“教育的有效途径。

构建家校德育共同体不仅能在教育学生的过程中发挥学校、家庭自身的优越性和避免其局限性的理想途径，也是科学引导现代家庭教育、提高家长家庭教育素养的重要抓手，是家长充分发挥其参与权、监督权的重要体现，也是营造学生全面、健康、和谐发展成长环境的工作平台，还是让家庭、孩子受益，使学校获得更多的发展空间和更大的成功的多赢举措。因此学校教育与家庭教育相互合作，构建德育共同体将是推进我校“真人教育”、促使德育工作有效开展的重要途径。

当今世界各国对家校合作、构建共同体的教育都十分重视，也有着丰富的理论和实践基础。当前，我国基础教育领域正在经历由“应试教育”向“素质教育”的历史性转变，在这个过程中，学校、家庭和社会的教育观念都在发生变革，青少年儿童的教育仅靠学校单方面的力量是难以完成的，需要社会各方面，尤其是家庭的通力合作。《中共中央关于进一步加强和改进学校德育工作的若干意见》明确指出：“学校教育、家庭教育、社会教育紧密配合。学校要主动同家长及社会各方面密切合作，使三方面的教育互为补充、形成合力。”因此，家校合作、构建德育共同体，从而促进学校德育工作的开展也是大势所趋，有着积极的现实意义和作用。

目前，我国家校合作、构建德育共同体的研究还属于起步阶段，由于受学校方面（学校对家校合作的认识和态度、学校对家校合作宣传不当和方法的欠妥）、家庭方面（家长的观念、家长受教育程度和个性、学生的沟通作用、家庭结构）、社会文化方面（政策法规、文化背景、网络媒体）等因素的影响，还存在不少问题：

1. 构建家校德育共同体的目标不明确：虽然开展了家长访校、家长学校、家长会、家访、电访、成立家校合作委员会等活动，仍然对学生的教育效果不明显。

2. 家校合作、构建德育共同体的体制、模式不够完善：造成随意性强、计划性差、无长期规划、一些活动走形式主义的弊端。

3. 构建家校德育共同体的“共同体”不凸显：从目前来看，大多家校的合作停留在学校单方面的灌输居多，缺乏双向交流，未能充分挖掘家长的资源，使家长自觉自愿地参与到学校的德育工作中来。

因此，加强构建家校德育共同体的研究，进一步完善家校合作的目标、体制、模式，充分挖掘家长的资源，促成双向交流，使家校共同参与到学生德育工作中，凝聚合力，促进学生德育工作的真正有效性已经迫在眉睫。

综上所述，我校实施开展《构建家校德育共同体，促进“真人教育”的实践研究》这一课题，以促进“真人教育”为家长、学校共同的德育目标，利用现有的学校教育资源和家庭教育资源，形成家庭、学校真正意义上的教育合力，使学校、家庭在教育观念、教育思想、教育内容、教育途径和教育方法等的一致性与和谐性，通过实践活动的研究，进一步构建和完善家校德育共同体的体制和模式，优化家庭教育环境，提升家长教育水平，从而培养学生成为具有新时代特征的真正大写的人，巩固和深化我校“真人”教育特色成果，使学校德育工作迈上新台阶。

二、关键词界定

1. 真人和真人教育

所谓的真人就是德智体和谐发展的人，是真善美的人，是说真话、办真事、求真知、为真理而奋斗的人、充满爱心，为新生活、新社会积极创造的真正的大写的人。

结合当今时代的人才观，以及我校作为完中，学生层次跨度大的特点，我校把“真人教育”界定为：培养“蕴育真心”（有爱心、讲诚信）、“追求真知”（追求真知识、掌握真本领）、“品味真趣”（学会创造、自主发展），即知、行、意三环目标层层递进又密切结合的目标、方法和过程的统一体。

2. 家校德育共同体

“家校合作，构建德育共同体”是指通过学校德育途径、家庭德育途径的行为方式操作的研究，对影响学生发展的学校、家庭的环境系统的相互作用的研究，综合研究学校道德教育的规律，并通过学校对学生个体认知发展的培养，从实践出发，整合家庭、学校各种教育资源，并最大限度地挖掘、利用和拓展校内外人力、物力、财力等课程资源，构建学校道德教育共同体系，来共同完成学校德育任务，达到有效教育的目的。

三、课题研究目标

1. 通过本课题研究，继续深入挖掘“真人教育”的内涵，探求实施“真人教育”的方法和途径，进而努力培养学生成为新世纪“具有完美人格，说真话、办真事、求真知、为真理而奋斗的人、充满爱心，为新生活、新社会积极创造的真正的大写的人”。

2. 通过家校合作，构建德育共同体的实践研究改革和优化学校德育工作体系，完善学校、家庭的德育大网络，努力构建学校、家庭互动协同的德育模式，改变教师的德育观，提高德育实效性。

3. 通过家庭与学校如何协调一致对学生进行“真人”教育的良好模式的研究，有助于转变家长陈旧的家庭教育观念和家教做法上的偏差，优化家庭教育环境，提高家长教育能力，从而进一步提高学生综合素质。

4. 进一步推进我校“真人”特色教育的成果，从而向周边学校辐射推广。

四、课题研究内容

（一）构建家校德育共同体策略的研究

1. 研究构建家长学校德育队伍

家长队伍： 主要是各班选拔家长委员会成员。选拔的原则为在社会有一定知名度、召唤力，并有一定领导才能和协调能力的家长作为家长委员会成员。然后以年级为单位，编成七个德育小组，选出德育组长。通过这些家长在社会上的影响，支持和协调好家长学校的德育工作。

教师队伍：主要是学校现任教职工中有较为成功家教经验和理论基础的中年骨干教师，还聘请了既有十分成功的家庭教育经验，又有丰富的德育和教学经验的退休老教师、关工委成员。通过他们，向家长进行"真人"教育德育内容的理论培训。

2. 研究构建家长学校的德育工作网络，整合家校合作的德育资源

成立以校党支部书记和校长为家校德育共同体的领导班子，镇关工委、镇教委领导担任顾问，全面挂帅和协调家长学校工作；学校家长共同成立家长德育学校、家校合作德育委员会、家长咨询委员会、家长德育监督委员会；政教处具体负责家长学校日常工作安排和运作；分年级组成立家长德育小组具体活动组织机构。通过建立较为严密的层层德育工作网络，扩大和整合家校合作的社会德育资源，改变以往仅有学校作为对学生思想教育这种单一的主体局面。

3. 研究构建家校德育共同体的活动形式

（1）制定支持家长参与的学校"真人"教育的德育发展计划，学校撰写倡议书，倡导全体学生家长参与学校"真人"教育的德育工作。

（2）举办家长学校，分层次分阶段进行"真人"教育的理论培训，编写德育校本课程：依托家长学校，以不同年级组的家长学校为单位，预备、初一侧重爱心、诚信的"真人"教育培训；初二、初三侧重追求真知识、学习真本领的"真人"教育培训；高中学生侧重进行学会创造、自主发展的"真人"教育培训。通过对家长"真人"教育的理论培训，共同探讨新时代背景下"真人教育"的内涵和实施方法，分阶段、分层次

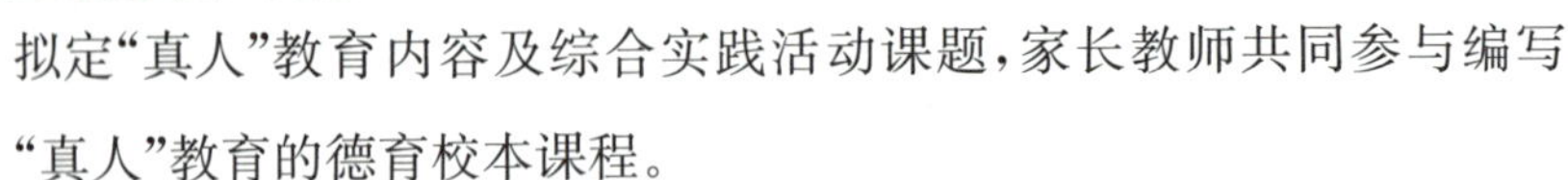

拟定“真人”教育内容及综合实践活动课题，家长教师共同参与编写“真人”教育的德育校本课程。

(3) 成立家校合作德育委员会、家长德育监督委员会：由家长代表大会选出家校合作德育委员会、家长德育监督委员会的会长、副会长以及委员等领导机构并独立开展工作。家校合作德育委员会和家长们可以经常与学校领导、老师、学生“面对面”，为学校的德育工作出谋划策，学校也可以及时把德育工作向家长德育监督委员会报告，听取意见，接受监督和反馈。

(4) 建立学校与家庭沟通机制：编制“家校合作‘真人’教育指导手册”、“家校德育联系手册”、“学生成长记录”、“家校通讯”、“校报”等。特别是“学生成长记录”，由家长和教师共同记录道德成长的点滴，学生每日三问三省，体现“真人”教育的成长轨迹。提高家访质量，开展“百名教师访千户”活动。

(5) 举办家长开放日，建立校长接待日：每个学期开展两次以“真人”教育为主题的家长开放日活动及观摩课，让家长走进课堂，走进学生主题实践活动，共同参与“真人”教育的指导。

(6) 提高教师与家长合作的艺术：因材施“教”，班主任了解每个学生家庭情况、家庭背景，为每个家庭量身定做不同的“真人”教育计划和策略，并给予家长指导。

(7) 组织家校活动：定期召开家长座谈会(专题性家长会，讲座式家长会，展览式家长会，表演式家长会)等。

(8) 建立“真人”教育家教理论资源库和家长资源库：为便于家长随时请教，及时解决自己遇到的德育难题，学校将有关“真人”教育的文章和其他资料都输入网站，形成资源库，使家长在家也能通过网络接受学习；挖掘家长中的专家、学者，具有特长等人力资源服务学校，

建立家长资源库，补充学校教育。

（9）利用电子校园网：通过建立电子校园系统，按使用者划分为教师天地、学生天地和家长园地等部分，不同的使用者拥有不同的使用权限。学校的老师借助留言信箱给家长写信息，家长用户也可以与学校的家长、教师进行沟通，及时把学生在家的表现与老师进行交流，共同教育和培养学生。家长之间亦可以透过网络互相通讯，交流教育子女的心得，共同提高"真人"教育的德育水平。

（二）开展家校德育共同体的保障条件研究

1. 制度与管理

① 建立对家长的培训制度。对家长的培训制度的目的，一方面提高家长实施家庭"真人"教育德育的能力和水平，另一方面要让家长更好的了解学校的"真人"教育德育工作，培训家长对学校真人教育知识、理念的认知水平，有利于家长从自身的角度和立场来帮助学校推进德育方案，达到理想的教育效果。

② 建立学校对家长述职的制度。家长对学校德育管理内容与措施是否透明具有强烈的兴趣。建立学校对家长的述职制度有利于满足这一兴趣，并且从更高、更全的层面来与家长交流。

③ 建立家长民主监督、民主管理学校的制度。家长在全面了解学校的各种情况后，对学校进行全方位的监督，对学校出现的各种德育问题，其反馈形式可告知家长委员会，也可直接用书面形式投递到家长意见箱或口头在"校长接待日"向领导陈述。

④ 实行家庭——学校联络员制度，即家长委员会制度。联络员为热心家校教育合作的家长代表，可由家长们选出或学校推荐，其职责主要是沟通家庭和学校的德育联系渠道，向家长们宣传学校的"真人"教育德育工作和理念，向学校反映家长们的意见，并协助学校组织

家长参与活动或协调家庭与学校之间的问题。

2. 组织与保障

① 建立组织机构。为确保家校德育共同体的工作稳步、有序开展，学校建立由校长书记牵头，政教处及部分优秀班主任组成的家校教育工作领导小组，依靠德育工作网络，推动家校合作常规工作的组织实施。

② 成立家长学校。详细制定“真人”教育的分层分阶段培训计划和操作流程，确定每一阶段的培训主题和课程，保证培训的规范性、创新性和有效性。

③ 建立专门为家长提供服务的机构，即家长咨询委员会。以关工委或退休教师协会为主体。该机构体现其真正的服务功能，在校内给家长提供一个与教师见面和合作的场所，备有近期家校德育活动的公告、其他有关家庭真人教育的资料，以供家长参考。

3. 作用与评估

评选优秀家长，进行经验交流：在各班推荐的基础上，学校根据考勤记录和家教体会文章的质量，认真评选出学校优秀学生家长，召开专门会议，为其颁发证书，进行表彰。并让优秀学生家长做经验介绍，对广大学生家长改进家教方法，提高家教水平，起到积极的促进作用。

（三）家长互相指导策略研究

开展家长互助苑： 充分运用家长的教育资源，在不同的阶段中，班级家长自愿结合，建立家庭教育研究小组，选拔出高素质的家长，以及富有多年成功经验的家长为小组负责人，在互助活动中，家长们根据各自家庭教育过程中的实际情况，选择一个较为普遍、较为典型的德育问题作为小组的研究主题，家长们共同制定计划、制定方案，联系落实活动地点、时间与具体内容，通过研究性沙龙活动、社会性实践活动、家庭联谊活动等各种形式的研究实践，发现问题的症结，找到最适合自己的家庭教育方式，以小部分家长带动更多家长参与到“真人”教育的德育工作中来，切实帮助家长解决实际问题，提升大多数家长的德育素养。

五、课题研究的阶段（子课题分解、研究人员具体分工、预期成果）

序号	研究阶段（起止时间）	阶段成果名称	成果形式	承担人
1	筹备阶段 2009 年 5 月—2010 年 2 月	1. 确立研究方案，落实研究人员和任务分工安排； 2. 进行《行知实验中学家庭德育问卷》调查研究活动，撰写调查研究报告； 3. 课题组进行陶行知文献的学习和研究	1. 课题研究方案 2.《激励和制约家庭教育德育因素的调查报告》	课题组成员 杨卫红 周　燕 课题组成员
2	实施阶段 2010 年 3 月—2010 年 12 月	成立家校德育委员会、家长监督委员会、构建家校德育网络	文字、照片资料	周　燕
		召开家长座谈会，建立家长资源库，邀请家长共同参与编辑《心桥》家庭教育月报	展示活动资料的文字、照片和光盘资料	周　燕
		开展真人教育有效家访机制的研究	案例报告 阶段研究报告	朱建兰、王玲琴 胡玉蓉、龚　赟
		家校真人教育德育发展计划（包括倡议书）	文字资料	杨卫红 沈裕华
		成立家长学校、开设家庭教育讲座	家长学校情况记录 专家报告	杨卫红 葛　娟

续 表

序号	研究阶段（起止时间）	阶段成果名称	成果形式	承担人
2	实施阶段 2010年3月—2010年12月	家长开放日活动：家校联合主题班会展示（一）	展示课的文字资料、活动照片和光盘资料	张奕卿
		邀请家长共同参与，确立分阶段真人教育德育校本课程目录、进行编写人员分工	文字资料	徐 萍 韩 茜
		编制学生成长家校记录、评价手册	文本资料	朱建春 吉黎娟
		班级博客筹建启动	网络	贺秉飞
		汇总各课题组的实施落实情况报告	实施落实情况报告	周 燕
		课题组阶段反思	论文等资料	课题组成员
3	中期阶段 2011年1月—2011年12月	召开家长座谈会，展开系列家长真人教育理论培训和探讨	展示活动资料的文字、照片和光盘资料	课题组成员
		进一步开展真人教育有效家访机制的研究	撰写有效家访案例	朱建兰、王玲琴 胡玉蓉、龚 赟
		完善学生成长家校记录、评价手册，并发放到各年级实施	文字资料、记录	朱建春 吉黎娟
		家长开放日活动：家校联合主题班会展示（二）	展示课的文字资料、活动照片和光盘资料	张奕卿
		利用校园网、开辟网上家校合作项目平台，通过开设“学习资源”、“家长热线”、“亲师论坛”、“答疑解惑”等栏目来夯实基于互联网的家校合作资源。	网络资料	周 燕 贺秉飞

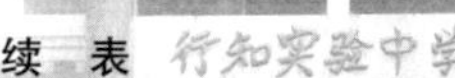

续　表

序号	研究阶段（起止时间）	阶段成果名称	成果形式	承担人
3	中期阶段 2011 年 1 月 —2011 年 12 月	家校系列活动： 1. “家长-教师”教育论坛 2. 家校共读、亲子共读活动	展示活动资料的文字、照片和光盘资料	杨卫红 沈裕华
		分阶段真人教育德育校本课程初稿	初稿文本资料	徐　萍 韩　茜
		班级博客实施小结	网络、文字资料	贺秉飞
		反思调整计划，作进一步的研究	反思修正，落实下一步研究计划和实施	课题组成员
4	结题阶段 2012 年 1 月 —2012 年 12 月	召开家长座谈会，进一步展开系列家长真人教育理论培训和探讨	展示活动资料的文字、照片和光盘资料	周　燕
		真人教育有效家访机制的研究总结	《真人教育有效家访机制的研究》子课题结题（研究论文或报告）	朱建兰、王玲琴 胡玉蓉、龚　赟
		实施学生成长家校记录、评价手册效果评估	阶段小结	朱建春 吉黎娟
		家长开放日活动：家校联合主题班会展示（三） 家校联合主题班会活动总结	《家校联合主题班会的探究》论文	张奕卿
		家校系列活动：优秀家长经验交流	经验交流汇总成册，文字、图片资料	杨卫红 沈裕华

续　表

序号	研究阶段（起止时间）	阶段成果名称	成果形式	承担人
4	结题阶段 2012年1月 —2012年12月	班级博客进一步完善及实施总结	《班级博客在构建家校德育共同体中的运用》论文	贺秉飞
		分阶段真人教育德育校本课程定稿	《真人教育德育校本课程》文字资料	徐　萍 韩　茜
		撰写结题报告	结题报告	课题组成员

该课题的获奖证书：

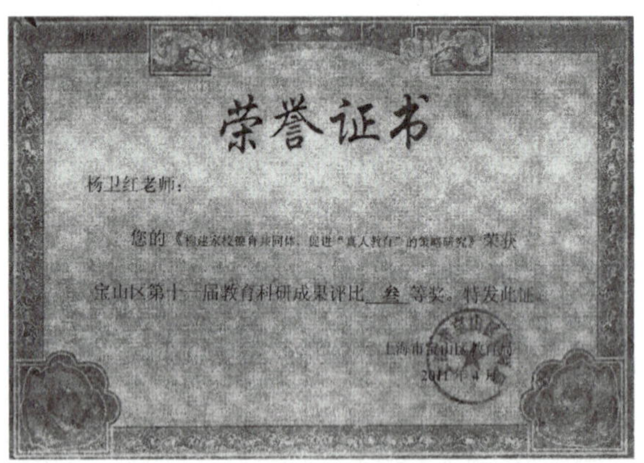

荣誉证书

杨卫红老师：

您的《构建家校德育共同体，促进“真人教育”的策略研究》荣获宝山区第十一届教育科研成果评比＿叁＿等奖。特发此证。

上海市宝山区教育局

2011年4月

证　书

上海市行知实验中学 杨卫红 老师

撰写的论文《构建家校德育共同体，促进“真人教育”的实践研究》

在“第二届‘长三角’家庭教育指导学术论坛”论文评奖中荣获

贰等奖

中国教育学会家庭教育专业委员会

上海市教科院普通教育研究所

杭州市教育科学研究所

无锡市教育学会

二〇一二年五月

6. 教学做合一　创新性学习

【课题六】

2001 年市级科研项目的子课题：

在研究型课程中教学做

——在市级科研项目《宝山区学校“教学做合一”的创新性学习研究》成果鉴定活动上的子课题成果汇报发言

一、开展“教学做合一的研究性学习”，促进课堂教学改革与教师成长

黄治民

在宝山区“教学做合一创新性学习”总课题的规划与指引下，行知实验中学承担了“教学做合一的研究性学习”这一分支任务，并开展了实践研究。

大场是陶行知为教育奋斗过的地方，我校是在原育才学校原址上重建的一所完中，陶行知教育思想在我校有着历史的积淀。在新形势下，与时俱进地学习运用教学做合一思想，通过研究性学习促进课程改革与教师成长是全校师生的共同追求。

我们分以下几步走：

1. 实施“研究型课程中教学做”试点。

学生从生活中的“事”（自然、科技的，社会、人文的）出发，形成研究主题，通过教师的教学做与学生的教学做的互动，教师作为与学生共同学习研究中“平等中的首席”角色地位，在共同研究中切实提供指导，亦师亦生，教学相长，学生以任务驱动研究，师生互动、生生互动，所有的收集信息、整理信息、反馈信息都指向于完成研究主题，师生共

同在做上学、在做上教、在做上思想、在做上产生新价值。

这阶段的主要成果是开发出研究型课程的十个校本课程，每学期高中每班有20多个研究小组发布了论文和课题报告。王建华老师的成果《后现代主义对当代文化及青少年的影响》坚持三个代表精神，对后现代主义的利弊得失作了中肯的分析批判，在宝山区中学交流并向全国陶研专家展示均获较高评价。还生发出多个后继课题，引起学生广泛的兴趣。

2. 构建“三元”教学模式，使“教学做合一”进入课堂教学主渠道。使之在“基础型”、“拓展型”课程中同样有用武之地。

我们依据陶行知“生活教育”、“创造教育”和德育理论，并结合现代教育理论，提出“道德的教育、智慧的教育、学生潜能开发的教育”的“三元”模式。要求在每一堂课上结合教与学的内容明确设置“三元”的目标，在认知领域、情感领域、运动技能领域等方面制订可操作的明确的要求，并通过教学做合一的方法，师生、生生交流互动开展研究性学习，改进教师的教学方式及学生的学习方式，以促进学生情感、态度、价值观；过程能力与方法；知识与技能的和谐发展和健全人格的形成。课后并据此作为评价手段。

这阶段的主要成果是向宝山区语文中心组展示了一组“新课程标准”实践研究课，体现了新型师生关系的确立，学生与教师分别研读课文，分别收集资料，在做中教、在做中学。在课堂的许多环节都有学生自由发挥的空间。这组课深得同学的喜爱，也受到同行的赞誉。同学们纷纷表示希望这样的课能更多地出现。

3. 紧抓教师专业化成长为搞好教学做合一的研究性学习提供保障。

教师观念的转变是一个痛苦的过程。有的教师受应试教育的束缚而放不开手脚，有的教师囿于旧的心智训练模式的经验而不愿改变，有的教师疏于学习而对新的教育理念知之甚少，有的教师虽想提升自己但限于种种因素而进步不大。所幸，我校教师大多经受了这一阵痛，懂得了教师的责任，教师要当好“平等中的首席”就先要求得自身专业化的成长。学校要推行“三元”模式，教师就先要做一个有道德的教师、有智慧的教师、开掘出自己潜能的教师。因此，我校教师自觉运用教学做合一理论来引领自己的工作。

这阶段的主要成果是青年教师的专业化成长案例公开发表交流，不少教师的研究成果获全国、市、区各级奖项，青年教师的公开课在全国陶馆年会期间向全国陶研专家展示。有关这方面的工作下面将再请我校青年教师具体介绍。

4. 打破单一学科界限、借鉴多元智能理论，进行学科间的整合，并且“五育并举，以德育为核心”进行了多项课题研究。周丽芳老师的以教学做合一理论指导，研究性学习与德育实践相结合的实践，《瞻顾遗迹，展望未来，做当代小公民》案例，在多元化的教育下，学科间交叉融合，使学生具有高尚的道德，展示了其智慧，并使其潜能更有发展的空间。此项成果获得教育部关工委授予的德育新成果二等奖。

更多的教学探讨在各学科遍地开花。新价值已经产生，学生的综合素质得到提高。不同层次和不同能力倾向的学生在研究中得到一定的发展，在知识、技能、道德、情感多方面得到提升。

学校已经形成一支骨干教师队伍，在专业化成长中不断取得成绩，使学校高中教学质量连续六年走在本区普高前列，加强初中教学工作也在区内取得好成绩，学校的整体教育质量得到质的飞跃。

研究是永无止境的，行知实验人将不懈追求，踏着教学做合一的步伐永远前进。

二、秉承课题思想，优化课堂模式，发挥学生主体作用

周丽芳

2001年学校在区总课题的指引下提出了，“在研究型课程中的教学做”的子课题，进而发展到学科教学中。作为学校的一员，秉承课题思想是责无旁贷的，因而在自己的语文课堂中作了一些探索。

我1996年进入学校时，由于历史原因，学校处于走向稳定的起步阶段，为了保证能在教育教学上取得发展与成果，一直以来都没有时间也没有时机进行科研，基本采用了以教师为中心的教学模式，课堂气氛较为沉闷。

在6年多的教学生涯中，原有的教学模式曾一度获得过不小的收益，但这种模式的尴尬也逐渐显现。时至今日，学校在教育教学上都取得了极大的成绩，我们教师有了条件进行科研。

接受了区课题组对本区骨干教师的培训，并观摩了本区走在教育科研前列的学校教师所开的课，尤其是团结路小学的艺友式学习模式的课，给了自己很大的震撼。那充满等待的一双双小手证明了团结路小学老师的成功，也在我的心灵深处引起了阵阵不安。

教师的责任心告诉我必须改变。在课题思想的规范下，结合自身教学上的弱点，我给自己定的突破重点是怎样在课堂教学中运用“教学做合一理论”让学生在“做”中“学”，“做”中“教”，发挥学生的主体作用，使学生活起来。

其实这是一个很痛苦的过程：我本身性格的特点对新的探索是一种阻力，谨慎的性格来束缚了自己不敢给学生太多自由，超越自我毕竟太难；学生对原有的模式已经习以为常，有时对我的尝试显出冷漠与不屑。但不管如何，既已起步决无放弃之理。

在2002年以来三年来，我做出了艰辛的探索。我曾在陶馆向全

国陶研专家汇报的活动中，试教了《谈皓月传情》一课，这是把语文课本中的自读课《词二首·水调歌头》加以拓展重组。我的尝试表现在1. 改传统诗词朗诵为欣赏歌曲；2. 改老师归纳为学生演示归纳；3. 改学生单独思考回答为小组讨论回答；4. 改单纯理性分析为分析后学生创作体验；5. 改单一宋词理解为比较阅读理解。我试图通过各个教学环节中学生不同形式的"做"来激发学生的兴趣，使学生承担起主体角色，使学生活起来。

在向宝山区语文中心组老师展示我校对新课程标准探索的活动中，我曾经执教《邂逅霍金》一文，我根据本班学生的特点确定了上课的方案。我与学生共同的"做"，在"做"中"学"。我在课外搜集资料上课演示，选读最感动的段落，学生比较阅读课外材料，学生有了许多自由发挥的空间：他们纷纷就所给的材料提出质疑，并在互动中回答有兴趣的问题。这时我完全处在没有准备的情况下，就学生的回答作出相应的评价、并谈自己的体会。这样师生间亦师亦生的"做"，使"教"与"学"很好地展开，让学生在课堂中主体地位得以体现。

有人说："教育应是一首诗，一种艺术。"这是一个很美好的境界，令人向往。这也应该是每个语文老师努力追求的目标。作为语文教师必须转变自身的观念、教学行为来改进语文教学现状，才能为语文教学带来新局面。我将继续用心去投入去付出。紧跟时代步伐，相信终有一天会开创新的境界。

三、《在研究型课程中教学做》的子课题

课题名称	主持人	备注
《后现代主义对当代文化以及对青少年学生的影响》	王建华	课题负责人和课题报告撰稿人均为王建华
《中英文语法异同》	刘千工、周丽芳	课题组分工： 课题负责人：刘千工 课题报告执笔：周丽芳 附注：周丽芳是总课题组成员之一
《加入 WTO 与中国轿车工业的机遇与挑战》	沈兴	课题负责人和课题报告撰稿人均为沈兴
《从楼兰古文明盛衰，揭示当今日益严重的环境问题》	徐旭东	课题负责人和课题报告撰稿人均为徐旭东
《水质污染的危害及防护》	陈贤	课题负责人和课题报告撰稿人均为陈贤
《能源的开发和利用》	杨卫红	课题负责人和课题报告撰稿人均为杨卫红
《生态平衡》	葛娟	课题负责人和课题报告撰稿人均为葛娟
《静电对人类生活的影响》	吴春松	课题负责人和课题报告撰稿人均为吴春松
《中西方校园文化对比》	龚赟	课题负责人和课题报告撰稿人均为龚赟
《超生波的特性和应用》	李惠文	课题负责人和课题报告撰稿人均为李惠文

卷三

雪泥鸿爪 岁月流金

1. 上海市行知实验中学历史沿革图

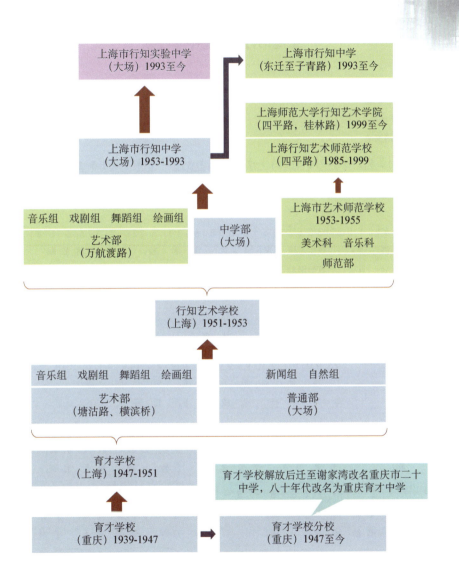

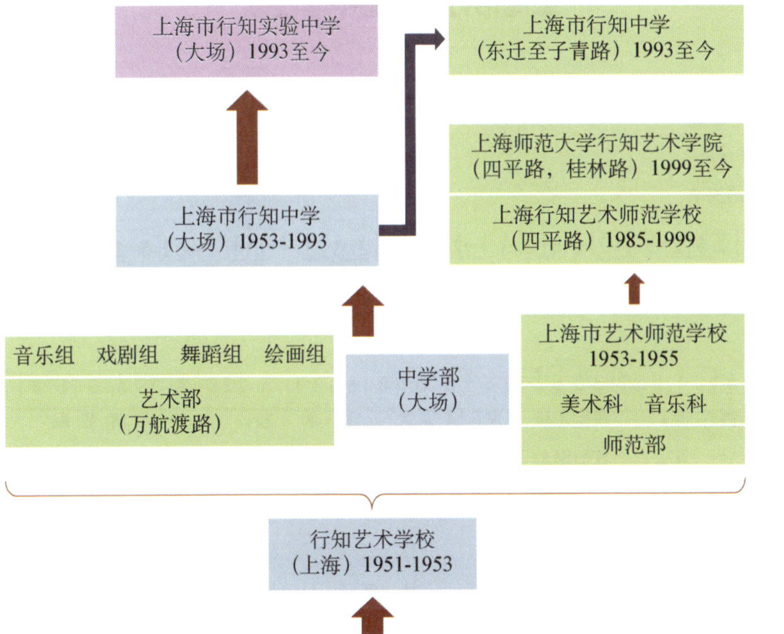

音乐组　戏剧组　舞蹈组　绘画组

艺术部
（塘沽路、横滨桥）

新闻组　自然组

普通部
（大场）

育才学校
（上海）1947-1951

育才学校解放后迁至谢家湾改名重庆市二十中学，八十年代改名为重庆育才中学

育才学校
（重庆）1939-1947

育才学校分校
（重庆）1947至今

2. 上海市行知实验中学校歌、校徽

上海市行知实验中学校歌

1 = ^{b}B $\frac{2}{4}$

进行曲速度　　　　　　　　　　　　　叶良骏 词

庄重 踏实地　　　　　　　　　　　　　黄　白 曲

沐晨风，披霞光。我们走进赵家花园课堂上学校。不忘前辈嘱托，牢记前辈教导：行以求真，知以明理，行知合一，勇于创造，勇于创造。

广玉兰，四合院。我们沿着陶行知的足迹进课堂。不忘前辈嘱托，牢记前辈教导：培育真人，因材施教，学为明师，爱满天下，爱满天下。

啊！千学万学，学做真人，千教万教，教人求真，四海弘扬师道：千学万学，学做真人，千教万教，教人求真，校园辈出英豪。

啊！千学万学，学做真人，千教万教，教人求真，四海弘扬师道：千学万学，学做真人，千教万教，教人求真，校园辈出英豪。

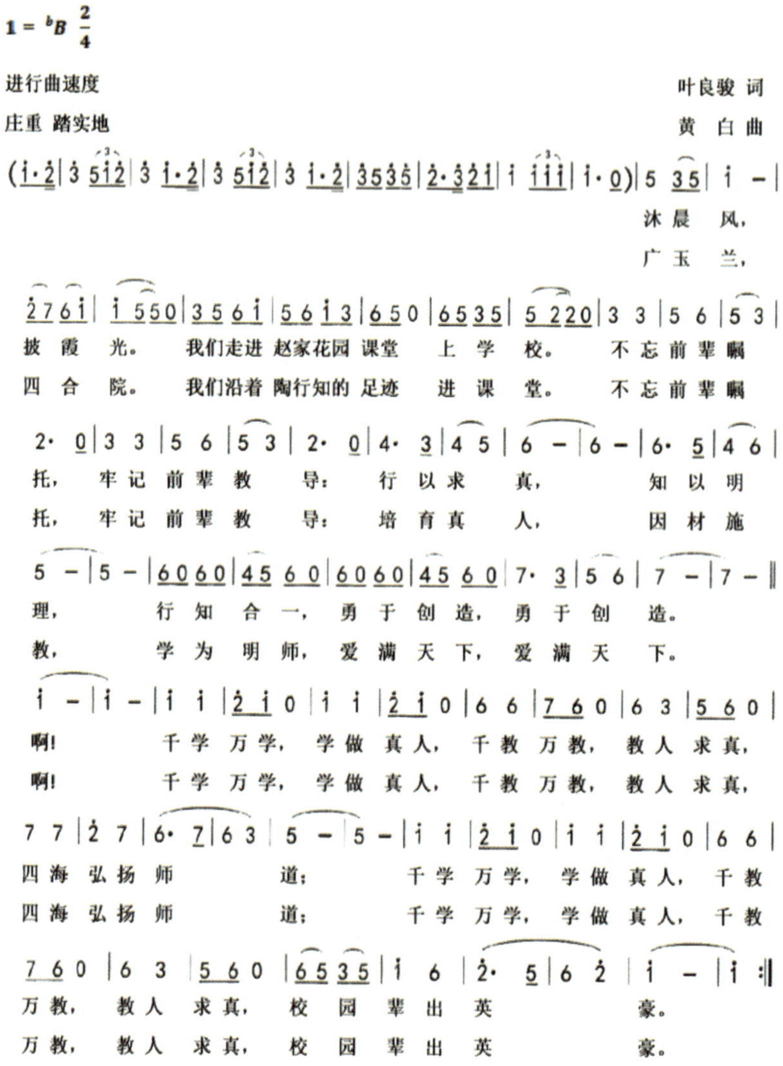

上海市行知实验中学定名纪念日：1993年5月5日，每年的公历5月5日

教师校徽

学生校徽

在上海市行知实验中学发展的 26 年中，留下了一串串深深的脚印。

3. 上海市行知实验中学（育才学校、行知艺术学校）历任校长、党支部书记名录

<table>
<tr><td>育才学校
（大场）
（1947.04—1951）</td><td>行知艺术学校
（1951—1953）</td><td colspan="2">上海市行知实验中学
（1993.05— ）</td></tr>
<tr><td>校长</td><td>校长</td><td>校长</td><td>书记</td></tr>
<tr><td rowspan="6">马侣贤</td><td rowspan="6">马侣贤</td><td>孙文豹
1993.05—1996.04</td><td>孙文豹
1993.05—1996.04</td></tr>
<tr><td rowspan="2">祁珥城
1996.04—2008.01</td><td>张国琪
1996.04—2005.02</td></tr>
<tr><td>祁珥城
2005.02—2008.01</td></tr>
<tr><td>孙鸿俊
2008.01—2010.04</td><td rowspan="3">杨卫红
2008.01—2015.10
吴思平
（特级书记流动）
2015.10—2018.09
杨卫红
（主持党务工作）
2018.10—</td></tr>
<tr><td>杨卫红
（副校长）
主持工作
2010.04—2011.01</td></tr>
<tr><td>杨卫红
2011.01—</td></tr>
</table>

马侣贤
1947.04—1951
育才学校校长
1951—1953
行知艺术学校校长

孙文豹
1993.05—1996.04
上海市行知实验中学
书记、校长

张国琪
1996.04—2005.02
上海市行知实验中学
书记

祁珥城
1996.04—2005.02
上海市行实验中学　校长
2005.02—2008.01
上海市行知实验中学
书记、校长

孙鸿俊
2008.01—2010.04
上海市行知实验中学
校长

杨卫红
2008.01—2010.04
上海市行知实验中学书记
2010.04—2011.01
上海市行知实验中学
书记、副校长(主持工作)
2011.01—2015.10
上海市行知实验中学
书记、校长
2015.10—2018.09
上海市行知实验中学
校长
2018.10—
校长、主持党务工作

4. 上海市行知实验中学建校以来重大事记

1993年—2007年

1993年5月5日　上海市行知中学东迁，原址重新组建公办完全中学，定名为上海市行知实验中学，校长孙文豹、副校长刘本慧。

1993年行知实验中学创校开学座谈会

1994年1月　民办东方文化学院揭牌。

1994年8月　任命副校长王成发。期间，学校与"东方文化学院"合并办学，学校一度陷入困境。

1995年2月　重新搭建行政班子，力图加强管理，虽校方尽力设法解决，但终未成功。

1996年4月　鉴于学校现状，宝山区教育局党委决定调整学校领导班子，新任命校长祁珥城、党支部书记张国琪。

1996年6月　宝山区教育局在大场成立"大场陶行知教育思想实验区"，并中止本校与"东方文化学院"的关系。实验区设立《大场陶行

1994 年 1 月 18 日民办东方文化学院揭牌仪式后，与会人员与行知实验中学职工合影留念

知教育思想实验区的实践研究》课题。

1996 年 9 月　任命副校长戚万新，并重组行政班子，同时选举产生了上海市行知实验中学第一届工会主席沈瑞祺。

宝山区教育局委派宝山区教师进修学院戴根祥副院长联系指导筹建大场陶行知教育思想实验区工作。

1996 年 11 月 26 日　召开成立“大场陶行知教育思想实验区”的动员大会，出席会议的有中国陶行知研究会会长方明、上海市陶行知研究会副会长钱行健、宝山区教育局党委书记张寄文、局长蒋育才、大场镇党委书记严贵生，还有大场地区各校中层以上干部，并由我校牵头开展大场实验区的各项工作。

学校提出“一年恢复，三年稳定，五年发展提高”的奋斗目标。

1997 年 3 月　学校启动了《学校青年教师的人才资源开发研

究》课题的研究，加强青年教师的师德建设，宣传学习陶行知思想，狠抓双基教学，开展教学评比，建立带教制度，促使青年教师早日成熟。同时修订完善聘任条例、成果奖条例等四个条例，营造内部激励机制。

1997年6月　学校与上海化学工业学校举行了联合办学签字仪式，成立七分部，开创了学校综合高中"双证班"办学模式的实验。

1998年5月　为加速青年教师成长，聘请上海师范大学导师团俞致甫、郭开平、石平之、沈荣祥、钱敦炜五位教授带教我校数学李树林、语文徐萍、物理娄奕懿、化学杨卫红、英语龚赟五门学科各一名青年教师，区教育局和上师大基础教育中心有关领导出席了签约仪式。

1998年8月12—13日　学校第一届教育工作会议在崇明召开，标志着我校发展走上新的阶段。宝山区教师进修学院戴根祥副院长及教科室、教研室领导莅临指导。会议提出《真人教育，明师策略》作为现阶段学校工作的总课题。

1999年初　学校班子明确提出了新学期的工作思路：珍惜成果，在挑战和困境中努力拼博；转变观念，从稳定阶段向发展阶段过渡，从应付状态向主动状态过渡。

1999 年 5 月 10 日　宝山区教师进修学院各学科教研员来校视导高中教学工作，听了三个年级共 20 位教师的课，主要是青年教师，有力促进了课堂教学效率的提高。

1999 年 8 月中旬　学校召开了第二届教育工作会议和第二届德育工作会议，进一步推动学校基础教育、素质教育的进程。

1999 年 10 月 13 日　学校被命名为“上海市陶研会实验基地”。

1999 年 12 月 10 日　召开了青年教师工作会议。会议的指导思想是“努力使青年教师在政治上不断成熟，业务上不断提高，工作上不断进步，支持、鼓励青年教师早日脱颖而出”。经过三年拼博，办学成果日益显现，主要表现在青年教师队伍的成长以及学校教育教学质量的突飞猛进。1999 年高考一次达线率为 89.9%，创造了我校新的高点，取得了良好的社会效应。

1999 年　青年教师迅速成长，杨卫红老师参加上海市中小学中青年教师教学评选活动荣获化学学科一等奖，被评为宝山区教学能手；唐向东、龚赟老师被评为宝山区教坛新秀；周崇英老师被评为上海市德育先进工作者；王建华、周丽芳、葛娟等老师的教学论文获评宝山区教师进修学院教研室奖项并发表。

2000 年 2 月 12 日　校领导在行政会上提出了新的要求：加强师德教育，做好两个“过渡”，抓住质量关键。具体归纳为五个字——高（从高层次考虑问题）、实（实实在在做好事情）、严（严格执行各项规定）、细（做深入细致的工作）、顺（班子要顺，团结协作，令行禁止）。

2000 年 3 月　《学校青年教师的人才资源开发研究》课题初步结题。“学校造人才，人才造学校”成为全校教师的共识。青年教师迅速成长。2000 年高考一次达线率为 97%，极大地提升了学校的社会声誉。

2000 年 5 月 19 日　召开一届四次教代会，审议通过了上海市行

知实验中学《奖励条例》、《教师常规工作考核条例》、《班主任考核条例》及《聘任条例》、《结构工资条例》等五个条例的征求意见稿，学校的管理逐步走上了规范的轨道。

2000 年 8 月　相继召开了第三届教育工作会议和第三届德育工作会议，会议高举"行知实验、实验行知"的旗帜，号召把陶行知教育思想与现代教育理论相结合，踏踏实实抓好素质教育的区域推进。

2000 年 9 月　学校邀请校友上海油画雕塑院赵志荣副院长重塑了陶行知先生像，并举行了隆重的揭幕仪式。

2000 年 10 月　在全校学生中开展征集学陶诗文活动。

2000 年 10 月 16 日　邹志军老师指导的高中课本剧《祝福》参加上海市戏剧节表演获得一等奖。

2000 年 11 月 17 日　学校首届阅读节开幕，宝山区教育学会林力锋副会长出席开幕式并讲话；后相继举办了科学节、体育节、艺术节，展现学生多方面的艺术才华，推动了校园良好的读书风气，为全面提升学生素质作出了努力。

2000 年 12 月 7 日　接受宝山区教育督导室的督导，被评为"进步显著"学校。

2000 年 12 月 17 日　《少年报》整版报导了学校的读书活动。

2001 年 3 月 19 日　学校确立了市级课题《宝山区学校"教学做合一"创新性学习研究》的子课题《在研究型课程中教学做》。

2001 年 5 月 29 日　我校作为全市唯一一所中学，代表上海少年参加由宋庆龄基金会举办的"上海少年西部行交流团"成立仪式，并向青海少年捐赠了 500 套校服。

2001 年 6 月 12 日　学校通过了"宝山区行为规范示范校"的评估。

2001 年 6 月　《学校青年教师的人才资源开发研究》课题顺利结

题。通过实践研究，学校青年教师在各方面获得提高。教育论文在区、市、全国各级机构获奖并发表，各类荣誉称号实至名归。中高考连年取得好成绩，2001 年高考一次达线率为 93.8%，位居宝山区同类学校前列。学校发展突飞猛进。

2001 年 8 月　校第四届教育、德育工作会议及一届五次教代会相继召开。会议号召“以德治校，依法治校，开创人人都是德育工作者的新局面”，号召“人人争当研究型的教师，以科研促教研，推动学校新发展”。

2001 年 11 月　学校制定了《上海市行知实验中学实施素质教育三年规划》，重申了办学理念，规划了教育、教学改革思路。

2001 年 11 月 16 日　我校接待了全国陶研工作考察团 30 余人，观摩了我校研究型课程成果展示专场。与会专家对分会场的展示工作和“纪念陶行知先生诞辰 110 周年特辑”的校刊《行实之光》给予了一致好评。

2001 年 11 月 16 日纪念陶行知先生诞辰 110 周年活动宝山区举行区域推进素质教育现场会大场实验区分会结束后留念

2001年11月16日纪念陶行知先生诞辰110周年活动中陶行知先生的学生、中央音乐学院教授、中陶会副会长陈贻鑫（右二）为我校题词："行实之光"

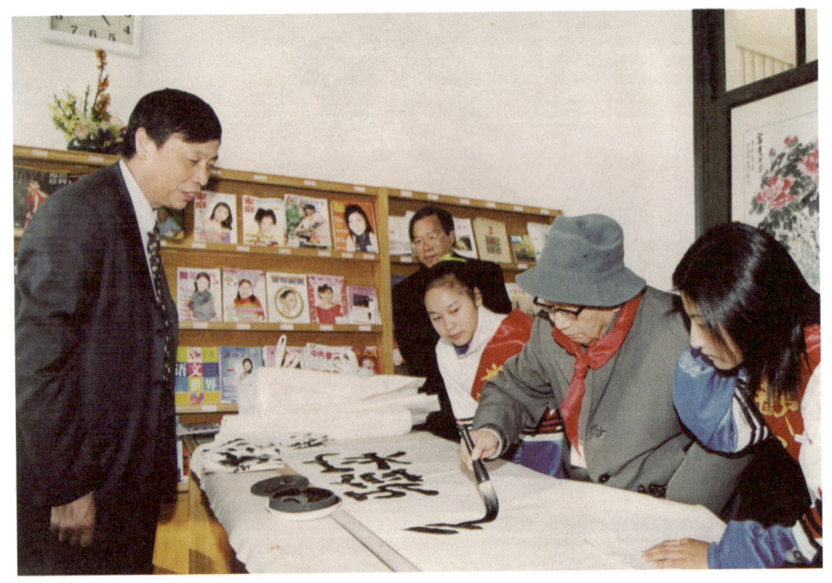

2001年11月16日纪念陶行知先生诞辰110周年活动中张健同志（右二）参观校园后欣然为我校题词："行知实验，实验行知"

2001年11月20日　区“研究型课程成果展示会”在吴淞中学举行，学校由王建华老师指导的《后现代主义对当代文化及青少年的影响》课题入选展示，获得好评。

2002年1月8日　宝山区教育督导室来校督导，充分肯定了学校的显著变化，认为学校的各方面工作取得了实质性进展，一年一个样。

2002年1月31日　召开了第五届青年教师工作交流会，会议主旨是“鼓足干劲，发扬主动精神，努力促使青年教师在各方面更快进步”。

2002年3月19日　宝山区教师进修学院教研室在王明发院长、戴根祥副院长带领下来我校视导教学工作，教研员听了部分初、高中教师的课，总体感觉一次比一次好。王院长在反馈会议上提出了具有实质意义的四点希望：(1)一切工作都是以质量为中心，统一认识，树立信心，依靠自身的能力克服困难。(2)分析现状，落实措施，加强科学管理，形成良性循环。(3)二期课改的信息要及时获取，适应改革则生存，观念转变则提升。(4)把眼光盯在青年教师身上，加强基本功训练，鼓励他们参加区的各类大奖赛。

2002年4月4日　校本师资培训工作启动，标志着学校师资培训工作迈出了新的一步。

2002年8月22日　第五届德育和教育工作会议，共同提出了一个标志性口号：“渐进式改革，协调式推进，积累式发展。”随即召开的一届六次教代会审议通过了《把三个代表贯彻到学校工作中，争创学校发展新局面》的决议。

2002年10月11日　召开2003届毕业班工作会议，会上祁珥城校长适时地提出一个问题：“如何提高学生的积极性？如何留给学生一点自主的空间？”引发了教师对教学方法和教学效果的思考。

2002年12月25日　在“全国陶馆年会暨宝山区陶研所课题汇报

2002年8月22日在行知实验中学召开本校第一届教代会第六次会议

展示活动”中，我校《在研究型课程中教学做》课题组成员王建华、周丽芳向全国专家作了汇报，并且周丽芳上了展示课《谈皓月传情》，均得到全国陶研专家及年会好评。周丽芳、陈贤的“教师成长个案”，在年会会刊发表。

2003年2月15日、3月7日　先后召开了高三及初三宝山区教学质量管理考试的质量分析会议，要求鼓干劲、树信心、找差距、定措施，扎扎实实做好下阶段工作。

2003年4月下旬　面对突如其来的非典疫情，学校及时传达了区教育局、卫生局召开的会议精神，迅速成立了防非典工作小组，有效采取了各项预防措施。全校师生员工众志成城，通力协作，终于安全度过了危险期，做到了防非、教学两不误。

学校2003届中考平均分高出区均13分，位居宝山区同类学校前列。

高考一次达线率98%，本科一次达线率59%，位居宝山区同类学

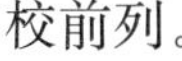
校前列。

与上海化学工业学校(后改名为上海信息技术学校)联办的七分部两个综合高中班,参加17个分部的毕业统考,除一个班的一门学科获二等奖外,其他各科成绩均获一等奖。

2003年8月16—17日　学校召开了第六届德育工作会议、教育工作会议暨一届七次教代会。三个会议的宗旨是——“站在新起点,实现新发展,攀登新高峰”。按照会议精神,学校班子提出了“团结、合作、竞争、理解、谅解”的要求,希望“成功面前找差距,赞扬声中从零开始”。

2004年2月13日　宝山区教师进修学院教研室来校对初三年级专项督导,对学校的“立足课内,面向课外,重视基础,提升能力”的课堂教学方法给予了充分肯定。

2004年2月　宝山区教育局任命周崇英同志担任副书记,孟黎明、杨卫红同志担任副校长。

2004年3月30日　全区高三教学工作研讨会在我校召开。

2004年5月14日　召开毕业班工作会议,达成共识——鼓足干劲,树立信心;认定目标,改进措施;科学复习,团队合作。

2004年6月　学校被评为“2002—2003年度宝山区先进教工之家”并授牌。

2004年7月　2004届的中高考再创佳绩,高考一次达线率为97.87%,其中本科一次达线率为75.5%,受到了教育局的肯定、家长的好评和社会的赞誉。

2004年8月22日　校一届八次教代会审议通过了《行知实验中学奖励条例》和《行知实验中学结构工资条例》。

2004年9月11日　市级科研项目《宝山区学校“教学做合一”的

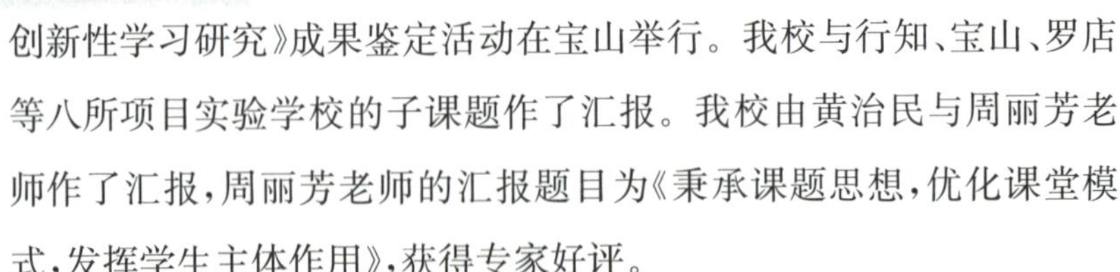

创新性学习研究》成果鉴定活动在宝山举行。我校与行知、宝山、罗店等八所项目实验学校的子课题作了汇报。我校由黄治民与周丽芳老师作了汇报，周丽芳老师的汇报题目为《秉承课题思想，优化课堂模式，发挥学生主体作用》，获得专家好评。

2005 年 1 月 7 日　校缘心文学社自 2002 年 4 月 29 日起，至 2005 年 1 月 7 日止，三年内由语文组徐萍等 13 位教师开设文学讲座，向全校师生开放。涉及古今中外的经典文学形象。一方面开拓了学生视野，另一方面也促使教师自身专业素养的提高，师生共同得到了发展。

2005 年 7 月　就读我校 6 年的高三毕业生吴越同学被北京大学录取，这在宝山区普通高中是史无前例的。

2005 年 8 月 22 日　上海师范大学张志刚教授和区教师进修学院德育室张萍老师参加了学校第八届德育工作会议并作了指导。紧接着召开的第八届教育工作会议，集中学习讨论了市二期课改方案。

2005 年 11 月 6 日　全国家庭教育展示会(分会场)在我校举行，全国各地约 30 位专家同行参加了展示会并给予了高度评价。

2005 年 11 月　选举产生了上海市行知实验中学第二届工会主席崔百昌。

2005 年 11 月 17 日　全国陶研会参观我校合影留念。

2005 年 12 月 2 日　召开了二届一次教代会，审议通过了《行知实验中学二期课改实施条例》及《奖励条例》等七个修改和增订条例。

2006 年 1 月 5 日—6 日　区政府教育督导室在刘伟国主任、龚道明书记带领下来校进行了为期两天的综合督导。

2006 年 5 月 9 日　督导室来校反馈督导结果，宣布学校通过了“发展性督导”检查评估。

2006 年 6 月　“宝山区素质教育示范校”挂牌。

2005年11月17日全国陶研会参观我校合影留念（二排右5为时任全国陶研会会长方明）

2006年6月2日　召开了学校教科研工作会议。会议突出了教科研工作的实效性、针对性和科学性，强调教师走内涵发展之路，以教科研带动学校的教育教学再上新台阶。这次会议的召开，标志着我校教科研工作迈上新的台阶。

2006年8月18日　第九届德育工作会议上，区教师进修学院德育室主任张威兴作了《提高班主任素质问题》的专题报告；政教处对修改制定的《学生管理条例》、《学生违纪处罚条例》及《班主任工作条例》作了解释与说明。

2006年8月19日　召开了第九届教育工作会议，教务处对《年级组长考核实施办法》、《教研组长考核实施办法》作了解释。会议重点听取了孟黎明副校长对《2006年行知实验中学新课程改革工作规划》所作的说明。

2006年8月19日　召开二届二次教代会，审议通过了校长工作报告及上述各项条例，审议通过了《学校教科研工作管理实施条例》。

2006年，学校在深化改革、参与二期课改、开展教科研工作诸方面作出了努力，教学质量继续取得优异成绩。高考一次达线率为91%，其中本科率40%（重点班本科达线率92%），中考成绩校平均504分，名列宝山区同类学校前茅。

2007年3月21日　陶行知先生家属来校参观。

2007年5月18日　召开了2007年教科研工作会议暨区级课题开题报告会。这次会议的目的，以区级课题的开题论证引领各项校级课题的实施开展，促进课题研究的有序建设，并组建一支富有热情与创新活力的教育教学研究队伍。会上表彰了2006年度学校教科研工作积极分子。

2007年9月21日 2007年学校信息化工作会议召开。其宗旨是加强信息科技与学科教学的整合，提高学校教育现代化和信息化水平。

2007年10月16日 区教师进修学院教研室周振东副主任率高中教研员到学校进行了高中教学视导，对高中各科共19位教师的授课给予了精准点评和悉心指导。

2007年11月15—19日 杨卫红老师赴山东烟台一中、青岛二中参加全国聚焦课堂教学展示评比获一等奖。

2007年11月23日 召开了主题为《弘扬行知精神，提升专业素质》的青年教师大会。青年教师代表们充满朝气的发言预示着行知实验中学充满希望的明天。

2008年

1月18日 工会组织教职工迎春拔河比赛。

1月25日 祁珥城校长退休。宝山区教育局任命孙鸿俊同志担任上海市行知实验中学校长，任命杨卫红同志担任上海市行知实验中学党支部书记、副校长。

1月26—28日 召开主题为“总结经验，展望未来，谋划学校新发展”的学校工作研讨会。

1月28—30日 杨卫红书记、孙鸿俊校长、工会主席崔百昌、工会副主席钱惠东等党政工领导走访慰问学校骨干教师。

1月29日 校友中央音乐学院教授杜鸣心回母校参观。

2月13日、15日 分别召开以“今天的反思是为了明天的精彩——看问题、看目标、看措施”为主题的2008届高三、初三年级教学研讨会。

2月15日 聘请老校长祁珥城担任学校发展顾问，全体行政参加会议。

校友中央音乐学院教授杜鸣心回母校参观

2月18日　区教育局党委书记张晓静、党委办公室主任沈威、宝山区教师进修学院院长王明发、副院长戴根祥、教研室副主任周振东和德育室张威兴主任、陈瑞亮老师来校视察开学工作；与共建单位61290部队开展主题为“高歌和谐风，军民情意浓”的2008军民共建新春恳谈会。

2月26日　宝山区教师进修学院教研室对我校高中教学视导。

3月4日　江苏省陶研会、泰州市民兴实验中学来校参观交流。

3月5日　宝山区教师进修学院教研室对我校初中教学视导。

3月6日　召开主题为“树新风 争先锋 创双丰”的党员大会。

3月11日　卜洪生老师参加全国体育展示课。

3月18日　全体体育、物理、化学、生物、计算机及实验室教师参加在学校操场进行的教工消防演练，普及消防知识，学会正确使用灭火器。

3月19日　举办课堂安全教学专题讲座。

3月22日　2008年宝山区第一次学生会主席联席会议在我校举行。

江苏省陶研会、泰州市民兴实验中学来校参观交流

3月21—22日　高二师生赴南京爱国主义教育考察活动，祭扫陶行知先生墓。

3月25日　举行大场镇交通安全宣传日活动和“中学生安全骑车”巡回赛。

3月27日　党支部组织党员十七大专题学习。

3月28日　初三年级模拟体育测试。

4月2日　召开主题为“找准基点 夯实基础 明确目标 勇于突破”的高三年级教学研讨会。

4月3日　全校师生齐聚行知像前，第一次举行清明“纪念陶行知先生仪式”，文汇报等媒体记者参加活动；举行宝山区第十六届教学活动月高中地理学科教学活动专场；徐旭东老师执教题为《中国自然地理(一)》的公开展示课。

2008年4月3日清明纪念陶行知活动

4月16日　《宝山区高中物理临床诊断和处方纠治的研究和实践》研讨会。

4月17日　学校优秀教案评选。

4月18日　《爱，静静地绽放》参加宝山区女教工风采中学报刊制作比赛获二等奖。

4月23日　陈岭老师参加宝山区的“信息技术和学科教学整合”的教学大奖赛决赛。

4月30日　召开主题为“看清形势 明确目标 落实措施 走向成功”的高三年级教学研讨会。

4月　　举行“第一期学生党校”开班仪式。

5月2日　全体教职工前往上海戏剧艺术中心观摩大型话剧《商鞅》。

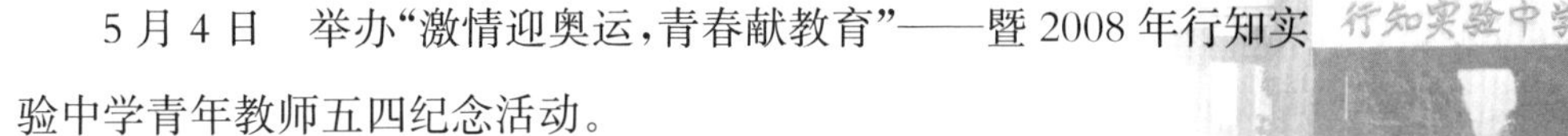

5月4日　举办“激情迎奥运，青春献教育”——暨2008年行知实验中学青年教师五四纪念活动。

5月5日　“激扬青春，魅力思变”高一年级组辩论赛。辩题为：成大事者应不拘泥于小节还是注意细节。由高一(1)班陈星星主持。

5月14日　召开“上海市中学教师德育与育德能力培训实践专题研究”。体育与健身学科德育实训基地导师市体育教研员徐燕平老师、宝山区中学体育教研员许金康老师和师德与德育能力培训的学员等参加了此次专题研究。我校卜洪生老师作了“传承行知思想，践行两纲教育”的课堂教学展示；参加大场块广播操和集体舞比赛。

5月15日　全校教职工在办公楼112室为汶川地震灾区第一次捐款。

5月19日　举行汶川地震哀悼日活动。

5月20日　在操场举行“哀悼逝者　无畏前行”的全校师生为汶川灾区第二次捐款活动。捐款总额超过10万元。

5月22、23日　高三学生考前心理辅导。

5月23日　召开党员紧急大会，交纳特殊党费。开展“五好”班子、“六好”支部检查。

5月25日　教育局张晓静书记宣布组织任命，任命陈越天同志为上海市行知实验中学副校长。

5月31日　高一(1)、(2)班组成的四十人舞蹈队参加宝山区中小学校园集体舞决赛，获二等奖。

6月4日　高一、高二年级篮球对抗赛决赛。

6月5日　举行区化学自主学习型课程探究活动。我校寿莹华老师执教《化学实验的复习》。

6月10日　初三学生考前心理辅导。

6月11、13日　召开2008高考评析会。主题是“把握高考动态，指导高三教学，提升教学质量，加强教研组建设”。

6月18日　行知中学58届高中、55届初中近100余位校友回母校纪念离校50、53周年。校友代表、上海市陶行知研究协会副会长、爱满天下文化艺术传播中心主任叶良骏老师专程赠送锦旗，表达谢意；召开全体党员大会，会议主题为：学习贯彻十七大精神，深刻领会科学发展观的精神实质，我为宝山科学发展、和谐发展建言献策。

6月23日　在大场镇社区党员服务中心举行“微笑、永远年轻的心”中青年教职工联谊会。

7月3日　党员学习《毛泽东、邓小平、江泽民、胡锦涛论讲党性、重品行、作表率》等学习资料，党支部书记杨卫红作讲座，党小组开展学习体会交流。

7月5日　围绕“讲党性，重品行，作表率”主题教育活动，全体党员、入党积极分子、民主党派和骨干教师一行60多人，参观东海大桥，参观位于南汇的张闻天故居。

7月7日　全校教师参加暑期校本培训。华东师范大学的刘桂海教授为教师开设《学校安全教育通论》《溺水防范》和《女生防侵犯必备》的讲座，特别强调了“地震与自我保护”和“学校安全教育”。上海教育技术协会基础教育专业委员会柳栋教授主讲《关于课程教学的几点思考》从心理相容到教师的八种社会角色，传达了新世纪教师的教育模式。

7月8日　继续进行暑期校本培训。上海市科教党校林宏宇教授主讲《教育工作者的礼仪与修养》。

7月15日　召开大场陶行知教育思想实验区研讨会。

8月8日　举行中层干部暑期培训。

8 月 10—15 日　高一新生和高二年级学生在上海市申隆教育基地参加军训和学农活动。孙鸿俊校长、杨卫红书记等检阅大会操。

8 月 11 日　召开 2008—2011 年学校新三年规划研讨会。全体中层干部、党支部委员、教职工代表、各教研组长、年级组长等参加会议。

8 月 12、13 日　组织部分学生前往奥运比赛上海分会场观看足球比赛。

8 月 20 日　党支部和工会对学校部分教工进行暑期慰问活动。

8 月 22 日　召开以“细节成就教育的完美”为主题的班主任工作研讨会。

8 月 23 日　召开主题为“强化教学常规，提升教学质量”2009 届毕业班工作会议。

8 月 29 日　召开二届四次教代会。

9 月 1 日　李原副区长、区教育局党委书记张晓静、局长楼伟俊及大场镇领导走访我校。

9月8日　举行校研究型课程开发实施会议。

9月9日　进行《上海市行知实验中学师德规范》讨论。

9月10日　早晨，校领导在校门口迎接全校教师，送上节日的祝福和慰问，学生代表朗诵诗歌，班级代表为班主任和任课老师献花；9:30，大场镇政府陈锡琪书记、梁迎群镇长、俞晟副镇长和教委负责人侯慧娴等领导来我校慰问指导工作；下午，召开"庆祝教师节活动"的家长座谈会，为家长们介绍我校的办学理念和特色以及取得的成绩，向家长们征求学校发展的意见；在广泛征求教职工意见后，出台《上海市行知实验中学师德规范》。

9月11日　大场实验区教导主任会——优秀教研组评选工作；召开语言文字工作部署会议。

9月12日　举行庆祝第二十四届教师节暨中秋节联谊会。主题为：放飞爱的翅膀。区教育局、进修学院和共建单位的领导及社会各界人士参加联谊活动。

9月16日　初二学生赴佘山开展民防专题教育活动。

9月16、17日　分两场举行高中、初中古诗诵读比赛。

9月18日　举行啄木鸟小队活动。

9月19日　举行古诗诵读汇报活动。

9月22日　举行退休教工"迎2008年国庆节"座谈会。

9月25日　进行2008年国家基础教育测试。

9月22—26日　第一届体育周。增强班集体凝聚力，在"真人教育，明师策略"的学校文化内涵引领下展现了校园文化的丰富多彩。

9月26日　全校师生在市教委、市民防办、宝山区教育局、宝山区民防办领导的支持和华东师范大学刘桂海教授的指导下，进行民防疏散大演练。市教委公众服务处王辛副处长、市民防办公室科教处周航建、区教育局蒋碧艳副局长、区青保办倪永培主任、区教育局体卫艺科陆体金副科长等亲临现场,《解放日报》、《文汇报》、《新民晚报》、《上海教育》以及上海教育电视台等十多家新闻媒体报道本次活动。

9月28日　召开第十三届秋季田径运动会,以“文明、友谊、团结、向上”为宗旨,努力发扬“拼搏,进取,友爱,互助”的精神;召开教职工趣味运动会。

10月9日　学生会换届竞选。

10月10日　与华东师范大学举行教育实习基地揭牌仪式。

10月13日　召开上海市行知实验中学第九届学生代表大会。

10月17日　党支部组织全校教职工观看大型教育访谈节目《问教》,并撰写观后感。

10月19日　组织全体教师赴环球大厦和上海城市规划馆考察,一起感受改革开放30年的成就。

10月20日　大场交通支队章辉警官,在直播室对全校进行安全教育。

10月21日　召开行知实验中学第十一届青年教师工作会议。会议主题:“精心培养真人,努力学做明师”,会上举行了师徒结对仪式。

10月27日　“送温暖、献爱心”活动,教职工纷纷捐款捐物,为灾区送去关怀;举行2008年“阳光体育”冬季长跑起跑仪式。

10月29日　召开主题为“提升师德修养 引领师风建设”的党员大会。

11月5日　申报“无烟学校”区级检查。

11月8日　全体高三学生在龙华烈士陵园中举行以“践行荣辱观,做合格公民”为主题的“十八岁成人宣誓仪式”活动。

11月14日　初一年级全体队员在学校操场进行了“人大领巾大,

人大责任大”——初一换戴大号红领巾仪式。

11 月 17 日　“迎世博、树新风、讲文明”演讲比赛。

11 月 18 日　区教师进修学院教研室对我校高中教学视导；召开四校联考命题组会议。

11 月 20 日　规范化队室评比。

11 月 22 日　全体教职工赴常熟沙家浜红色旅游。

11 月 24 日　举行“教学开放周”活动。开放活动分初中和高中专场，由周燕和唐向东老师上展示课，并邀请家长走进课堂；区化学优秀教研组评审。

11 月 26 日　区体育优秀教研组评审。

11 月 27 日　举行“无烟学校”主题班会

11 月 28 日　上海市教育功臣、化学特级教师叶佩玉老师为我校和行知小学全体教师开设——“立足平凡岗位，努力创新教育”的讲座。

11 月 17 日—12 月 5 日　举行以“迎世博——绿色科技在行动”为主题的第四届科技节。

12 月 1 日　开展“迎接世博，提高素养”小品比赛。

12 月 7 日　杨卫红书记带领第一期学生党校学员社会考察活动：中国共产党“一大”会址纪念馆和位于思南路的周公馆。

12 月 8 日　由教育局张晓静书记亲任组长的考核组来学校对校级班子和领导干部进行考核。

12 月 12 日　召开第三届科研工作会议，区教师进修学院戴根祥副院长、科研室陈明敏主任和科研员罗青香、蔡维静老师等与会。

12 月 16 日　举行四校联考考务会。

12 月 18 日　部分教师参加“学习英模，贯彻规范”上海市师德师风建设网上大讨论；体育实习生工作总结表彰会。

12 月 19 日　学校中层干部述职及民主测评会议。

12 月 22 日　退休教工返校迎新活动。

12 月 24—25 日　举行“迎世博，学双语”首批测试活动。

12 月 26 日　组织女教工参加区工间健身操比赛；全校教师参加《科学素质培训教程》考试。

12 月 30 日　“小陶子”社团活动。陶行知纪念馆陆黎明馆长参加“流动展板”讲解员培训启动仪式，并受聘为校外辅导员；上海市市级课题《陶行知教育思想与区域新教育文化建构的实践研究》的子课题《学校绿色教育与育人策略的设计开发》开题论证。

2009 年

1 月 10 日　与宝山区大华派出所结对举行“爱心帮困”助学活动。

1 月 12 日　“爱心无限”迎春帮困助学座谈会。

1 月 16 日　举行“2009 升腾新的希望”新春团拜会暨行知实验中学师德师风主题教育活动总结大会。

1 月 20 日　召开 2009 年校本课程及课题建设研发启动会议。

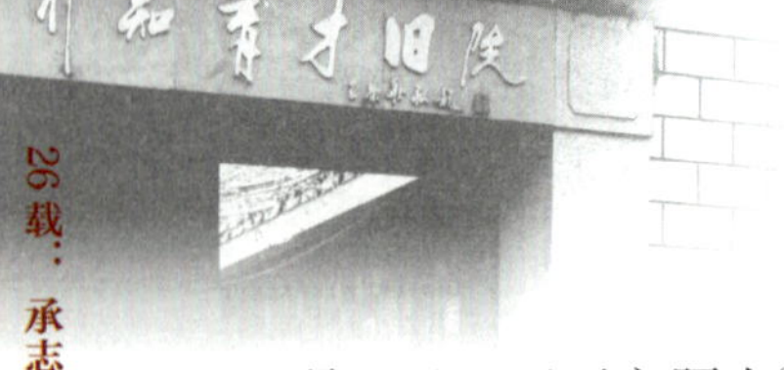

2月3日　召开主题为“看目标、讲措施、重落实”的高三第三次教学研讨会，教育局楼伟俊局长、陆荣林副局长和张宝林科长与会指导。

2月11、12日　召开主题为“树立信心、咬准目标、加强责任、落实措施”的2009届初三教学研讨会，区教师进修学院施海庆副主任与会指导。

2月16—20日　举行骨干教师展示活动。

2月13日　召开新学期第一次教职工大会，由学校安全专管员赵胜斌开设安全讲座。

2月23日　举行“扬帆启航，争创辉煌”——行知实验中学初三离队仪式。

3月3日　“世博文明小队”到山海幼儿园，进行了“大手牵小手”“三五”学雷锋活动。

3月6日　党支部召开主题为“关爱学生 实践师德”的党员大会；学校启动爱生月主题系列活动。

3月9日　举行由学生会主持的“用我们的爱心绽放你的笑脸”为宝山区大病青少年献爱心的捐款仪式。

3月12日　校团委、少先队开展“小手添绿，温馨满校”的系列活动；结合植树节以及学校“绿色教育”的研究课题，各班召开以“爱绿护绿迎世博”为主题的班会。

3月16日　召开高三年级学生大会。

3月18日　进行为期两周的教学大奖赛。

3月20—21日　高二年级师生共赴南京开展爱国主义教育社会实践活动，祭扫陶行知先生墓。

3月26日　区第十七届教学活动月高中化学展示活动在我校举行。

4月1日　举行“小陶子”社团讲解员晋级赛。

4月3日　全校师生在行知像前举行“发扬行知精神，践行爱满天下”清明纪念陶行知先生仪式。43位少先队员来到上海市陶行知纪念馆，参加“缅怀行知先生，感悟幸福生活”清明节系列主题活动；开展“感恩母校，奉献爱心，放飞理想”为主题的初三、高三毕业班为母校赠绿活动；“走进经典”活动，全体教职工赴上海东方艺术中心，观看沪剧新戏《瑞珏》。

4月8日　在“小陶子”红领巾社团的讲解下，全校师生参观了陶行知先生生平事迹流动展。

4月24日　举行高二年级学生家长联席会议，孙鸿俊校长作“亲子沟通，家校合力，审时度势，成就未来”主题讲话。

4月26日　区有关部门来校进行“退休教工之家”复查验收。

4月30日　召开2009届高三第四次教学研讨会，教育局陆荣林副局长、张宝林科长、教师进修学院王明发院长、汤一湘主任、周振东副主任及各学科教研员与会指导。

4月　　举行“第二期学生党校”开班仪式。

5月4日　举行“激情映青春，共话为师情”恳谈会，学校各级领导、校关心下一代工作委员会和青年教师参加会议。

5月6日　宝山区语委办领导、专家对我校争创区语言文字规范化示范校工作进行评估。

5月12日　举行“警示——5·12”全校师生民防疏散大演练。

5月13日　上海市疾控中心李珊珊主任、宝山区疾控中心赵惠娟医师、大场镇疾控中心徐惠琴医师来校开设爱眼护眼专题讲座。

5月15日　召开2009届初三主题为“看目标、树信心、讲措施、重落实”教学研讨会，区教师进修学院施海庆副主任和各位教研员与会。

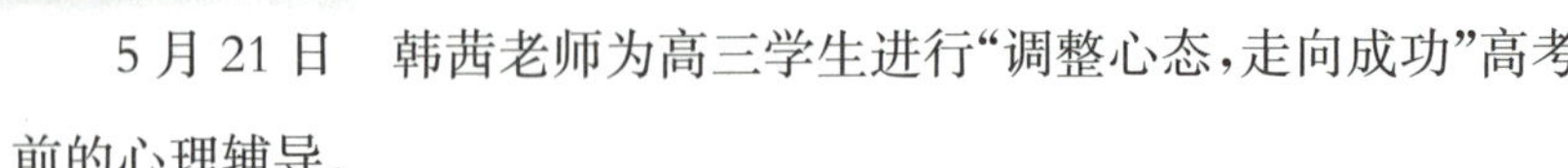

5月21日　韩茜老师为高三学生进行“调整心态，走向成功”高考前的心理辅导。

5月25日　上海市心理咨询行业协会会员、心理学专家心雅老师，为家长作主题为“家长如何与孩子沟通”的辅导讲座。

6月1日　举行“文明世博，畅想六一”全校师生参加的表彰大会。

6月5日　启动世博志愿者招募活动。

6月8日　开展初三学生考前心理辅导。

6月11日　进行“2009年度上海市行知实验中学园丁奖”的评选活动。

6月15日　召开上海市行知实验中学工会全体会员大会暨第三届工会委员选举大会，钱惠东同志当选新一届工会主席。

6月16日　区教师进修学院教育发展研究室和《宝山教育》的何光辉、闫引堂、袁智慧等老师为我校教师做现场撰写指导。

6月17日　召开《携手共创和谐校园》的社区共建联席会议。

6月22日　召开2009年高考命题分析研讨会。

6月23日　举行了“今天我以行实为荣，明天行实以我为荣”——2009届学生毕业典礼。

7月6日、7日　进行为期两天的暑期校本培训，特邀上海百老德育讲师团姚振尧副团长开设《师德的心理认知》讲座。

7月9日　召开了“深入学习实践科学发展观”的动员大会，区教育局学习实践活动第四指导检查组组长顾林兴出席大会。

7月10日　全体党员、入党积极分子、部分骨干教师及受邀的民主党派人士参观陈云同志故居暨青浦革命烈士纪念馆。

7月22日　在上海地区发生一次日全食现象，我校地理教研组利用这难遇的日全食机会，组织高三选修地理的学生，进行日食观测活动。

7月30日—8月4日　高一、高二年级学生赴崇明上海前卫农场，参加军训、学农活动。

8月17日　召开第十二届德育工作研讨会，全国优秀教师、优秀班主任、上海市普教系统十佳班主任标兵周士良，宝山区教师进修学院德育室张威兴主任应邀参加了会议。

8月28日　召开三届一次教代会，学校工会完成了换届选举工作，出席本次教代会的正式代表28人，列席代表10人。

9月1日　副区长李原在区教育局张晓静书记、楼伟俊局长、陆荣林副局长、刘政副局长、沈威主任、张润民主任、张宝林科长、倪永培科长以及大场镇梁迎群镇长、俞晟副镇长、侯慧娴主任等有关人员陪同下到我校视察新学年开学工作情况。

9月9日　邀请社区、家长委员会代表以及部分毕业学生来学校座谈。

9月14日　举行第12届全国推广普通话宣传周主题升旗仪式。

9月18日　召开主题为“强化责任、精细管理、家校合力、成就未来”的高一年级第一次新生家长会。

9月21日　大场社区医院口腔科蔡医生为我校全体师生开展了一次口腔卫生知识讲座。

9月24日　初二年级全体学生赴佘山民防教育基地参观。

9月25日　全体教职工前往上影CGV大宁影城观看《建国大业》。

9月29日　“心灵驿站”工作室成员赴上海师范大学观摩学习。

10月9日　2009年校运会暨第二届体育周隆重开幕。

10月14日　举行“雏鹰展翅　领巾飘扬”——行知实验中学建队

六十周年暨迎接世博倒计时200天系列活动。

10月12日、19日　举行“我爱祖国、唱响红歌”十月歌会。

10月21日　区教育局党委李友忠副书记、党办主任沈威宣布任命：沈裕华担任副书记、朱惠忠担任副校长。

10月28日　高一学生参加为期三天的东方绿舟素质教育活动。

11月9日　《心桥》家庭教育月报出刊。

11月13日　与上海体育学院签约教育实习基地，蒋碧艳副局长出席并讲话。

11月17日　初一年级全体队员进行了“人大领巾大，人大责任大”——初一换戴大号红领巾仪式。

11月24日　以“聚焦课堂 提升效能”为主题的区教学展示活动在我校举行。

2009年11月24日，举行“聚焦课堂 提升效能”为主题的区教学展示活动。展示活动得到了区教育局、区教师进修学院、兄弟学校领导及专家和同行的积极关注和大力支持。

11月28日　召开主题分别为“抓基础，重落实，明目标，保质量”和“迎接区考，明确目标，精细分层，努力提高”的初三、高三教学研讨会。

11月30日　华师大化学系副主任王清江、陈启明和韩金根、吴敏副教授来校，商议进一步巩固发展实习基地事宜，并签订了多学科教育实习的意向书。

12月5日　全体高三学生在龙华烈士陵园举行以“用青春谱写壮美篇章，以责任奉献精彩世博”为主题的“十八岁成人宣誓仪式”活动。

12月21日　宝山区大华派出所王英红警官来学校为全体师生进行安全法制教育讲座。

12月25日　召开2009年教科研工作会议暨全国家庭教育课题《构建家校德育共同体，促进真人教育的实践研究》开题论证。

12月26日　第二期学生党校的全体学员在校党支部书记杨卫红的带领下参观中共一大会址和上海长江隧桥。

12月28日　举行2009年行知实验中学“蓝天下的至爱”全校师生爱心捐款仪式。

2010年

1月8日　召开第十二届青年教师工作会议暨青年党员教师培养工程启动仪式。本次会议的主题是“以陶为师培育真人，聚焦课堂学做明师”。

1月13日　举行第二期学生业余党校结业典礼。

2月7日　召开2010届毕业班教学研讨会。宝山区教育局陆荣林副局长、张宝林科长、教师进修学院教研室主任施海庆与会指导。

2月8日　举行以“拥抱世博，和谐共进”为主题2010年迎春团拜会。

2月17日　举行“用心点燃希望，用爱洒播人间”为主题的爱心送温暖活动，共建61290部队同志出席。

2月22日　区教育局纪委书记唐佩英、王芳科长、范云老师及区教师进修学院陈振华院长、曹红悦书记、李效平和施海庆主任一行来校检查开学工作。

3月8日　党支部召开全体党员大会。

3月12日　晨会宣讲《植树与低碳生活》，倡导绿色理念，推进节俭文化。中午，举行了“感恩母校，放飞理想、世博同行”为主题的2010届毕业班为母校赠绿活动。

3月16日　党支部召开青年党员教师和带教教师联席会议。

3月17日　召开世博安保工作预备会议。

3月18日　宝山区教师进修学院信息部来校指导信息科技教学工作。

3月19—20日　组织高二年级师生赴南京进行爱国主义教育考察活动，祭扫陶行知先生墓。

3月29日　区教育局、区教师进修学院对我校进行高三专项视导。

3月31日　开展“一人捐献一瓶水”爱心捐款活动。

3月　党支部在全校教师中组织开展“爱生月”活动。

4月2日　举行主题为“崇尚行知真善美，创造教育谱新篇”全校师生清明纪念陶行知先生仪式，全校师生、关工委代表和共建部队的官兵参加了仪式；纪念仪式前，先期进行了由原中国陶行知研究会会长方明题写的“求真”二字石雕的揭幕仪式。

2010年4月2日，各界人士参加“求真石”揭幕仪式

4月5日　在上海世博会倒计时30天之际，党支部开展了以“倡导低碳生活，喜迎绿色世博”为主题的组织生活，观看了“低碳经济迈向生态文明之路”的电化教育片。

4月9日　原上海市教委心理健康教育主管、上海师范大学教授、瑞士兰德学院客座教授、复旦大学客座教授、上海市委宣传部“东方讲坛”讲师张志刚为全体教职员工作题为《心理健康与现代教育》的专题讲座。

4月12日　举行“第三期学生党校”开班仪式。

4月13日　南京大学南博科学教育研究所专家掌于荣老师受邀来校做题为“亲子沟通的技巧”的讲座。

4月16日　在市教委、市民防办、宝山区教育局、宝山区民防办的号召下，举行“平安——2010”宝山区中小学统一民防疏散演练。

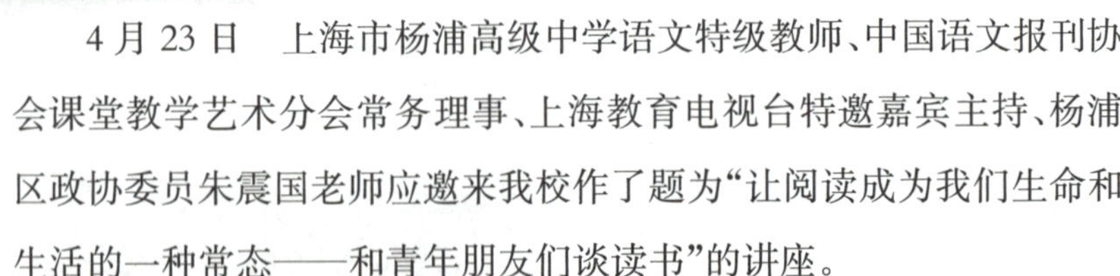

4月23日　上海市杨浦高级中学语文特级教师、中国语文报刊协会课堂教学艺术分会常务理事、上海教育电视台特邀嘉宾主持、杨浦区政协委员朱震国老师应邀来我校作了题为“让阅读成为我们生命和生活的一种常态——和青年朋友们谈读书”的讲座。

4月27日　召开创建区实验性示范性高中规划评审会。区教育局张晓静书记、楼伟俊局长、陆荣林副局长、沈杰主任、张宝林科长等领导，区教师进修学院陈振华院长、戴根祥副院长等评审专家，以及兄弟学校高中校长和社区、家长代表50多人参加了会议。在意见反馈会上，专家组充分肯定了创建规划，陈院长代表评估组宣布上海市行知实验中学通过区实验性示范性高中规划评审。

4月28日　因孙鸿俊校长调任，教育局党委宣布学校班子调整，由党支部书记、副校长杨卫红全面主持学校党务、行政工作。举行为青海玉树灾区捐赠仪式。

4月30日　召开以“摆正位子，咬住目标，有效教学，努力提高”为主题的高三教学研讨会。区教育局陆荣林副局长与会指导。

5月6日　在行知像前举行新团员入团宣誓仪式。

5月7日　全校师生参观世博会展馆。

5月12日　召开了“恰风华正茂，忆往昔峥嵘，展世博宏愿”为主题的青年教师和关工委结对活动；国家教育部、华东师范大学新疆高中化学骨干教师培训班在我校进行了一天的教学研讨活动。华东师范大学韩金根老师主持研讨交流活动，我校沈洁和陈贤老师分别执教展示研讨课，受到好评。

5月14日　42名同学由团委负责人张奕卿老师带领参加了宝山区大场镇大华三村举办的“唱响爱国歌，伴我迎世博”社区活动。

5月17日　学校心理辅导老师韩茜开设高考考前心理辅导讲座；召开2010年区级一般课题开题论证会。

5月19日　校级领导、安全专管员、卫生保健老师及食堂负责人等共同开展学校食堂饮食安全自查工作。

5月21日　召开部门阶段工作总结反馈会。

5月25日　召开全国家庭教育课题《构建家校德育共同体，促进真人教育的实践研究》中期交流汇报会，会议邀请了上海市教科院家庭教育研究所胡育所长进行专题指导。

5月26日　开展华师大08级免费师范生见习活动。华东师范大学免费师范生兼职导师、上海市第二期名师工程化学基地专家组成员杨卫红针对学生目前的知识结构，针对性地就课堂教学的基本要求、组织管理等进行指导。

5月28日　邀请宝山区交巡警一中队戴永祥警官作以"精彩世博，文明出行"为主题的交通安全教育知识讲座；开展教职工《上海市中长期教育改革和发展规划纲要》专题学习活动。

5月31日　特邀上海市特级教师、名师工作室专家刘国璋来校指导学校科技创新工作。

6月18日　召开陈星星同学入党审批会。

6月19日　在区"千校万班"乒乓球比赛中，取得了优异成绩。共取得了高中女子单打第一名、高二年级女子团体第一名、初一接力第一名等十多个奖项。

6月23日　举行"让我们扬帆起航——2010届毕业典礼"。

6月30日　举行"老少结对，共读《热血写春秋》"读书活动，特邀区老干部回忆录《热血写春秋》的作者之一沈增善老同志参加了本次活动。

7月1日　中国共产党建党89周年纪念日，我校党支部和共建单位陶行知纪念馆党支部共同过了一次难忘的组织生活——在陶行知像前举行了行知实验中学新党员入党宣誓和全体党员重温入党誓言活动。

7月4日　召开开展"创先争优"活动动员大会。

7月3—5日　开展了为期三天的暑期校本培训。

7月21日　校本课程领导管理小组成员在组长杨卫红校长的带

领下，以中长期教育发展规划纲要为引领，围绕"陶行知创造教育下的明师工程策略研究"的学校实验性主课题，在我校区实验性示范性高中发展规划初审的基础上，就学校新一阶段校本课程的建设开发，召开了研讨筹划会议。

7月28日　我校高一、高二的学生们前往大东海青少年社会实践基地开展为期5天的军训、学农活动。

8月5日　开展暑期党员、干部及骨干教师培训，宝山区教育局党委张晓静书记为老师们作专题报告。

2010年暑期党员、干部及骨干教师培训，左三为教育局党委书记张晓静

8月11日　我校团员开展"为奉献者奉献"团日活动。

8月12日　杨卫红校长率校级班子一行来到共建61290部队慰问官兵。

8月15日　学生们自发举行了对甘肃舟曲特大山洪泥石流遇难同胞们表达深切悼念。

8月16日　召开以"新时期开展家访工作有效性的探究"为主题

的第十二届德育工作会议，会议特邀了闸北区教育局德育室主任芮彭年老师开设讲座。

8月17日　召开2011届毕业班教学工作会议，区教育局陆荣林副局长和基教科张宝林科长与会指导。

8月23日　我校优秀团员们继续开展“为奉献者奉献”活动，慰问世博轨交志愿者。

9月10日　教师节恳谈会，区教师进修学院戴根祥副院长、德育室张威兴主任、大华社区代表、学校家委会代表以及部分毕业生代表来校恳谈。

9月14日　举行了第13届全国推广普通话宣传周主题升旗仪式。

9月19日　语文组的两位区级骨干教师周燕和周丽芳老师向全校老师开设了两堂公开教学展示课。

9月27日　江苏省吴江县陶研会专家30多人，专程来校考察调研，寻访陶行知先生足迹；全校师生举行了防灾、防震、民防疏散逃生演练；宝山区“JA生活的准则”指导教师培训活动在我校召开，由周燕老师主讲。

9月30日　2010体育周暨第十五届校园运动会开幕，宝山区教育局蒋碧艳副局长和赵美娟科长参加开幕式，并观看了近90分钟的入场式表演。

10月14日　在我校举行“2010学年宝山区大场陶行知教育思想实验区初中学校市、区级骨干教师教学展示活动”语文骨干教师展示专场。

10月15日　全体教职工赴上海音乐厅，聆听“利物浦之谜”英国皇家利物浦爱乐乐团音乐会。

江苏省吴江县陶研会专家30多人来我校考察调研

10月18日　举行纪念陶行知先生诞辰119周年活动。

10月22日、29日　分别召开了“明目标，寻问题，定措施，求落实”2011届高三、初三第二次教学工作研讨会。

11月5日　中陶会常务副秘书长王铁城、上海市陶行知纪念馆陆黎明馆长、山海工学团协会理事长祁珥城、大场镇教委主任侯慧娴，与校领导研讨陶研工作区域化推进。

11月15日　拉开主题为“绿色环境，绿色生活”科技节的帷幕。

11月17日　区教师进修学院对我校高中教学视导，区教师进修学院陈振华院长和区教育局基教科张宝林科长莅临指导。

11月19日　学校“小先生”宣讲团的成员们来到大华三村三居委，为居民们带来了一堂别开生面的宣讲活动，内容包括：禁毒讲座与科技知识普及。

11月24日　“杨天军物理工作室”全体成员指导陈岭老师围绕

"感悟"的理念开设研讨课。

11月26日　举行以"学习楷模修师德，爱岗敬业树师魂"为主题的2010年"为人为师为学"师德论坛演讲比赛。

11月30日　召开高中学业水平考试教学研讨会。

12月3日　我校新一批的"小陶子"讲解员在陶行知纪念馆为嘉华小学一年级的小朋友和家长代表进行陶行知事迹讲解。

12月4日　全体高三学生在龙华烈士陵园中举行以"实践青春誓言弘扬时代新风"为主题的"十八岁成人宣誓仪式"活动。

12月10日　举行"小陶子"社团星级讲解员颁奖仪式。

12月14日　杨卫红校长携部分校级领导、中层干部和一线教师，赴上外附属大境中学举行教学交流活动。

12月21日　召开第五届教科研工作会议暨区级重点课题《陶行知创造教育下的明师工程策略研究》的课题研讨会。

12月23日　上海市行知实验中学举行了新一届学生会换届选举。

12月25日　党支部副书记沈裕华带领下，校业余党校20位学生参观中共一大会址。

12月27日　全校师生共同进行了2010年行知实验中学"蓝天下的至爱"——爱心捐款仪式。召开以"团结协作，和谐共进"为主题的党员领导干部专题民主生活会。

12月31日　举行教职工趣味运动会。

2011年

1月5日　行知实验中学举行宝山区大场陶行知教育思想实验区初中学校市、区级骨干教师教学展示活动总结大会。

1月10日，学校关工委和共建61290部队向30多名品学兼优的贫困学生开展了“用心点燃希望，用爱洒播人间”爱心无限送温暖活动。

1月11日　杨卫红书记、沈裕华副书记、钱惠东工会主席和退教协组长沈兴老师一起走访慰问退休老同志。

1月13日　举行第十三届青年教师工作会议。

1月20日　全校教师积极行动起来走访贫困学生家庭。

1月23日　“小陶子”社团星级讲解员在体育馆向预备、高一新生进行了陶行知事迹流动展板的讲解实践活动。

1月26日　学校召开2011届毕业班第三次教学工作研讨会，宝山区教育局基教科张宝林科长到场指导工作。

2月22日　在我校举行宝山区新一届中小学德育工作中心组成立会议。

2月23日　举行第三期学生党校结业典礼，教育局党委办公室主任沈杰莅临指导学生党校工作。

2月24日　江苏省吴江市盛泽中学张建华校长一行来访；走访原育才学校马侣贤校长夫人夏英岚老师和数学教师王瑞植。

3月12日　2011届高三、初三毕业班全体师生齐聚学校体育馆前，隆重举行为母校赠绿仪式。

3月15日　学校进行“明师工程”策略研究专家研讨会。原上海市教委教研室赵才欣主任、上海市教育功臣、名师基地主持人叶佩玉、宝山区教育局张宝林科长、宝山区教师进修学院喻碧波副院长、上海外国语大学附属大境中学罗永祥副校长、宝山区教师进修学院全体教研员、市区骨干教师及我校教学骨干、社区家长代表等近60人参加本次会议。

3月18日　杨卫红校长以“为了每个学生终身发展，为了每个学

2011 年 3 月"明师工程"策略研究专家研讨会

生健康快乐成长"为题为教职工开设讲座。

3 月 23 日　高二学生和教师代表赴南京拜谒祭扫陶行知先生墓。

3 月 25 日　学校进行了初中毕业升学体育模拟考试。

3 月 26 日至 27 日　第 26 届英特尔上海市青少年科技创新大赛在复兴高级中学举行，徐天阳和张杰的作品《无线电超短波电台在抗震救灾中的作用》获得学生创意二等奖。

3 月 28 日　"名师引领以学定教"教学展示系列活动，语文学科王庆、数学学科赵传义和李昉、物理学科杨天军、化学学科陶静和刘洪权、地理学科吴敏芳和许宣铭、政治学科张敏等学科教研员、骨干教师莅临指导。

3 月　开展修缮学校办学旧址四合院、征集院名活动，积极申报宝山区不可移动文物。

4 月 1 日　全校师生在陶行知先生雕像前隆重举行"陶心永驻，薪

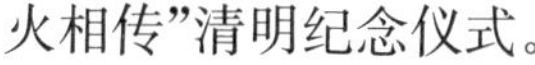

火相传”清明纪念仪式。

4月8日　开展“人人都是安全工作者”的主题活动。

4月13日　杨卫红书记号召党员同志开展“创先争优”承诺活动，杨卫红校长与华师大2009级免费师范生见面会，并开设专题讲座。

4月27日　邀请了宝山区教师进修学院科研室蔡维静、罗青香老师来校作了题为“做教科研的有心人”教育科研课题指导，我校35周岁以下青年教师聆听讲座。

5月3、12日　召开2011届高三、初三毕业班第四次教学工作研讨会。

5月4日　开展社区、家长校园开放日活动，社团展示，杨卫红校长主汇报，社区、家长代表在学生志愿者引导下，参观了校园。

5月6日　举办35周岁以下青年教师与关工委恳谈会。

5月7日　气象社全体成员在杨卫红校长和徐旭东老师的带领下参加上海市第九届青少年科技节宝山区科技活动。

5月11日　“扬帆起航”——杨卫红校长、沈裕华副书记、葛娟主任、王玲琴和朱建兰副主任与初三学生座谈会；区教师进修学院何光辉博士为老师们进行论文撰写现场指导。

5月13日　特邀上海市教委教研室主任徐淀芳为全体教师作“名师引领，以学定教”教学展示系列活动之专家主旨讲座；举行家庭教育指导主题活动，活动邀请了宝山区教师进修学院戴根祥副院长、华东师范大学曾凡林教授及预备班至初二年级部分学生家长。

5月18日　何国俊老师为全区初三物理教师开设了一堂复习研究课——“情景归纳题”。

5月20日　朱怀新先生在她的学生、行知校友叶良骏和秦连生的陪同下返校寻故，并欣然作画“行知育才旧院”。

市教委教研室主任徐淀芳为全体教师作了题为《以学定教，提高教学有效性的策略与模式》的讲座

5月25日　我校党支部作为协办单位参与共建社区大华三村各居委及属地举办的纪念建党90周年活动。

5月27日　心理教师李峰慧为高三学生开设了考前减压讲座；团委、少先队开展了“党在我心中——红五月行动”系列活动。

6月1日　举行“高举队旗跟党走，唱响红歌庆六一”合唱比赛。

6月10日　举行第四期学生党校开班仪式，参加本期党校的是高一、高二年级的22名学生，校党支部书记杨卫红老师、校党支部副书记沈裕华老师和政教主任周燕老师、团委书记张奕卿老师参加开班仪式。

6月20日　宝山区学校象棋联盟在行知实验中学成立，宝山区教育局副局长蒋碧艳、宝山区体育局副局长刘秋萍、中国象棋大师于红木及宝山区棋类协会和基地学校的校长等20余人参加了活动。

6月23日　须志刚老师获市教育系统庆祝建党90周年书画展篆

刻一等奖。

6月24日　初三、高三毕业典礼。

6月27日　我校与陶行知纪念馆全体党员教师联合党建活动，参观南湖革命纪念馆。

7月5日　召开校领导班子专题民主生活会。

7月　　学校党政工走访慰问离退休干部和部分一线教师、退休教师。

7月7日　叶良骏老师为我校全体教师开设师德讲座。

7月8日　少先队员代表参观南京路上好八连事迹展览馆。

7月11日　全体教师开展暑期校本培训“教师论坛”活动。

7月22日　校团委、学生会干部参观毛泽东旧居。

7月26日　高一新生报到；“南京路上好八连”向行知实验中学赠送锦旗。

7月28日　高一、高二年级全体学生赴崇明上海前卫村实践基地，开展为期五天的军训学农。

8月5日　特邀宝山区关工委讲师团成员、校关工委常务副主任张国琪书记为我校第四期党校学员作主题讲座。

8月16日　召开了以“关注心理健康，提升幸福指数”为主题的第十四届德育工作研讨会议，会议特邀市中小学心理辅导协会秘书长蒋薇美老师、宝山区教师进修学院德育室张威兴主任，全校教师聆听讲座。

8月17日　召开2011年教学工作会议暨2012届毕业班第一次工作研讨会，教育局楼伟俊局长、陆荣林副局长与会指导。

8月31日　学校安全专管员赵胜斌老师、保健室张艳老师安全讲座。

上海市心理教育专家蒋薇美（中）参观行知育才旧院

9月2日　召开了2011年学校语言文字工作会议暨学校语言文字工作领导小组会议。

9月10日　举行第二十七届教师节学校、家庭、社区恳谈会，区教师进修学院德育室主任、学校家委会代表、社区共建单位代表参与。

9月13日　举行师徒结对仪式，杨卫红校长、朱惠忠副校长、王玲琴主任及各结对师徒参与。

9月14日　举行第14届全国推广普通话宣传周主题升旗仪式。

9月20日　预备、高一新生参观行知育才旧院。

9月21日　进行区级重点课题《陶行知创造教育下的明师工程策略研究》课题中期现场指导活动，区教师进修学院教科研室主任陈明敏、科研员蔡维静、罗青香老师与会指导。

9月27日　举行2010学年度“求真”奖学金颁奖仪式。

9月28日　师生代表40余人赴市图书馆参加由民盟上海市委员会、上海市归国华侨联合会、上海市陶行知研究协会等主办，爱满天下文化艺术传播中心承办的纪念陶行知诞辰120周年暨和谐校园文化建设上海论坛活动。杨卫红校长做了论坛交流发言《只为了铭刻在心的感念》。

9月30日 举行第十六届校园运动会，宝山区教育局副局长蒋碧艳、宝山区体卫艺科陆体金副科长出席了运动会开幕式。

10月9日 "上海市中小学体育教师培训者研修班专题研讨活动"在我校举行，上海市体育教育名师徐阿根、施履冰、高峰、朱德明、张德敬、王辉、俞定智和各区县的体育专家、学员们参加了此次专题研讨。

10月10日 举行纪念陶行知诞辰120周年暨"行知育才旧院"揭牌仪式。市陶研会、市教育发展基金会、市文物局、市侨联、陶行知纪念馆、区陶研会、区教育局、区教师进修学院、区文管局、大场镇人民政府、山海工学团等有关领导专家和校友代表、陶行知先生亲属代表、大场陶行知教育思想实验区校(园)长书记代表等出席本次活动。

2011年10月10日，上海市第十届政协副主席、上海市陶行知研究会会长王荣华(左)和宝山区政协副主席、宝山区人民政府督导室主任刘伟国(右)共同为"行知育才旧院"揭牌

2011年10月10日，上海市侨联副主席、上海市陶行知研究会副会长张癸（左）和上海市文物局副局长褚晓波（右）共同为“重修行知育才旧院记”揭牌

2011年10月10日，宝山区教育局党委书记张晓静在纪念陶行知诞辰120周年暨“行知育才旧院”揭牌仪式上致词

2011 年 10 月 10 日，参加纪念陶行知诞辰 120 周年暨“行知育才旧院”揭牌仪式的嘉宾合影

10 月 12 日　开展为期一个月的以“实施教材解读，打造精品备课组”为主题的集体备课活动。

10 月 17 日　组织全校师生于行知中学剧场观看沪剧《陶行知》。

10 月 22 日　2011 年“行知实验杯”上海市无线电测向锦标赛在宝山吴淞炮台湾湿地公园举行，上海市军体俱乐部主任顾辰、书记韩竞英，宝山区教育局副局长蒋碧艳，宝山区少科站站长吴强、书记刘明龙，上海市行知实验中学校长杨卫红及刘行新华实验学校校长陈龙出席开幕式。

10 月 24 日　开展“走近行知——纪念陶行知诞辰 120 周年”系列活动。

10 月 25 日　组织全体教师开展以“学陶、知陶、研陶、师陶、践陶”为主题的师德师风教育。区教师进修学院主办、上海市行知实验中学承办，召开《陶行知创造教育下的明师工程策略研究》课题中期论证会

暨2011年上海市行知实验中学教科研工作会议，我区全体高中科研室主任、区科研中心组成员、2010年区重点课题负责人参加，特邀专家上海师范大学沈荣祥教授指导。

11月8日　宝山区人民政府李原副区长在区教育局张晓静书记和楼伟俊局长等领导陪同下，参观视察了“行知育才旧院”。

11月9日　宝山区人民政府公布、宝山区文化广播影视管理局立牌“行知育才学校旧址”为“宝山区区级文物保护单位”。

11月11日　召开了2012届初、高三毕业班第二次工作研讨会，区教育局基教科张宝林科长、区教师进修学院喻碧波副院长、教研室沈伟主任及杨建纲副主任与会指导。各年级分别召开了期中教学质量分析会。

11月14日　举行“走近行知”——纪念陶行知诞辰120周年颁奖仪式，上海市陶行知纪念馆马海书记(原育才学校校长马侣贤之子)与校领导一起为获奖学生颁奖并表示祝贺。

11月18日　行知实验中学开展“校园之星”评选活动。

11月22日　高三学生在龙华烈士陵园举行十八岁成人仪式。

11月24日　校第四期学生业余党校学员近20人，由校党支部副书记沈裕华带队，参观了中共“一大”会址纪念馆。

11月30日　特邀上海市交通大学心理咨询中心刘晔萍副教授为家长开设家庭教育指导讲座:《如何与青春期的孩子进行良好沟通》。

12月8日　高一(1)班7名同学在校团委书记张奕卿的带领下参加了由共青团上海市委、上海教育电视台、上海鲁迅纪念馆主办，虹口区教育局、共青团虹口区委员会承办的“扬民族精神 展青春风采”——2011鲁迅杯上海市中学生课本剧大赛。

12月16日　开展了主题为“崇德尚能，开拓进取，文化引领，提升发展”教师大会。

12 月 29—30 日　宝山区教育局组织专家组对我校进行区实验性示范性高中总结性评审。市教委基教处倪闽景处长、区教育局楼伟俊局长、陆荣林副局长、区教育督导室刘伟国主任、大场镇俞晟副镇长出席评审会并分别讲话。区基教科张宝林科长主持了评审仪式，区教师进修学院陈振华院长主持评审过程，参加评审会开幕仪式的还有市、区专家和部分高中校长、社区及家长代表。

我校接受区实验性示范性高中总结性评审

我校通过了专家组的评审，被批准为宝山区实验性示范性高中。

经专家建议，学校办学理念正式确立为“实验行知，求真创造”。

2012 年

1 月 9 日　杨卫红校长主持的华东师范大学基础教育与教育实习研究项目《德业兼修促教师专业发展的个案研究》课题组开展了中期研讨活动。

1月11日　举行第四期学生业余党校结业典礼。

2月3日　学校安全专管员赵胜斌老师作新学期学校安全工作宣讲。

2月4日　召开2012届毕业班第三次教学工作研讨会，宝山区教育局楼伟俊局长、基教科张宝林科长与会指导。

2月13日　工会组织开展迎新教工运动会。

2月14日　召开新学期党员大会。

2月15日　召开2012年“慈慧之光”座谈会，校党支部书记、校长杨卫红，副书记沈裕华、关工委志愿教师代表李晓梅、班主任和家长代表以及受助学生出席了会议，会议由政教主任周燕主持。

2月17日　召开三届七次教职工代表大会。

2月23日　2011学年高二第一学期期末六校联考数学教学研讨会在我校召开，由区教师进修学院高中数学教研员王凤春主持研讨会。

2月29日　举行初三升学体育模拟测试。

3月　区教育局任命葛娟同志为上海市行知实验中学副校长。

3月5日　组织青年志愿者在街头开展志愿者服务。

3月6日　开展英语周活动。

3月5—6日　区教师进修学院中学教研室对我校进行了为期两天的高中教学视导。

3月12日　植树节系列活动。举行植树节主题升旗仪式，学校向每个班级赠送了绿色盆栽，并向护绿志愿者们授予了袖标，2012届高三、初三毕业班全体师生举行了为母校赠绿仪式。

3月16日　全校教师举行了集中的跨学科听课评课校本培训。

3月17—18日　高二年级全体学生和部分教师赴南京祭扫陶行知先生墓。

3月28日　“小陶子”讲解员晋级加星赛；上海市物理协会重点课

题“上海新课改背景下物理学科初高中衔接问题研究”研讨会在我校召开。

3 月 29 日　上海市特级校长、特级教师张蔚芹带领上海市第三期德育骨干实训基地成员走进我校，开展一日“名师流动站”巡访活动。

4 月 1 日　全校师生在行知像前隆重举行“弘毅行知，砺学求真”清明纪念陶行知先生仪式。

4 月 28 日　召开“查缺补漏 重点突破 树立信心 争创佳绩”2012 届毕业班第四次教学工作研讨会。

5 月 14 日　邀请上海大学心理辅导中心主任赵小青副教授开设家庭教育指导讲座《青少年心理健康教育》。

5 月 11 日　召开教学工作阶段反馈会议。

5 月　陈岭老师指导的丁盛豪同学，荣获“上海市明日科技之星”称号。

6 月 1 日　心理教师李峰慧为高三学生开设了“高考，你准备好了吗?”主题讲座。

6 月 20 日　举行 2012 届毕业典礼。

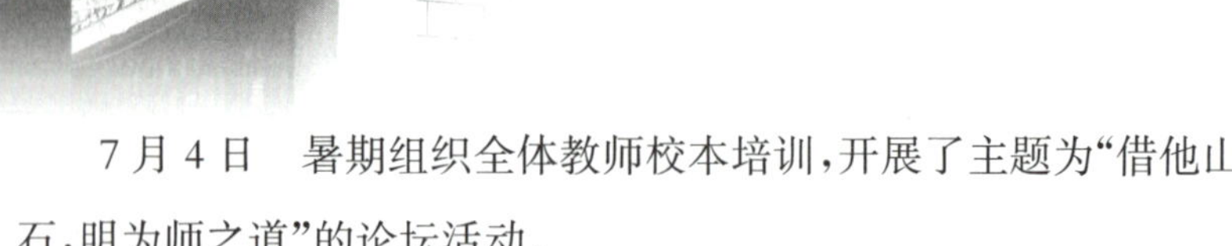

7月4日　暑期组织全体教师校本培训，开展了主题为“借他山之石，明为师之道”的论坛活动。

7月11日　邀请上海市教育学会秘书长许象国老师作关于《新课程实施与教学文化重塑》报告。

7月16日　邀请上海市委党校教授、中国演讲与口才学会副会长刘德强为全校教师作“教师的语言艺术”专题讲座。

7 月 25 日　开展“小法官网上行”，青少年模拟法庭视频录制活动。

7 月 28 日　高一、高二年级全体学生来到南汇大东海训练基地，参加为期 5 天的学军、学农实践活动。

8 月 1 日　校领导慰问共建部队官兵。

8 月 13 日　校党支部组织全体党员、积极分子开展了“探寻上海海派文化”组织生活。

8 月 17 日　召开了以“我怎样教学生做人”为主题的德育工作会议，上海市特级教师、上海市骨干教师德育实训基地的主持人黄静华、张蔚芹老师《用心去爱每个孩子》的德育讲座。

8 月 18 日　召开 2012 年教学工作会议暨 2013 届毕业班第一次工作研讨会，区教育局陆荣林副局长、基教科相关领导等出席了会议。

8 月 22 日　“小陶子”社团参加话剧《永远的陶行知》新闻发布会。

9月7日　举行庆祝第二十八届教师节社区、家长、学校恳谈会。

9月12日　举行“宝山区集体教学设计优秀团队评选活动复评”英语评比活动。

9月14日　召开了“规范用语，构建文明”——2012年学校语言文字工作会议暨学校语言文字工作领导小组会议。

9月17日　全校师生在大操场举行了“规范语言文字，提升文明素养”——第15届全国推广普通话宣传周主题升旗仪式。

9月24日　2012学年学生社团招新工作。

10月11日　我校被批准为上海市高中体育教学专项化改革首批试点学校。

10月18日　杨卫红校长、沈裕华副书记一同前往江苏吴江参加2012年“长三角”地区“行知伴我成长”论坛，杨卫红校长在会上作经验交流。

11月10日　2013届高三学生在龙华烈士陵园举行18岁成人仪式。

11月11日　学校第五期业余党校学员17人，在政教处和团委的带领下，参观了中共“一大”会址纪念馆。

11月19日　区教师进修学院教研室一行九人对我校初中一日教学视导。

11月16、23日　召开了“明目标，重基础，讲策略，求落实”2013届初、高三毕业班第二次工作研讨会。

11月28日　四川雅安、安徽马鞍山和云南昭通、楚雄、德宏的高中骨干教师培训班一行60人在我校进行一天的访学研讨活动，上海市化学特级教师吴铮亲临指导。

11月29日　接受上海市对我校创建“廉洁文化进校园”示范校的评审。

12月1日　上海市首届校本课程展示活动在浦东三民民俗文化

11月28日，四川雅安、安徽马鞍山和云南昭通、楚雄、德宏的高中骨干教师培训班一行来我校一日访学研讨

馆举行现场展演，杨卫红校长率领骨干教师一行12人参观学习。

12月3日　“畅游无线电世界”2012年校园科技节暨无线电节开幕。

12月　获评上海市青少年无线电通讯项目优秀组织奖。

12月12日　教育局党委一行6人对我校开展党建工作综合督导。

12月13日　开展以“家校携手，陪伴孩子度过美丽花季”为主题的家庭教育指导活动，活动邀请了上海市家庭教育讲师团张静涟教授作讲座。

12月17日　在圣诞节前夕开展以“The beauty of English”为主题的英语周活动。

12月21日　校党支部组织开展“读书 实践 有为”读书系列活动——学习十八大精神，立足岗位育真人。

12月24—28日　组织全体高一年级学生赴东方绿舟开展了为期

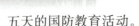

五天的国防教育活动。

12月29日　组织了130名团员志愿者参加了由上海市慈善基金会牵头的“蓝天下的至爱——万人捐帮万家让特困家庭过好年”的慈善募捐活动。

12月30日　学校迎来了香港圣安当女书院、香港中华基督教会燕京书院、香港乐善堂梁植伟纪念中学、港京交流中心的师生们的到访，开展了“薪火相传”为主题的沪港师生交流活动。

2013年

1月18日　召开2012年学校教科研工作会议。科研处以“文化引领、规范管理、合作交流、回归课堂”汇报总结了2012年学校区级以上课题的实施与管理工作，三位区级课题负责人分别交流展示了各自课题研究的经验成果。

1月21日　来自宝山区学校象棋联盟的14所学校，100余名象棋选手参加了首届“行知实验”杯宝山区学校象棋联盟比赛。

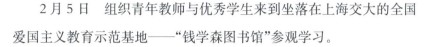

1月31日　召开2013届毕业班第三次教学研讨会，会议主题为：正视现状、科学分析、细化落实、努力提高。区教育局、区进修学院领导与会作指导。

2月5日　组织青年教师与优秀学生来到坐落在上海交大的全国爱国主义教育示范基地——“钱学森图书馆”参观学习。

2月17日　召开以“明确职责，细化落实，科学管理，特色发展”为主题的三届九次教代会。

2月　学校被评为上海市中小学生行为规范示范校。

3月5日　区教师进修学院教研室一行13人对我校高三教学专项视导。

3月12日　2013届初三、高三毕业班全体师生相聚在陶行知先生像前，举行了“感恩母校、肩负责任，放飞理想”——为母校赠绿仪式。

3月18日　作为校庆系列活动的第二场“名家讲坛”，学校开展了“高雅艺术进校园”活动，全校师生聆听了来自于上海音乐学院艺术管

全校师生聆听王勇教授讲座

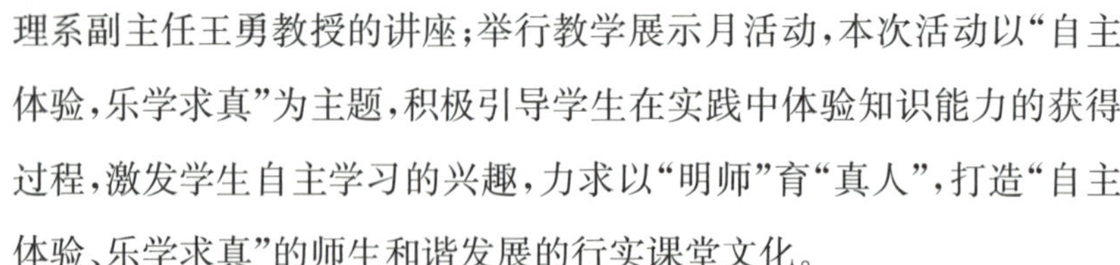

理系副主任王勇教授的讲座；举行教学展示月活动，本次活动以“自主体验，乐学求真”为主题，积极引导学生在实践中体验知识能力的获得过程，激发学生自主学习的兴趣，力求以“明师”育“真人”，打造“自主体验、乐学求真”的师生和谐发展的行实课堂文化。

3月23日　为凝聚学校、家庭、社区三方育人合力，构建和谐的教育环境，值此校庆之际，学校邀请了周边社区代表、家长代表走进校园，走进学校社团文化节，一同分享学校的素质教育成果。

4月2日　全校师生在行知像前隆重举行“六十六载汲取育才菁华悟真谛，二十春秋承继行知精髓拓新境”清明纪念陶行知先生仪式。

4月　参加“长三角优质教育资源共享项目”组活动，第三批结对学校中的“行知行”小组——浙江省杭州市行知中学、浙江省温州市第四中学、安徽省潜山野寨中学和上海市行知实验中学，在杭州市行知中学举行了签约仪式；接受“上海市廉政文化建设示范点”评审。

5月3日　召开“查漏补缺、重点突破、树立信心、争创佳绩”2013届毕业班第四次教学研讨会，区教育局、区教师进修学院领导出席会议，施海庆主任分析二模考并作指导。

5月8日　特邀著名教育学者、21世纪教育研究院副院长熊丙奇来校为全体高三师生与家长作高考志愿填报专题讲座。（见下页上方图片）

5月18日　举行“六十六载汲取育才菁华悟真谛　二十春秋承继行知精髓拓新境”校庆系列活动。育才行实，桃李园丁齐归来，共庆母校华诞。

5 月 8 日:熊丙奇博士参观行知育才旧院。

2013 年 5 月 18 日,校友合影

2013年5月18日：各届校友敲响育才钟声。育才行实，桃李园丁齐归来，共庆母校华诞。

6月14日　开展以"家校携手，共同营造孩子阳光心态"为主题的家庭教育指导活动，特邀市家庭教育讲师团林玉芳教授作"家庭环境与心理健康"讲座。

6月17日　我校承办"高中体育专项化教学改革"试点阶段工作总结会，上海市体卫艺处相关负责人和专家参加了本次活动。

6月18日　举行2013届初三、高三毕业典礼。

6月27日　区委常委、区纪委书记章俊芬一行到我校调研"廉洁文化进校园"工作，区教育局党委书记、局长张晓静等陪同调研。

7月1日　举行教师暑期校本培训活动，特邀上海师范大学沈荣祥教授作专题讲座。

7月26—30日　高一、高二年级全体学生来到崇明前卫村基地，参加为期5天的学军、学农实践活动。

7月29日 在“上海中学生理财教育”为主题的2013年中学生理财教育辩论赛成功晋级决赛。

8月15日 召开“强化学科育人、提高教学效能、打造优质特色”2014届毕业班第一次教学工作会。

8月23日 召开以“让活动滋养学生的心灵”为主题的学校2013年德育工作研讨会。

8月25日 举行“自主体验，乐学求真”为主题的“明师论坛”活动。

8月 《家校携手，共塑孩子阳光心态》荣获宝山区第十五届家庭教育宣传周活动方案征集评选一等奖；《分享阳光，拥抱梦想》项目荣获宝山区“2013年上海学校心理健康教育活动月”优秀项目评选一等奖；荣获“我们与梦想同行”——宝山区中学生“党的十八大精神”宣讲优秀项目执行奖。

9月9日 举行第二十九届教师节家、校、社区恳谈会。

9月11日 全体教师聆听讲座。邀请上海市中小学班主任带头人、上海外国语大学附属大境中学周菁老师作班主任工作指导讲座；国家二级心理咨询师、大场镇小学德育主任蔡素文老师作专业化心理培训报告。

9月12日 上海市“高中体育教学专项化改革”教学研讨活动在我校举行；出席会议的有区教育局蒋碧艳副局长、上海市特级校长、特级教师徐阿根、特级教师施履冰、上海市体育学科名师基地和德育实训基地全体学员等。（见下面图片）

9月23日 法制进校园，与我校结对的宝山区教育局“廉洁文化进校园”法制副校长——区检察院井涛老师为全体师生上了一堂别开生面的法制教育课。

10月18日　学校辩论队参加了由东方网、上海市学生德育发展中心和上海中学生报联合主办的2013“理财有道成长助力”上海市高中生（含中职校）理财知识辩论赛决赛，荣获冠军。梁耘铭同学以精彩的表现荣获最佳辩手称号，唐向东老师获最佳指导奖。

11月15日　举行“分享、共进”骨干“明师”师能微论坛。

11月24日　由陶侃老师创编，“行知话剧社”社员表演的话剧《赤壁之战前夕》，代表宝山区参加了2013年上海市中小学生古诗词综合艺术展演。

11月　获评宝山区科技教育特色学校。

11月29日　召开“明目标、重基础、讲策略、求落实”2014届毕业班第二次教学研讨会。

11月30日　高三学生在龙华烈士陵园举行“以我火红青春，实现美丽中国梦”十八岁成人仪式。

12月2日　举行“爱心捐书到青海”的仪式。

12 月 5 日　开展以“家校携手，为孩子架设爱与沟通的桥梁”为主题的家庭教育指导活动，特邀上海市家庭教育讲师团曾凡林教授为家长们作了“关于亲子沟通和学习指导”专题家庭教育讲座。

12 月 9 日　召开“明目标 重基础 讲方法 求落实”2014 届初、高三毕业班第二次教学工作研讨会。

12 月 10 日　举行市级课题《基于学业规划建构的完全中学优质发展的实践探索》开题论证会暨学校 2013 年教科研工作会议。上海市普教所普及办潘国青主任、华东师范大学霍益萍教授、上海师范大学沈荣祥教授、上海市控江中学张群校长、上海市杨浦高级中学向玉青校长以及宝山区教师进修学院科研室陈明敏等专家和著名教育杂志主编、记者参加了论证会。

2014 年

1 月 27 日　与共建 61290 部队开展“爱心无限慈慧之光”学生帮扶活动。

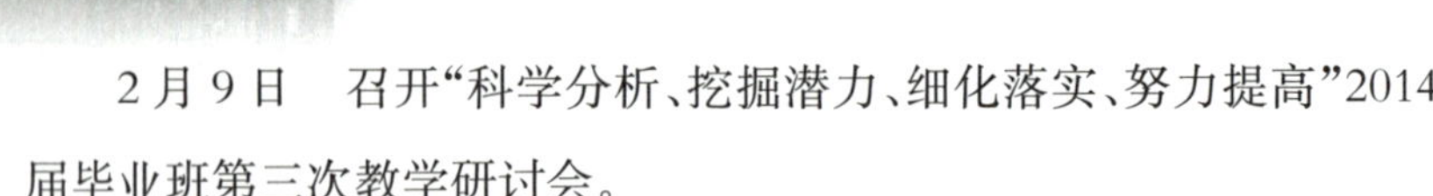

2月9日　召开“科学分析、挖掘潜力、细化落实、努力提高”2014届毕业班第三次教学研讨会。

2月17日　举行宝山区中学英语学科基地联盟活动。

3月5日　开展宝山区英语教学联盟八年级交流活动。

4月4日　全校师生在行知像前隆重举行“践行行知教育思想，彰显特色力创优质”清明纪念陶行知先生仪式。

5月4日　召开“诊漏补缺、全力拼搏、咬定目标、聚力攻坚”2014届毕业班第四次教学研讨会。

5月14日　举行上海市体育学科名师基地教学研讨活动。

5月19日　举办“上海市培训者培训基地”联合教学展示和研讨活动。

5月20日　“求真创造”青年联盟教师参观正在中共四大会址巡展的“纪念上海解放六十五周年——富华画展”。

5月　荣获“上海市高中体育教学专项化改革试点学校乒乓球联赛”男、女团体二等奖。

5月31日　两支应急通讯队伍参加“2014年宝山区科技教育活动周闭幕式——国防科普日暨应急通讯演练活动”。

6月28—29日　开展校本培训，邀请嘉定中光高级中学学生发展指导中心主任谢晓敏和上海市电教馆张治馆长开设专题讲座。

8月7日　中美友好协会全美总会肖云飞主席一行来访。

8月21日　召开“把握教育新形势、聚焦作业设计、提高课堂效益”2015届毕业班第一次教学研讨会。

8月24日　特邀中小学心理健康教育专家冯永熙为全体教师作《学校校园危机干预的策略》的专题讲座。

9月28日　召开学生代表大会，选举出席宝山区学生联合会第八次代表大会的正式代表。

6 月 1－2 日:“行实醒狮队”在上海市首届学生龙文化全能赛中取得了南狮北狮项目一等奖和龙狮同台项目二等奖的优异成绩。

图中演讲者为中美友好协会全美总会肖云飞主席

9 月 31 日　开展第十九届校运会暨高中体育教学专项化改革展示活动。

10 月 16 日　“求真创造”青年联盟教师拜访行知育才校友林力锋老师。

10月30日　宝山区初中英语联盟特邀上海市初中英语教研员赵尚华参加初中英语教学联盟活动。

11月19日　举行宝山区高中数学课堂教学研讨会；召开上海市陶行知研究会及实验学校联盟工作会议。

11月21日　上海市特级教师应晓球指导我校英语教学。

11月28日　召开“明目标、重基础、讲策略、求落实”2015届毕业班第二次教学研讨会。

12月7日　举办2014上海市青少年无线电通信活动暨宝山区第三届中小学校园无线电节闭幕式。

12月18日　山东章丘、四川雅安高中化学骨干教师来校访学研讨。

2015年

1月　学校图书馆被评为宝山区中小学“四星图书馆”。

1月19日　区教育局党委书记王岚走访我校。

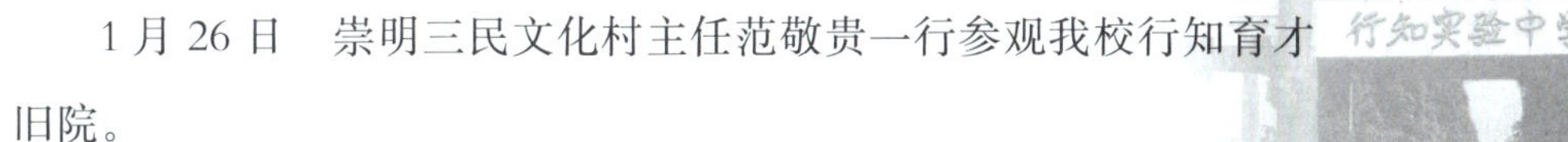

1 月 26 日　崇明三民文化村主任范敬贵一行参观我校行知育才旧院。

1 月 27 日　召开“践行核心价值观、谱写学校发展新篇章”2014 学年第一学期教师总结大会。

1 月 28 日　召开“关注成长，构建班主任优质团队”班主任工作总结会。

3 月 20 日　陈岭老师在第 30 届上海市青少年科技创新大赛中荣获科技辅导员科教创新成果一等奖并推送全国比赛。

3 月 27 日　举行“大手牵小手”——行知文化体验日活动。

4 月 2 日　全校师生在行知像前隆重举行“践行核心价值观，行知精神代代传”清明纪念陶行知先生仪式。

4 月 3 日　召开主题为“查找问题、落实对策、明确目标、分层提高”的 2015 届毕业班第三次教学研讨会。

5月4日　召开“践行核心价值·汇聚青春力量·点亮教育人生”——“求真创造”青年联盟“五四”恳谈会。

5月23日　陈岭老师参加全国信息化应用展览，时任国家副总理刘延东亲临展台。

5月26日　场南村提前归还我校大门西侧凹字楼出租房。

6.月1日　第七期学生党校开班；在我校举行区高三地理学科教学研讨活动。

6月11日　新疆叶城教师代表团来访。

6月16日　举行“感恩、成长、追梦”2015届毕业典礼。

6月　举行校第七届中青年教师教学大奖赛。

7月28日　慰问共建部队。

8月18日　开展主题为“一师一优课，优课必高效”的明师论坛活动。

8月18日　全国少年儿童校外教育名师王歆宇给全校教师开设人文素养讲座《大爱美如歌》。

8月19日　召开主题为“关注学生成长、完善课程设置、打造高效课堂”的2016届毕业班第一次教学研讨会。“召开魅力班级文化”主题德育研讨会。

9月　学校大门西侧凹字楼结构加固工程开工。获上海市“学陶师陶，做四有好教师”主题演讲比赛优秀组织奖。卜洪生高中体育学科、周燕初中语文学科被评为宝山区万名教师提质工程学科基地。

9月8日　宝山区区长方世忠、副区长陶夏芳一行走访我校。

9月10日　庆祝第三十　届教师节，召开“欢聚·沟通·协作”2015年上海市行知实验中学社区、家长、学校恳谈会。

9月16日　2015年师徒结对、“明师”工作室授牌暨“求真创造”青年联盟教师座谈会。

9月22日　承办上海市“学陶师陶，做‘四有’好教师”主题演讲比赛决赛。参加区教育局组织的上海市特色普通高中创建启动与培训大会。

9月24日　“小陶子”走进“艺友课堂”。

9月25日　“快乐工作，携手共进”四届六次教职工代表大会。

9月26日　“行实醒狮队”参加2015年浦东国际龙狮文化节活动，并荣获上海市校园龙狮文化展演最佳才艺奖。

10月1日　《上海教育》报道：用语言绽放“学陶”思想。

10月10日　艺友制传习，大小陶子手拉手——山海幼儿园行知文化寻访活动在学校举行。

10月12日　与上海山海企业（集团）有限公司仓储分公司签订提前合同终止协议，行知路180号上海市行知实验中学内（原实验楼、求真馆）租赁协议提前终止，于2016年春节后归还我校。

10月13日　陈岭老师参加“2015年科学伙伴计划”。

10月16日　“行实醒狮队”参加第九届宝山国际民间艺术节暨首届大场潜溪文化节展演。

10月20日　区教育局任命吴思平同志担任中共上海市行知实验中学支部书记(特级书记支教三年)。

10月21日　《新民晚报》报道：争做"四有"好教师。

10月24日　《午间体育新闻》报道："行实醒狮队"参加上海市民体育大联赛"荣泰杯"舞龙舞狮总决赛暨上海市第五届龙狮锦标赛。

10月24日："行实醒狮队"参加上海市民体育大联赛"荣泰杯"舞龙舞狮总决赛暨上海市第五届龙狮锦标赛，取得了中学组舞龙自选第二名，龙狮传统第四名。

11月　宝山区STEM+教育发展试点学校挂牌。

11月3日　用文化的方式、办有灵魂的教育——与嘉定区中光高级中学携手同探教育新境。

11月21日　举行2016届高三年级十八岁成人仪式。

11月23日　广州市海珠区教育同行参观行知育才旧院。

11月25日　《新民晚报》报道：特色课程助力成长。

11月27日　召开主题为“明目标、重基础、讲策略、求落实”的2016届毕业班第二次教学研讨会。

12月　《新民晚报当代教育周刊》报道：习龙狮文化，育行知真人。

12月　《生活教育》专版介绍我校学陶师陶办学成果。

12月12日　“行实醒狮队”参加上海市学生舞龙文化邀请展示会（上师大）。

12月20日　参加“市西杯”未来城市大赛暨上海赛区总决赛荣获

最佳答辩展示奖。

12月25日　上海市陶行知研究协会副会长、上海师范大学陶行知研究中心主任、上海师范大学中国非物质文化遗产传承研究中心主任陆建非教授来校作讲座《上海建设全球城市视域下的公共空间规范重塑》。

2016年

1月1日　上海市行知实验中学微信公众号正式上线。

1月　走访育才校友冯鸿甲、林力锋、吕长春、夏英岚、黄白、叶良骏。

1月4日　宝山区委书记汪泓一行莅临我校调研。

2月19日　召开主题为"学分析、挖掘潜力、细化落实、努力提高"的2016届毕业班第三次教学研讨会。

2月29日　开展"安全伴我行、规范重落实——安全教育周"系列活动。

3月　任命张奕卿为校长办公室主任、冯霞为研训处助理。

3月4日　开展"三五"学雷锋活动。

宝山区委书记汪泓一行莅临我校调研

3月11日　高二师生前往南京祭扫陶行知先生墓；举行“感恩母校、奉献爱心、放飞理想”毕业班赠绿活动；“宝山区教育特色综合改革方案”解读。

3月16日　召开2016届初、高三第三次教学研讨会。

3月19日　陈岭老师在第31届上海市青少年科技创新大赛中荣获“科技辅导员科教创新成果”第一名。

3月25日　上海财经大学会计学院团委与我校团委结对交流；启动2016年爱生月主题活动。

3月28日　开展《安全教育常态化筑牢学校安全线》“全国中小学安全教育日”系列活动。

4月　启动大门西侧原凹字楼(新行政楼)建造项目(结构加固工程)。

4月1日　举行承继行知精髓拓新境立足真人特色续华章——2016年清明节纪念陶行知先生仪式。

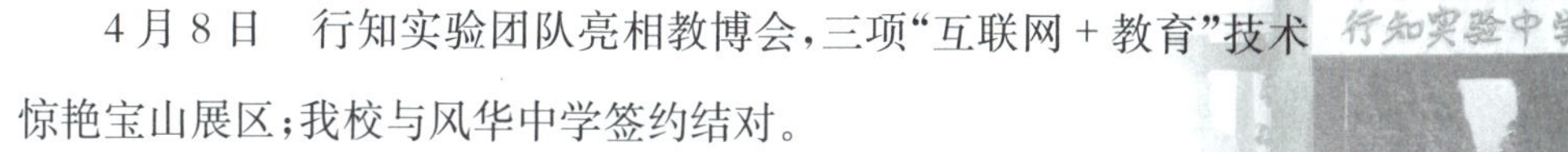

4 月 8 日　行知实验团队亮相教博会，三项“互联网 + 教育”技术惊艳宝山展区；我校与风华中学签约结对。

4 月 11 日　开展“求真创造名士讲堂——STEM 专题”观鸟活动：走进你我身边的自然世界。

4 月 22 日　全校教职工参观尊木汇上海木文化博物馆。

4 月 23 日　获第六届“低碳杯”上海市中学生地球科学知识竞赛最佳组织奖。

5 月　校龙狮教学团队获 2015 年度“宝山区青年五四奖章”（集体）称号；获第十四届区青少年“明日科技之星”评选活动优秀组织奖；获区 2016 年中学生劳技创新作品比赛团体三等奖；获 2016 年区中学生红十字应急救护比赛团体初中组二等奖。

5 月 4 日　举行且观且思陈云精神进行实——“五四”青年节活动。

5 月 13 日　举行初三、高三团体心理辅导讲座。

5 月 19 日　同探行知教育思想共促特色教育发展——南京市教育局潘东标副局长一行在上海市教委装备部推荐下来访我校。

5月24日　陈云纪念馆送教微课程《勤俭节约的陈云爷爷》。

5月27日　中国陶行知研究会中学教育专业委员会姚文忠教授、孙朝云校长等专家莅临我校指导。

6月　获第二届(2016)“六一”当代小诗人评选活动最佳组织奖；获2016年区学生阳光体育大联赛游泳比赛初中团体组第八名、乒乓球比赛高中女子组第四名、乒乓球比赛高中男子组第三名。

6月1日　举行手脑相长享乐趣职业体验促成长——“六一”儿童节庆祝活动。

6月3日　我校与陈云纪念馆签署共建合作协议，陈云纪念馆馆长、党委书记徐建平一行参观行知育才旧院。

6月21日　举行“感恩，梦想，启航”——2016届毕业典礼。

6月29日　我校AR物理实验系列、自制教具系列受邀参展首届上海国际教育装备博览会。

6月　初中周荃同学荣获上海市青少年“明日科技之星”评选活动“明日科技之星提名”称号。

7月　获评区拥军优属模范单位。

7月15日　陈岭老师参加2016中美STEM+教育公开教研活动，与美国教师就“超越无限——航空器的着陆与分离”一课进行了同课异构活动。(图片见下页)

8月19日　举办名师引领固根本团队研修促成长——2016年暑假校本培训之“明师”论坛。

8月20日　召开“革新教学思维，关注核心素养”2016年教学工作会议暨2017届毕业班第一次教学工作研讨会。

9月　荣获2016年魅力汉语经典诵读比赛中学组二等奖；陈岭老师参加了STEM进山区支教活动，在湖北恩施建始县留守儿童学校

陈岭老师参加2016中美STEM+教育公开教研活动，与美国教师开展同课异构展示

授课；任命陈岭为校长办公室副主任、蒋克清为教务处副主任、冯霞为政教处助理（全面负责政教工作）、韩茜为政教处副主任。

9月1日　举行新征程新希望——2016学年第一学期开学典礼。

9月2日　举行“分享·联动·共进”——与风华中学校际交流（风华中学行政班子参观我校）。

9月12日　第19届推普周活动启动；师徒结对共进明师助力成长——召开2016年师徒结对暨明师工程项目中期推进会议。

9月18日　勿忘国耻警钟长鸣——开展应急疏散演练活动。

9月19日　邀请共建部队开设国防教育讲座。

9月21日　开展网络安全宣传周活动。

9月26日　新生参观行知育才旧院。

9月7日　召开2016“家校合力筑梦行实”社区、家庭、学校恳谈会。

10月　获评宝山区绿色学校；获评宝山区科技特色学校；陈岭老师的创新作品“可变径轮”获批国家实用新型专利。

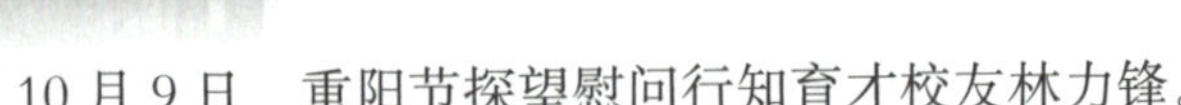

10月9日　重阳节探望慰问行知育才校友林力锋。

10月10日　召开“承继行知精髓拓新境立足真人特色续华章”纪念陶行知先生诞辰125周年暨“行知育才旧院”揭牌5周年座谈会。

10月12日　大场文化中心将陶行知事迹流动展送进我校校园；举行“大手牵小手”——行知文化体验日活动；举行青春飞扬放飞梦想——第二十一届校运会暨高中体育教学专项化改革展示活动。

10月20日　开展“同走行知路”签名活动。

10月23日　开展温馨教室评比。

10月28日　举行走访身边的实干家活动交流分享会。

11月　行知讲堂工程启动。

11月7—11日　高一年级赴东方绿舟教育基地开展国防教育活动。

11月11—13日　参加第七届全国青少年科学影像节展映展评活动，荣获二等奖（指导教师米雪）。

11月20日　“不忘初心知行合一同走行知路”民盟市委部分基层

组织第二届城市定向赛在我校举行。

2016 年 11 月 20 日，民盟市委专职副主委方荣（左三）、宝山区人大常委会副主任、民盟宝山区委主委蔡永平（左二）、民盟市委组织部部长王伟国（左五）、陶行知先生曾孙陶侃（左一）参观行知育才旧院。

11 月 25 日　召开 2017 届毕业班第二次教学研讨会；举行以我火红青春实现美丽中国梦——2017 届高三年级十八岁成人仪式。

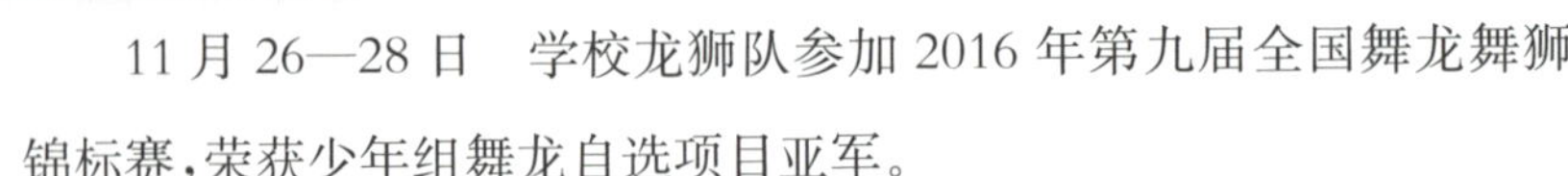

11月26—28日　学校龙狮队参加2016年第九届全国舞龙舞狮锦标赛，荣获少年组舞龙自选项目亚军。

12月9—12日　“行实之光（Excalibur）”队，参加2016—2017 Future City“未来之城”北京·中国地区总决赛，荣获全国二等奖和最佳虚拟城市奖。

12月　陈岭老师获得第九届国际发明展览会，成人组发明创业奖银奖。

2017年

1月3日　走访部分行知育才校友、离退休老教师。

1月　获评2016年度上海市象棋协会先进单位；2016年宝山区中小学艺术教育系列活动进步奖。

2月13—17日　开展“安全教育周”系列活动。

2月16日　举行“扬帆起航共谱新篇”开学典礼。

2月17日　召开以“科学分析，挖掘潜力，细化落实，努力提高”为主题的2017届毕业班第三次教学工作研讨会。

2月28日　开展“亮青春梦启航心飞扬”十四岁集体生日活动。

3月5日　“3·5”学雷锋之际，开展主题为“雷‘励’锋‘行’”系列活动：设计雷锋承诺卡、绘制志愿服务四格漫画、“我身边的小雷锋”微故事征集、校内外志愿者服务等丰富多彩的主题活动。

3月8日　举行制作生态瓶DIY——行实“女神节”特别活动。

3月10日　高二师生赴南京拜谒陶行知先生墓；举行“感恩母校放飞理想”2017届初三、高三毕业班为母校赠绿活动。

3月26日　举行“行知文化体验日”2017校园开放日活动。

3月31日　全校师生举行“慎终追远行知魂，缅怀先贤吾辈心”为主题的2017年清明纪念陶行知仪式；纪念育才学校迁校70周年系列活动之一：“共忆育才渊源”座谈会。

3月　陈岭老师校本课程《DIY并联臂结构3D打印机》被评为宝

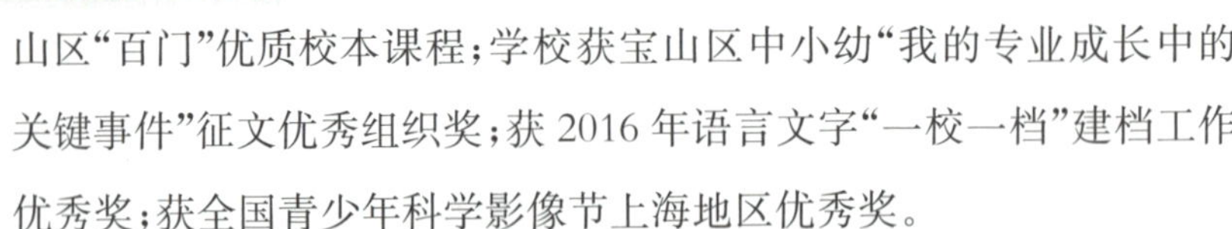

山区“百门”优质校本课程；学校获宝山区中小幼“我的专业成长中的关键事件”征文优秀组织奖；获2016年语言文字“一校一档”建档工作优秀奖；获全国青少年科学影像节上海地区优秀奖。

4月7日　开展主题为“成长在路上”青年教师成长沙龙活动。

4月8日　纪念育才学校迁校70周年系列活动之二：举行主题为“耄耋校友返校寻根行知精神薪火传承”纪念育才学校迁校70周年暨57届校友座谈会。

4月10日　开展“名士讲堂”系列讲座，邀请了上海大学潘全科教授给高一年级的同学作了一个有关机器人的专题讲座。

4月13日　纪念育才学校迁校70周年系列活动之三：十余位上海解放初期的第一批在北郊大场工作的建团干部，在我校人生导师、育才校友、著名画家富华的组织下，参观了行知育才旧院，并在四合院

内畅谈育才往事。

4 月 21 日　召开 2017 届毕业班第四次教学研讨会。

4 月　获评 2015—2016 年度上海市文明单位；陈岭老师获评 2 项中国国际发明创新展览会金奖；获评第六届“低碳杯”上海市中学生地球科学知识竞赛优秀组织奖。

5 月　获评漫画植物世界——宝山区“实验小学杯”第二届少儿植物插画展赛(2017)优秀组织奖；获评宝山区第十九届全国推普宣传周活动先进单位；我校九(2)力心中队被评为 2016—2017 年度“上海市少先队优秀中队”。

6 月 15 日　新民晚报当代教育整版刊登采访陈岭老师的文章《用科技给物理造点趣——访上海市行知实验中学物理教师陈岭》。

6 月 21 日　举行“青春绽放梦想启航”2017 届毕业典礼(大场文化事务中心礼堂)。

5月30日：我校龙狮队惊艳第四届上海市学生龙文化全能赛，荣获初中组舞龙自选一等奖、高中组龙狮传统一等奖，高中组舞龙自选二等奖，初中组龙狮传统三等奖的优异成绩，并获得体育道德风尚奖。

6月23日　举行“启动航天梦”2017宝山区“行知实验杯”中学生STEM+主题赛事。

6月27日 举行2017年“行知实验”杯宝山区学校象棋联盟比赛。

6月28日 走访部分育才校友、离退休教师。

6月30日 正式递交了“师陶立德”上海市特色普通高中创建报告。

6月 宝山教育微信转发专题文章“用科技给物理造点趣——访上海市行知实验中学物理教师陈岭”。

7月6日 樊阳老师率市民来校开展主题为“行读万里”上海市民人文行走——探寻行知教育之源活动。

7月 学校团委根据学生实际需求与大场镇社会事务服务中心、大场镇团委协同开发了20个工作岗位，并按社会实践基地的要求及学生意愿，做了32个班次、11136学时的安排。

3—8月 参加科技创新大赛，学生获上海市二、三等奖18人次，陈岭老师获教师教具类上海市二等奖、全国二等奖及优秀STEM园丁奖。

8月 宝山区庆祝建军90周年双拥国防知识竞赛优秀组织奖。

8月22—23日　开展主题为“面向未来的教师”核心素养教师暑期培训。

8月22日　召开以“适应改革新常态，探索校本新模式，激发课堂新活力”为主题的2017年教学工作会议暨2018届毕业班第一次工作研讨会。

8月23日　召开“师陶立德行规树人”主题德育研讨会。

8月25日　暑期党员活动，参观国歌纪念馆、犹太难民纪念馆。

8月　陈岭老师斩获第32届全国青少年科技创新大赛大奖；陈岭老师指导学生翁祯敏获得全国青少年STEAM创意展示交流活动，全国一等奖及2个专项奖；获2017年上海市中小学生英语听力竞赛优秀组织奖。

9月1日　举行“怀中国之梦，做有德之人”开学典礼；开展预备班、初一学生军训。

9月4—11日 召开主题为"学法指导树规范养成教育促成长"预备、高一新生大会。

9月8日 举行庆祝第三十三届教师节系列活动,召开家长、社区班、学校恳谈会。

9月15日 举行主题为"名师引航助力明师青蓝结对共同成长"师徒结对、明师工程、青年成长沙龙会议。

9月24日 被授予"中华优秀传统文化研习暨上海市非遗进校园优秀传习基地"。

9月25日 举办主题为"'陶'李耀行实接续传承育真人""陶"李行实学长讲坛(一)特别邀请我校2000届初中和2003届高中校友、现澳大利亚弗林德斯大学研究员、澳大利亚教育与投资服务中心顾问、苏州—维州科技成果转化中心合伙人李侃博士与师生们进行经验分享。

9月28日 举行主题为"健体魄亮青春展风采"第二十二届校园运动会

10月1日 学校改造一期项目着手施工准备工作,拆除食堂、东宿舍楼,全校师生午餐改为外送盒饭。

10月9日 举办主题为"'陶'李耀行实接续传承育真人""陶"李行实学长讲坛(二)特别邀请我校2000届高中校友、现就职于德恒上海律师事务所沈莉莉律师与师生们经验分享。

10月13日 举行六年级建队暨换戴大号红领巾仪式。

10月16日 举行主题为"我与学联共同奋进·我为改革建言献策"学代会。

10月18日 纪念陶行知诞辰126周年纪念活动。倪佳慧老师参加上海市中青年教师教学大奖赛。

10 月 21 日 “六大解放”焕活力家校互动助成长——行知实验中学“亲子木文化之旅”激发家校互育新境界。

10 月 25 日 宝山区高中地理学科指导团主题活动——《基于要求的两类课程整合之课堂教学实践》在我校举行。

10 月 26 日 全国陶研系统“提升毕节教育软实力共建行动”，我校与贵州省威宁县中水中学结对共建研讨活动。

10 月 26—29 日 我校荣获第八届全国青少年科学影像节三项大奖 《新世纪的“爱迪生”》获全国二等奖、《核电站毁坏后的日子》获全国三等奖、《弓形虫 vs 孕妇》获全国三等奖。

11 月 6 日 著名龙文化研究专家、上海体育学院教授卫志强来校作“中国龙文化与龙运动”主题讲座。

11 月 7 日 我校被市教委批准为“上海市特色普通高中建设第三批项目学校”。

11 月 9 日 天津市宝坻区教育局高中校长团来校参访。

11 月 10 日　义乌骨干教师参访团在义乌市教育局吴彩军副局长、义乌市教育局研修院吴希红副院长和技术保障科叶剑雄老师的带领下，来我校考察创客教育。

11月16日　宝山区高中语文《现代诗歌教学研讨》主题活动在我校举行；2017陈伯吹国际儿童文学奖颁奖典礼在宝山国际民间艺术博览馆举行，我校陈贝佳同学以《影子先生》一文获得大赛一等奖。

11月24日　高三学生举行“十八而志感恩自强”为主题的十八岁成人仪式。

11月27日　举办主题为“‘陶’李耀行实接续传承育真人”“陶”李行实学长讲坛（三）邀请我校2000届高中优秀校友沈宇为学弟学妹们分享自己的求学与工作经验。

11月　获2017年上海城市业余联赛“礼谦杯”上海市舞龙精英赛二等奖（高中组）。

12月8日　台州市黄岩第二高级中学全体班主任在李国兴和任伟两位副校长的带领下来我校进行考察学习。

12月9—10日　由Future City“未来之城”中国组委会和中国青少年国际竞赛与交流中心联合主办的2017—2018 Future City“未来之城”中国

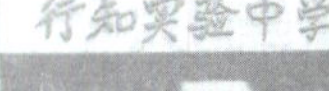

区总决赛在北京举行，我校参赛队 Glories 荣获团体二等奖的佳绩。

12 月 10 日　《上海教育》报道我校科技活动“行知实验中学　创造基因在这里生长”。举行“小陶子”进行‘陶’花刚露尖尖角早有宏愿刻心间”社团招新面试。

12 月 13 日　承办了宝山区首届“行知实验杯”青少年科幻画评选活动。

12 月 19 日　文汇报专版报道：画龙点睛　传承中华优秀传统文化；舞狮践行　弘扬行知实验不凡精神；舞龙舞狮　舞出文化舞出精神舞出前程——上海市行知实验中学舞龙舞狮为市非遗进校园优秀传习基地。

12 月 20 日　宝山区首场“十九大精神进校园”活动在我校行知讲堂举行。

12 月 18—22 日　我校高一学生在东方绿舟进行了为期 5 天的国防教育活动。

12 月　陈岭老师获得“宝山区科技教育名师工作室”领衔人，宝山区十佳科技社团等荣誉。

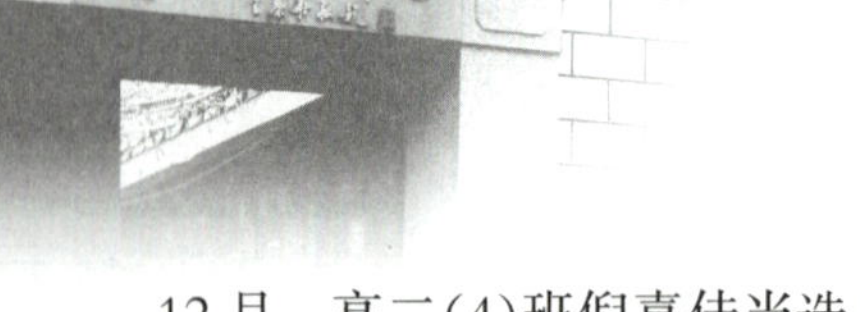

12月　高二(4)班倪嘉佳当选上海市青少年科学研究院宝山分院副理事长。

2018年

1月1日　高一年级国防教育活动。

1月　荣获2017年宝山区班级微信(QQ、小黑板)公约征集评选三等奖。

1月8日　2017年度教科研工作会议。

1月12日　第五届工会委员会工会主席工会委员候选人初步人选推荐大会。

1月15日　召开主题为“不忘初心 牢记使命 贯彻落实党的十九大精神”行知实验中学党员领导干部民主生活会。

1月16日　参加上海市特色普通高中第三批项目学校会议，杨卫红校长作题为“上海市行知实验中学创建师陶立德普通特色高中创建交流汇报”发言。

1月24日　在行知路农工商超市门口，一心书社师生举行“走进新时代 陶子送祝福”新春祝福进社区活动。

1月25日　第五届工会换届选举，工会主席：钱惠东，女工委员：徐萍；经审委员：沈洁；宣传委员：徐强；文体委员：徐旭东。

1月　荣获2017年(三年一度)宝山区家庭教育等级申报评审优秀校称号；走访慰问老校友、离退休干部同志；高中英语组荣获宝山区第八届创优秀教研组。

2月23日　召开主题为“科学分析 挖掘潜力 细化落实 努力提高”2018届毕业班第三次教学研讨会；区教育局陆荣林副局长一行在上海市行知实验中学开展了“不忘初心、牢记使命，勇当新时代排头兵、先行者”教育系统大调研活动，教育局基教科、教育学院教研室、交

华中学、行知实验中学、大华中学、上附实验学校、大华新城学校参加了会议，会议由局基教科科长张宝林主持。

2月　荣获2016—2017年度上海市安全文明校。

3月2日　冯霞（政教副主任）试用期满考核、团委书记民主推荐；特邀上海市英语特级教师唐晓澐为高三学生开设英语考前复习讲座。

3月8日　工会组织开展了第108个“三八”国际妇女节庆祝活动，在大场镇文化活动中心非遗传习所开展“弘扬中国传统文化，展我行实女性风采”的主题活动。

3月9日　启动为期一个月的“师陶立德，明智优术，乐学求真”——2018年上海市行知实验中学青年教师教学秀。

3月12日　举行了以“手植新绿 筑梦行实”为主题2018届高三、初三毕业班全体师生赠绿仪式。

3月14日　举行“心怀中国梦 芳华正当时”十四岁集体生日。

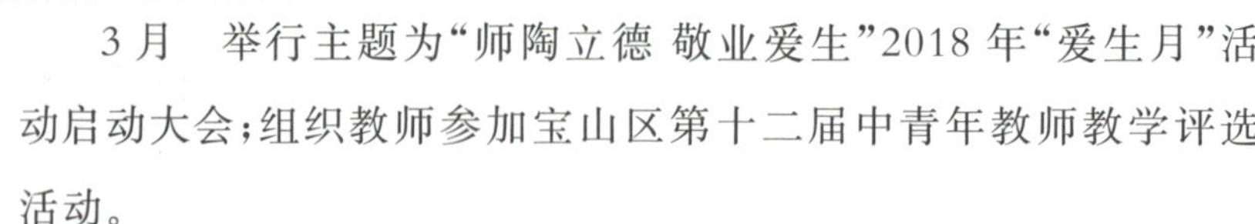

3月　举行主题为“师陶立德 敬业爱生”2018年“爱生月”活动启动大会；组织教师参加宝山区第十二届中青年教师教学评选活动。

3月23日　2019届高二年级师生赴南京拜谒陶行知先生墓地，开展主题为“缅怀行知先生，弘扬行知精神”爱国主义教育活动。

3月24日　开展“相约行实放飞梦想，牵手陶子快乐成长”2018校园开放日活动。

3月28日　语文名师王伟娟讲座“高考作文的审题立意”。

3月30日　举行“行知育才传薪火　师陶立德谱新篇”为主题的2018年清明节纪念陶行知仪式，上海市陶行知研究会副会长兼秘书长吕左尔、上海市陶行知纪念馆馆长陆黎明和学校关工委代表参会；2018年义乌市中学德育管理者素养提升培训班来校考察学习活动。

3 月 30 日：2018 年义乌市中学德育管理者素养提升培训班来校考察学习活动

3 月　陈岭老师《基于霍尔阵列的全向磁感强度测量装置》荣获第 33 届上海市青少年科技创新大赛二等奖。

4 月 2 日　开展“行知育才传薪火 师陶立德谱新篇”校庆系列活动之“吟陶诗 唱红歌”上海市行知实验中学 2018 年“春之声”校园好声音大赛初中专场。

4 月 8 日　学校龙狮特长生招生现场测试。

4 月 9 日　开展“行知育才传薪火 师陶立德谱新篇”校庆系列活动之“吟陶诗 唱红歌”上海市行知实验中学 2018 年“春之声”校园好声音大赛高中专场。

4 月 12 日　宝山区教育局离休支部的老师们来到行知实验中学开展“行知文化寻访”活动；宝山区“问题化学习”实验团队研修活动在我校举行，语文青年教师沈依菲开课《木兰诗》。

4 月 12 日：宝山区教育局离休支部的老师来到行知实验中学开展“行知文化寻访”活动

4 月 16 日　陈岭老师代表学校在上海 STEM 沙龙活动中发言：学校 STEM 建设。

4 月 17 日　宝山区人民政府副区长陈筱洁、办公室副主任冷伟卫、宝山区教育局局长杨立红、副局长陆荣林、行政办主任王晓波、基教科科长张宝林一行走访我校，并参与了行知教育集团座谈会。

4 月 19 日—21 日　陈岭老师《机械波演示装置》荣获上海国际发明展银奖。

4 月 24 日　义乌市义亭中学与我校签约结对。

4 月 27 日　“行知育才传薪火，师陶立德谱新篇”——育才学校迁校 71 周年纪念暨上海市行知实验中学定名 25 周年庆祝活动在行知讲堂隆重举行。上海市教委基教处处长颜慧芬、宝山区教育局党委书记王岚、宝山区财政局党组书记宋国安、宝山教育学院院长曹红悦、上海市陶行知研究会副会长兼秘书长吕左尔、副会长张癸、大场镇教委领导、学校共建单位领导、行知实验中学历任校长（书记）、学校关工委代表、学校历届校友代表、学校家委会代表参会。

2018 年 4 月 27 日，育才学校迁校 71 周年纪念暨上海市行知实验中学定名 25 周年庆祝活动，全体与会嘉宾合影

4 月　陈岭老师《机械波演示装置》申请实用新型专利证书。

2018 年 4 月 27 日，在育才学校迁校 71 周年纪念暨上海市行知实验中学定名 25 周年庆祝活动中，校友、人生导师参观“行知育才旧院”

5 月 2 日　静安区青年骨干教师教育管理研修班(学员)来访我校。

5 月 4 日　召开主题为“查漏补缺 力求突破 树立信心 力创佳绩”2018 届初三第四次教学研讨会。

5 月 7 日　宝山新闻报道:行知实验中学迎校庆 师陶立德谱新篇。

5 月 8 日　《宝山报》报道:行知育才传薪火 师陶立德谱新篇——行知实验中学庆祝育才迁校 71 周年暨定名 25 周年。

5 月 13 日　重庆市育才中学张和松校长一行来访我校。

5 月 15 日　宝山区第八届中青年教师教学大奖赛初赛(大场块初中)在我校举行。

5 月 16 日　《概要写作沉浸式主题接力教研》宝山区高二年级英语教学研讨活动暨高中英语研究团队 1 活动来到我校，我校高二年级英语教师龚赟执教公开课，进行了教学展示活动。

5 月 17 日　召开了 2018 年宝山区区级重点课题《指向核心素养

重庆市育才中学张和松校长一行来访我校

的学校课程整合探索研究》的开题论证活动。会议由宝山区教育学院姚敏娇老师主持，邀请上海市教育科学研究院普通教育研究所徐士强副所长、上海师范大学沈荣祥教授担任开题论证专家。区教育学院科研室冯吉副主任与会。

5月18日　召开我校五届一次教代会。

5月21日　召开宝山区重点课题《指向核心素养的学校课程整合探索研究》课题组核心成员任务分解会议；上海大学对外教育学院院长姚喜明来访。

5月26日　我校张睿漪同学以《自动控制酒驾可行吗》之问，亮相上海市中小学生"学习探究·始于好问题"优秀问题征集与展演活动。

5月　初中语文问题化团队荣获2017年度"宝山区青年五四奖章"（集体）称号；潘怡然、陈莉同学荣获第16届宝山区青少年明日科技之星评选活动"明日科技之星"称号。

6月1日　开展主题为"少年正是读书时 争做新时代好队员""六一"国际儿童节系列活动，本次活动共分为"少年正是读书时　争做新时代好队员"——"六一"国际儿童节主题表彰仪式、"腹有诗书气自华"、"百米长卷皆文章"、"与你共享读书乐"四个系列；召开我校五届二次教代会。

6月3日　参加在上海海湾国家森林公园举行的第五届上海市学

生龙文化全能赛，五度折冠。高中队、初中队分别荣获初中组龙狮传统一等奖、龙狮自选二等奖；高中组龙狮自选一等奖、龙狮传统二等奖

6月6日　参加2018年宝山区青少年科学研究院工作推进大会，杨卫红校长作了题为“科技圆梦——做科技创新的引领者”发言。

6月8日　召开宝山区创建全国文明城区工作动员会。

6月11日　区教育学院干训处对我校进行学校干部队伍建设工作调研。

6月14日　由上海大学国际教育学院孔办项目主管金祺老师和国际项目部赵聪老师、领队戴婕陪同下，美国肯塔基州教育者访华团一行来访我校。

6月21日　在大场社会事务服务中心山海艺术馆举行以“惜别感恩 启航”为主题的2018届初三、高三毕业典礼，大场社会事务服务中心主任侯慧娴、上海市陶行知纪念馆馆长陆黎明应邀参加了典礼

7月18日　我校学生代表参加了市十五届人大常委会“走进人大”主题活动。

7月20日、7月27日，五星体育频道的阳光校园栏目连续两期走进我校，走近学校最具特色的舞龙舞狮项目。

7月26日，2018级高一新生、2017级高二学生赶赴崇明前卫科教培训中心，开始为期五天的军政训练和学农实践。

7月　我校被评为2015—2017年度上海市花园单位。

8月14—20日　第33届全国青少年科技创新大赛在重庆市举办，我校陈岭老师的《基于霍尔阵列的全向磁感强度测量装置》参加了科教制作类的作品评比，并最终入围了现场展示。荣获第33届全国青少年科技创新大赛“十佳优秀科技辅导员”荣誉称号。

8月25日　我校举办2018年度“明师论坛”，聚焦课程标准，发展核心素养，提升课程执行力；我校举办“走向特色”的教师暑期校本培训，邀请卫志强教授讲《中国龙文化与龙运动》、向世清教授演绎《新时期的科技教育》、汤立宏老师探讨《高中各学科教学在新高考与核心素养背景下的课堂转型和教学应对》。

8月26日　我校举办“修身涵养 固本强基”主题德育研讨会，以“践行课程标准 培育核心素养 关注学生发展”为主题的2018年教学工作会议暨2019届毕业班第一次教学工作研讨会。

8月30日　我校的东方网教育频道小记者们和周松花老师一起走进杨浦区东区污水处理厂，参观并了解了污水变清水的过程。

8月30—31日　我校开展初高中起始年级新生入学教育、学法指导。

9月3日　我校举行“迎进博 助创城 心中有梦五彩路”开学典礼。

9月4—7日　我校教师马敬中参加“2018科学伙伴计划——STEM云进山区(甘肃省永靖县)”支教活动。

9月6日 上海市行知实验中学作为上海市非遗进校园优秀传承基地学校在大世界二楼传习教师进行龙狮文化的普及和传承；共建部队肖为政委、田凌、邓志华一行来访。

9月7日 我校召开“家校共育促成长”恳谈会。

9月10日 召开了以“匠心传承 砥砺磨炼 师徒结对 共铸明师”为主题的2018学年上海市行知实验中学师徒结对、明师工程、青年成长沙龙会议。

9月11日 我校与大场镇非遗传习所签约“非遗进校园”活动。

9月13—15日 第十届国际发明展览会和论坛在广东佛山潭洲国际会展中心举行，我校陈岭老师创新作品荣获第十届国际发明展览会金奖。

陈岭老师获得2018年国际发明博览会(佛山)金奖

9月14日　我校与宝山区少科站共建《创新大赛社会科学课题研究项目》启动。

9月15日　行知中学1978级第一届理科班返校。

9月17日　在我校举办了“以陶为师，立德树人，做‘四有’好教师”主题演讲比赛(宝山区复赛)，比赛由上海市宝山区陶行知研究会和上海市陶行知研究实验学校主办，上海市行知实验中学和上海市陶行知纪念馆承办。

10月8—12日　高一年级参加东方绿舟国防教育活动。

10月10日　免去吴思平同志中共上海市行知实验中学支部委员会书记职务，由杨卫红校长全面负责学校党务行政工作。

10月16日，泰国宋卡王子大学普吉孔子学院教师团一行18人来访上海市行知实验中学，陪同的有上海大学国际教育学院国际项目中心主任杨增祥、国际项目中心赵聪和黄鑫老师。

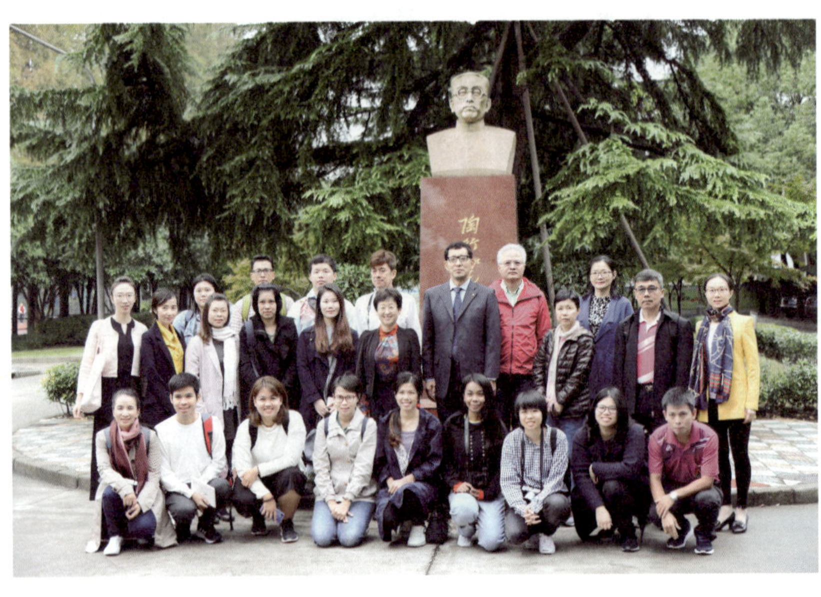

10 月 16—19 日　我校周燕、朱建兰、米雪、王婷婷参加了中国陶行知研究会中学教育专业委员会组织的第十八届学术年会，王婷婷、米雪老师分别获得了“教学做合一”课堂大赛活动一等奖、二等奖。

10 月 18 日　我校举行“纪念陶行知先生 127 周年诞辰座谈会”。

10 月 22 日　行知校友叶良骏开设《知 · 情 · 意 成功与快乐之道》讲座。

10 月 24 日　由上海市陶行知研究协会、上海市陶行知研究协会实验学校联盟共同主办，上海市行知实验中学承办上海市“以陶为师，立德树人，做‘四有’好教师”主题演讲比赛决赛。

10 月 27—30 日　我校师生作品《榫卯传奇》获得第九届全国青少年科学影像节展映展评活动二等奖。

10 月 29 日　在北京语言大学孔子学院事业部顾问韩祝祥院长的陪同下，法国昂古莱姆市圣保罗中学师生一行 22 人来我校交流

访学。

10月 中国陶行知研究会中学教育专委会授予我校为“行知式”好学校。

11月2日 我校举行“走进行知”青年教师主题演讲比赛，也是作为我校“师陶立德谱新篇 知行合一育真人——纪念陶行知先生127周年诞辰系列活动”之一（比赛前特邀石方瑜老师指导）。

11月11日 邀请上海市特级教师唐晓澐为高三学生开设讲座。

11月12日 上海市特级教师、宝山区高中英语教研员徐继田老师推荐我校青年教师黄怡雯参加了潍坊市高中英语阅读教学改进行动第四期培训。

11月12—15日 陈岭老师团队亮相第四届中国教育创新成果公益博览会。

11月16日 特邀第二军医大学药学院贾敏副教授开设讲座《中医食疗与药膳》。

11 月 17 日　承办"科学幻想 伴我成长"2018 年宝山区"行知实验杯"艺术创客嘉年华活动。

11 月 24—25 日　我校参加 2018—2019 Future City"未来之城"中国区总决赛，荣获中国区决赛团队综合二等奖、上海市展区决赛团队综合特等奖。

11 月 29 日　山西太原师范学院陶行知纪念馆常务副馆长周琳、宣传部副部长霍鹏涛、团委副书记李娟、统战部办公室主任胡建平、思政部梁俊老师一行来访我校。

11 月　陈岭、张奕卿、倪佳慧、毛先会被评为第四期"上海市普教系统名校长名师培养工程""种子计划"人选。

12 月 3 日　在上海市大华行知公园举行了"远方不远，未来已来"2019 届高三 18 岁成人仪式。

12 月 7 日　2018—2019 学年第一学期学情、教情分析；校工会开

展“水仙花的种植与养护”教工培训活动。

12 月 14 日　沈依菲老师在 2018 年“问题化学习”教育年会暨宝山区教育学院 60 年院庆学术季活动中开设展示课，获好评。

12 月 15 日　陈岭老师获 2018 年上海科普教育创新奖“科普贡献奖（个人）三等奖”。

12 月 17 日　开设了题为“跟着‘迪士尼’走近上海”的艺术讲座，特别邀请了东方卫视中心艺术人文频道主持人、克勒门文化沙龙创办人阎华老师带我们用全新视角领略上海的海派文化；科技节系列活动“行走的课堂”，在“明师工作室”徐旭东、陈岭老师带领下，组织学生前往佘山开展地理科普研学活动。

阎华（右五）（东方卫视中心艺术人文频道主持人、克勒门文化沙龙创始人）

12 月 19 日　南宁三中初中大学区管理人员学区制管理专题研修班学员一行 60 人来我校参观学习；我校承办“创新引领时代 智慧点亮生活”2018 年宝山区科技教育名师与特长教师工作室成果展示与研讨

活动。

12 月 28 日　宝山区教育局党委对我校党建督导;开展“师陶立德创特色 你我携手迎新春”2019 年教职工元旦迎新活动。

12 月 30 日　我校学生徐静雯、秦汉、高宇曦荣获宝山区第四届陈伯吹儿童文学创作大赛一、二、三等奖。

12 月　我校荣获 2018 年宝山区心理健康教育活动月“优秀校园心理剧”初中组二等奖;荣获 2018 年宝山区心理健康教育活动月组织奖;荣获 2018 年宝山区 STEM + 教育发展行动示范学校;荣获 2018 年上海市宝山区阳光大联赛象棋比赛初中女子组团体冠军;荣获 2018 年宝山区学校国防民防先进单位。

2019 年

1 月 4 日　召开主题为“课题研究引领特色发展 师陶立德涵育核心素养”2018 年度教科研工作会议。

1月9日　重庆市合川区陶行知研究考察团一行来访行知育才旧院。

1月21日　“一心书社”师生在陶行知纪念馆、大华行知公园开展新春祝福进社区活动。

1月22日　我校开展“我们都是追梦人”青年教师座谈会。

1月23日　举办2019迎新教工运动会。

3月5日　我校组织开展“学雷锋 提素质 做真人”活动。

3月8日　我校工会开展“领略非遗魅力 传承匠心精神”三八国际劳动妇女节扎染体验活动。

3月12日　学校举行了“陶园春 绿意浓”2019届毕业班赠绿仪式。

3月15日　2020届高二师生赴南京拜谒陶行知先生墓。

3月16日　举行“相约行实放飞梦想 牵手陶子快乐成长”2019校园开放日活动。

3月25日　宝鸡市渭滨区教育考察团一行来我校考察新高考改革；加拿大埃德蒙顿孔院伦德中学孔子课堂访华团来我校进行访问。

宝鸡市渭滨区教育考察团一行来访我校

加拿大埃德蒙顿孔院伦德中学孔子课堂访华团来访

3月27日　宝山区副区长、宝山公安分局局长黄辉、宝山区教育局局长杨遇霖一行走访我校。

3月29日　全校师生在行知像前举行“风雨兼程八十载 行实永擎先生志”2019清明纪念陶行知先生仪式；召开“风雨兼程八十载　行实永擎先生志”育才学校建校80周年主题座谈会。

3月30日　陈岭老师荣获2018上海教育年度新闻人物 提名奖。

3月　《中国教育报》报道：行知育才传薪火 师陶立德谱新篇——上海市行知实验中学以“行知精神”为引领 涵育师生共筑特色校园；在《校长之友》上刊登《做“明师”育“真人”》报道。

4月10日　我校被命名为2017—2018年度(第一届)上海市文明校园。

4月15日　西安市灞桥区、西安市临潼区、渭南市、富平县高中校级、中层、骨干教师及教育局相关领导莅临我校。

4月17日　召开特色高中创建学习分享会。

4月　我校被授予上海发明协会创新教育专业委员会成员校；《上

海教育》报道“行知实验中学　续写‘真人’培育新篇章”。

4月23日　爱尔兰科克大学孔子学院爱尔兰中学生复活节营来访我校。

5月14日　学校整体改造一期项目开工。

5月18日　荣获宝山区第四届运动会暨阳光体育大联赛中小职学生啦啦操比赛三等奖。

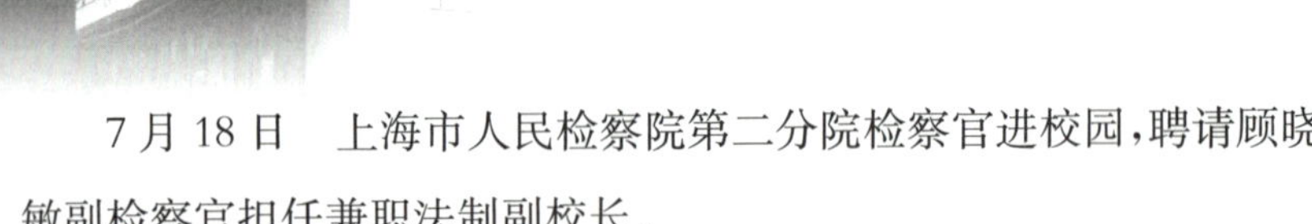

7月18日　上海市人民检察院第二分院检察官进校园，聘请顾晓敏副检察官担任兼职法制副校长。

5. 上海市行知实验中学26年成果一览表

1999年　区教工运动会开幕式入场式表演优胜奖

2000年　市学生戏剧节课本剧表演一等奖；市学生戏剧节诗歌朗诵表演二等奖

2001年　1999—2000年区教工冬锻先进集体

2001年　山海杯中学组团体投篮金奖

2001年　区学陶成果征集评选优秀组织奖

2002年　档案工作市级先进；高三年级组获区文明组室；区体育贡献奖；市家庭亲子共同学习节优秀组织奖

2003年　2001—2002年度宝山区文明单位；2001—2002年度大场镇爱国卫生先进集体；宝山区行为规范示范校；少先队被评为宝山区雏鹰大队；团委被评为宝山区先进团委；小公民道德建设集体二等奖；初三年级组获区文明组室；高二年级组获区新长征突击队；语文教研组获区新长征突击队；全国中小学公民道德教育实验学校；市金爱心集体提名奖

2004年　大场陶行知思想实验区先进集体

2004年　电脑板报设计大赛优秀组织奖

2004年　区鼓号队比赛三等奖；区先进教工之家

2005年3月　学校被评为“2003—2004年度宝山区文明单位”、“上海市中小学行为规范示范校”

2005年4月　学校被评为“上海市花园单位”、“宝山区德育工作标兵校”

2005年5月　学校被评为“2003—2004年度上海市军民共建社会主义精神文明先进集体”，上海市金爱心集体，少先队被评为“上海市红旗大队”，少先队队室被评为“宝山区规范化队室”

2005年　行知·大华中小学征文活动组织奖；全国家庭教育指导研活动讨会观摩纪念；化学组获区新长征突击队

2006年　初三年级组获区新长征突击队

2006年　区素质教育示范校

2006年　区迎世博英语风采组织奖

2007年5月　2005—2006年度宝山区文明单位，2005—2006年度宝山区军民共建先进集体

2007年　2005—2006年度上海市绿化先进单位

2007年　上海市红旗中队，区少先队规范化鼓号队，区少先队一队一品最具“潜力”特色项目奖，区规范化团校

2008年　爱满天下论文比赛组织奖；高一年级组获区文明组室；女教工风采电子报刊创作二等奖；教工健身操比赛中学组二等奖；区国防民防教育工作先进集体；区两纲教育征文比赛优秀组织奖；区师德电视片二等奖；区师德建设电视篇展评二等奖；区舞蹈节中学组集体舞二等奖；区先进教工之家；市无烟单位

2009年6月　第三届“地球小博士”全国地理科技大赛“地理科普教育基地”

2009年　区文书档案工作先进集体；阳光体育冬季长跑优秀组织奖；区高中广播操比赛优胜奖；青年教师主题演讲赛三等奖；区语言文字规范化示范校

2009年　区“三八”节女教工征文比赛组织奖；爱满天下教育论文大赛先进学校

2009年　区少先队工作优秀奖；共青团获区新长征突击队

2009年　区随班就读工作优秀单位

2009年　市金爱心集体提名奖

2009年　化学教研组获区优秀教研组，音体美组获创优秀教研组；语文教研组获区优秀教研组；预备年级获区文明组室；高三年级组获新长征突击队；市中学生作文大赛优秀组织奖

2009年　宝山区教育系统考核优秀单位

2010年4月27日　召开创建区级实验性示范性高中规划评审会

2007—2010年　市语言文字规范示范校

2010年　镇世博爱国卫生先进集体

2010年　高二年级组获阳光体育联赛团体总分二等奖

2010年　关心下一代工作先进集体

2010年　区行规五星示范校；区普通话推广先进单位；区迎世博校园环境卫生先进集体

2010年　2008—2009年度上海市安全文明校园；市中小学行为规范示范校；市红旗大队

2010 年　突发事件人员疏散撤离应急防护预案二等奖；学生动漫画大赛优秀组织奖

2011 年　“生活的准则”征文竞赛金牌组织奖

2011 年　区学校卫生工作优良单位；获区团工作活动建设特色奖；家庭教育指导实验基地；建党九十周年征文、演讲优秀组织奖；青少年单片机应用竞赛慧烁高中组团体第二名；区共青团活动特色奖；区家庭教育指导工作示范校；区健康校园；区教工运动会组合接力第二名；区全民健身活动先进单位

2011 年　区少先队辅导员鼓号技能大赛二等奖；区随班就读工作优秀单位；区学校卫生工作优良单位；区中小学德育优秀案例二等奖；全国青少年读书征文活动示范学校；“十一五”市优秀家长学校

2011 年　市“小科学家”组织奖；市创想英语擂台赛优秀组织奖

2011 年　市法制教育先进学校；市家庭教育实验基地；市金爱心集体提名奖预备年级

2011 年　市青少年单片机应用竞赛慧烁高中组团体第二名；市无线电测向锦标赛高中 2 米波段女子团体第一名；市优秀家长学校；英语组获区优秀奖

2011 年 12 月　命名为中国陶行知研究会实验学校（中国陶行知研究会）

2011 年 11 月　“行知育才学校旧址”申请立牌为宝山区区级文物保护单位

2011 年 12 月 29 日、30 日　宝山区教育局组织专家组对行知实验中学进行区实验性示范性高中总结性评审

2011 年　宝山区教育系统考核优秀单位

2012 年　教职工广播操比赛金奖；宝山区拥军优属先进单位；年度区德育信息优秀单位

2012 年　区国防民防教育先进集体

2012 年　区主题教育精品课案例征集评比优秀组织奖

2012 年　市青少年单片机应用活动高中组 8X8 字符显示第二名

2012 年　市青少年单片机应用活动高中组 LCD 显示第一名、LED 显示第一名、乐曲编程第一名

2012 年　区国防教育先进集体；区少先队工作优秀单位；区校园无线电优秀组织奖；区阳光体育大联赛体育风尚奖

2012 年　2010—2011 年度上海市安全文明校园

2012 年　区艺术节中学组朗诵二等奖、校园剧三等奖

2012 年 6 月　宝山区拥军优属先进单位

2012 年　区中学生辩论赛亚军

2012 年　市行规示范校

2012 年　区学校心理健康教育特色项目优秀奖

2012 年 6 月　宝山区创先争优先进基层党组织（中共宝山区委员会）

2012 年　宝山区教育系统考核优秀单位

2013 年　2010—2011 年度宝山区教育系统妇女之家

2013 年　2010—2011 年度宝山区教育系统合格教工之家

2013 年　上海市中小学生行为规范示范校

2013 年　宝山区第十五届全国推普宣传周活动先进单位

2013 年 4 月　"行知育才旧院"获评"上海普教系统十大校园文化新景观"

2013 年　上海市青少年“明日科技之星”评选活动贡献奖

2013 年　第 28 届宝山区青少年科技创新大赛组织奖

2013 年　第十一届宝山区青少年明日科技之星评选活动优秀组织奖

2013 年　“小先生”宣讲团被评为 2012 学年度宝山区中学生明星社团

2013 年　“科技社团”被评为 2012 学年度宝山区中学生优秀社团

2013 年　上海市第二十八届青少年无线电测向、定向竞赛测向定向团队高中女子 2 米第一名

2013 年　上海市第二十八届青少年无线电测向、定向竞赛测向定向团队高中男子 2 米第二名

2013 年　“我的青春我的范”——2013 年宝山区中学生社团风尚节活动中荣获优秀组织奖

2013 年　第十一届上海市青少年明日科技之星评选活动贡献奖

2013 年　宝山区“分享智慧”征文活动中荣获优秀组织奖

2013 年　宝山区中小学生艺术节活动集体舞自选比赛中学组三等奖

2013 年　鲁迅青少年文学奖优秀组织奖

2013 年　“走进边防线”上海青少年国防教育活动先进单位

2013 年　“相聚在党旗下——晒晒我的精彩组织生活”展评活动一等奖

2013 年　《家校携手，共塑孩子阳光心态》荣获宝山区第十五届家庭教育宣传周活动方案征集评选一等奖、荣获宝山区“2013 年上海学校心理健康教育活动月”优秀项目评选一等奖

2013 年　荣获“我们与梦想同行”——宝山区中学生“党的十八大

精神”宣讲优秀项目执行奖

2013 年 “理财有道 成长助力”2013 年上海市中学生(含中职校)理财知识辩论赛冠军

2013 年 2012 年度宝山区中学集体教学设计优秀团队评选活动”获集体教学设计优秀团队

2013 年 上海市无线电测向锦标赛高中女子组 2 米波段团体赛第一名、高中男子组 80 米波段团体赛第二名、高中女子组 80 米波段团体赛第三名、高中男子组 2 米波段团体赛第三名

2013 年 上海市宝山区科技教育特色学校

2013 年 宝山区“教师德业兼修教学实践形态本土构建”项目征文评比赛优秀组织奖

2013 年 宝山区 2013 年“上外杯”英语知识竞赛中学组团体第一名

2013 年 上海市宝山区科技教育特色学校

2013 年 “2013 宝山区经典诵读”系列活动之学生汉字文化传播和应用书写大赛”网络知识竞答优秀组织奖

2013 年 2013 年度宝山区教育系统新闻通讯工作先进单位

2013 年 《小陶子》在 2013 年长三角优质教育资源网络优秀微视频评选活动三等奖

2013 年 初中英语学科基地主席单位

2013 年 2010—2012 年度宝山区学校家庭教育指导工作示范校

2013 年 上海市教育系统五好关工委组织

2013 年 五好基层关工委先进集体

2013 年 宝山区教育系统考核优秀单位

2014 年　2012—2013 年度上海市安全文明校园

2014 年　2013 年宝山区中学生双拥国防知识竞赛二等奖(初中组)

2014 年　2012—2013 年度宝山区中学中职共青团工作示范校

2014 年《我的管理故事》征文优秀组织奖

2014 年　2013 年"闵中杯"上海市青少年《单片机应用》慧烁 FC 单片微机高中组团体第一名

2014 年　2013 年度"宝山区优秀团组织"

2014 年　英语教研组被评为 2013 年度宝山区教育系统巾帼文明岗

2014 年　上海市五四特色团委

2014 年　2013 年宝山区教育系统行风建设优秀学校

2014 年　首届校园原创微视频(FILM)网络展评活动《我与小陶子结缘》、《她和她》入围奖

2014 年　上海市高中体育专项化试点学校乒乓球联赛女子团体二等奖、男子团体二等奖

2014 年　上海市红旗大队

2014 年　宝山区学生艺术节校园剧专场(中学组)三等奖、朗诵专场(中学组)参赛奖

2014 年　《我的美丽社区》,"七彩映像,与梦同行"首届宝山区中小学生电影节微电影大赛剧本类,入围剧本、视频类,入围作品

2014 年　上海市宝山区少先队规范化队室

2014 年　上海市中学共青团工作特色单位

2014 年　宝山区学校系统共青团暑期工作优秀组织奖

2014 年　暑期中小学生"我爱我的祖国"征文活动组织奖

2014 年　上海市青少年“白猫杯”高中应用化学与技能（宝山赛区 B 组）团体第三名

2014 年　第三届中学生民防知识竞赛三等奖

2014 年　宝山区 2012—2014 年“十佳学生会”

2014 年　上海市无线电测向锦标赛高中男子组 2 米波段团体赛第二名、男子组 80 米波段团体赛第三名

2014 年　宝山区 2014 年“走近边防线”国防教育活动中成绩突出，荣获优秀组织奖

2014 年　荣获宝山区 2014 学年“上外杯”英语知识竞赛普通中学组团体第一名

2014 年　宝山区“滨江清风”廉洁漫画征集活动优秀组织奖

2014 年　宝山区第三届中小学校园无线电节优秀组织奖

2014 年　“走近边防线”上海青少年国防教育活动先进单位

2014 年　初中语文组荣获宝山区第七届优胜教研组、高中体育组荣获宝山区第七届优秀教研组

2014 年　上海市第三批语言文字规范化示范校

2014 年　宝山区教育系统考核优秀单位

2015 年　宝山区“2014 年上海学校心理健康教育活动月”区级组织“勤勉奖”

2015 年　宝山区教育系统共青团工作考核特色奖

2015 年　我校图书馆在宝山区中小学创建星级图书馆检查中被评为“四星图书馆”

2015 年　宝山区中小学行为规范主题教育活动：“小眼睛看世界，好行为从我做起”学生礼仪展示，优秀组织奖

2015 年　《我最喜欢的一本教育著作》征文优秀组织奖

2015 年　上海市文明单位

2015 年　宝山区“最美学子”评选表彰活动优秀组织奖

2015 年　宝山区第十三届“明日科技之星”评选活动优秀组织奖

2015 年　第 30 届宝山区青少年科技创新大赛优秀组织奖

2015 年　纪念抗战胜利 70 周年征文比赛优秀组织奖

2015 年　高中体育学科、初中语文学科被评为宝山区万名教师提质工程学科基地

2015 年　上海市“学陶师陶，做四有好教师”主题演讲比赛优秀组织奖

2015 年　浦东国际龙狮文化节，上海校园龙狮文化展演最佳才艺奖

2015 年　魅力汉语青少年语言文字应用能力比赛优秀组织奖

2015 年　宝山区第十七届全国推普宣传周活动先进单位

2015 年　中陶会 2005—2015“四优”评审活动中，全国优秀陶研学校

2015 年　宝山区 STEM + 教育发展试点学校

2015 年　宝山区 2015 学年“上外杯”英语竞赛普通中学组团体第一名

2015 年　上海市语言文字规范化示范校(2011—2014 年)

2015 年　语言文字类信息评比工作优秀奖

2015 年　上海市教育系统关心下一代工作先进集体

2015 年　上海市中学“文化跟民族魂中国梦”——“进馆有益”微课题研究论文竞赛活动优秀组织奖

2015 年　“市西杯”未来城市大赛暨上海赛区总决赛中最佳答辩

展示奖

2015 年　被确认为上海学校心理健康教育重大项目“中小学生生涯体验的理论与实践”课题研究的项目学校

2015 年　上海市中小学法治教育特色项目

2015 年　上海市第二十三届高中学生科普英语竞赛 B 组学校团体三等奖

2015 年　宝山区教育系统考核优秀单位

2016 年　十三五上海市家庭教育指导实验基地

2016 年　“求真创造”青年联盟被评为宝山区教育系统首届“教工明星社团”评选擂台赛“教工优秀社团”

2016 年　心理健康教育工作执行奖

2016 年　宝山区教育系统共青团工作考核特色奖

2016 年　上海市安全文明校园

2016 年　上海市象棋协会先进单位

2016 年　上海市学校心理健康教育重大项目“上海市中小学生生涯体验的实验探究与推进”项目学校

2016 年　宝山区学生阳光体育大联赛田径锦标赛高中组团体总分第八名

2016 年　第 31 届上海市青少年科技创新大赛(宝山赛区)优秀组织奖

2016 年　《墨养心田》获第二届校园原创微视频网络展评活动入围奖(初中组)

2016 年　宝山区学生阳光体育大联赛田径锦标赛高中组女子团体总分第八名、高中组男子团体总分第七名

2016 年　第 6 届“低碳杯”上海市中学生地球科学知识竞赛优秀组织奖

2016 年　龙狮教学团队被评为“宝山区青年五四奖章”(集体)称号

2016 年　2015—2016 学年上海市高中阶段学校先进班级

2016 年　宝山区 2016 年中学生劳技创新作品比赛团体三等奖

2016 年　第十四届宝山区青少年“明日科技之星”评选活动优秀组织奖

2016 年　宝山区中学生红十字应急救护比赛团体初中组二等奖

2016 年　宝山区学生阳光体育大联赛游泳比赛初中团体组第八名、高中女子组第四名、高中男子组第三名

2016 年　第二届(2016)“六一”当代小诗人评选活动最佳组织奖

2016 年　拥军优属模范单位

2016 年　荣获 2016 年魅力汉语经典诵读比赛中学组二等奖

2016 年　宝山区教师专业发展示范校

2016 年　宝山区“十二五”学校师训工作示范单位

2016 年　“绿地集团杯”第二届市民运动会总决赛一等奖

2016 年　宝山区绿色学校

2016 年　宝山区科技特色学校

2016 年　上海市学生运动会“市八杯”中国象棋比赛(中小学组)第八名

2016 年　上海市最佳阳光体育系列奖项主题活动“最佳体育社团”提名奖

2016 年　宝山区教育系统考核优秀单位

2017年 上海市象棋协会先进单位

2017年 宝山区中小学艺术教育系列活动进步奖

2017年 语言文字“一校一档”建档工作优秀奖

2017年 宝山区中小幼“我的专业成长中的关键事件”征文优秀组织奖

2017年 全国青少年科学影像节上海地区优秀奖

2017年 上海市文明单位

2017年 第六届“低碳杯”上海市中学生地球科学知识竞赛优秀组织奖

2017年 漫画植物世界——宝山区“实验小学杯”第二届少儿植物插画展赛(2017)优秀组织奖

2017年 宝山区第十九届全国推普宣传周活动先进单位

2017年 第十五届宝山区青少年明日科技之星评选活动区贡献奖提名奖

2017年 宝山区中小学学生艺术节诗歌朗诵暨魅力汉语经典诵读专场中学组参赛奖

2017年 上海市2017魅力汉语青少年应用能力知识竞赛(宝山赛区)优秀组织奖

2017年 “弘扬光荣传统 铸就钢铁长城”纪念解放军建军90周年征文比赛初中组优秀组织奖

2017年 宝山区庆祝建军90周年双拥国防知识竞赛优秀组织奖

2017年 上海市中小学生英语听力竞赛优秀组织奖

2017年 中华优秀传统文化研习暨上海市非遗进校园优秀传习基地

2017年 宝山区少先队四星鼓号队

2017 年　上海市无线电特色教育学校

2017 年　宝山区校园创新文化建设行动“星耀校园”科技社团评选活动十佳科技社团

2017 年　宝山区中小学传承中华优秀文件精品课例与案列评选优秀案例奖

2017 年　“健康校园，美丽心灵”主题活动获宝山区 2017 年心理活动月中学组组织奖

2017 年　上海市青少年“白猫杯”高中应用化学与技能竞赛（宝山区赛）B 组团体三等奖

2017 年　初中语文团队加入学校实验团队问题化学习研究所

2017 年　宝山区学校国防民防教育工作先进集体

2017 年　宝山区中小学家庭教育优秀校

2017 年　“求真创造”科技社团荣获宝山区学生“明星社团”称号

2017 年　宝山区少先队四星鼓号队

2018 年　宝山区班级微信（QQ、小黑板）公约征集评选三等奖

2018 年　宝山区家庭教育等级申报评审中，荣获优秀校称号

2018 年　宝山区教育系统共青团工作考核特色奖

2018 年　高中英语组被评为宝山区第八届创优秀教研组

2018 年　上海市安全文明校

2018 年　宝山区第 20 届全国推普宣传周活动先进单位

2018 年　全国青少年科学影像节上海地区优秀奖

2018 年　第 33 届上海市青少年科技创新大赛（宝山区赛）组织奖

2018 年　2017 宝山区中小幼学生生态文明创意作品征集活动优秀组织奖

2018年　初中语文问题化团队"宝山区青年五四奖章"(集体)称号

2018年　第十六届宝山区青少年明日之星评选活动优秀组织奖

2018年　党支部建设示范点

2018年　"我的家乡我的梦"经典朗诵活动——班班有读书声比赛(中学组)

2018年　上海市花园单位

2018年　近视防控先进单位

2018年　被授予"行知式好学校"

2018年　宝山区心理健康教育活动月"优秀校园心理剧"初中组二等奖、组织奖

2018年　宝山区STEM+教育发展行动示范学校

2018年　"十九大精神进校园"主题教育活动——"唱成就、畅梦想"歌曲创编传唱活动三等奖

2018年　上海市宝山区阳光大联赛象棋比赛初中女子组团体冠军

2018年　宝山区学校国防民防先进单位

2018年　宝山区教育系统考核优秀单位

2019年　宝山初中学生科普英语实践活动团体三等奖

2019年　宝山区中小学行为规范教育等级示范单位

2019年　"行知实验杯"青少年计算机博弈城市邀请赛优秀组织奖

2019年　语言文字"一校一档"建档工作优秀奖

2019年4月　上海市第一届文明校园；体育教研组获2019年宝山区工人先锋号、2018年宝山区"同创全国文明城区、共建宝山美好家

园”劳动竞赛先进班组一等奖

6. 上海市行知实验中学“明师”工程培养成果

一、“明师”培养

1. 上海市普教系统名校长名师培养工程

2005 年，第一期上海市普教系统名校长名师培养工程

名师基地学员：杨卫红

首批名师重点培养对象：杨卫红

2008 年，第二期上海市普教系统名校长名师培养工程

名师基地学员：冯江华

2012 年，第三期上海市普教系统名校长名师培养工程

名师基地学员：卜洪生　唐向东　陈延

名校长基地学员：杨卫红

2018 年，第四期上海市普教系统名校长名师培养工程

“种子计划”人选：陈岭　张奕卿　倪佳慧　毛先会

2. 上海市德育实训基地(2010—2014 年)

学员：葛娟　周燕

3. 2010 年上海市优青工程

宝山区学员：贺秉飞

4. 第三期上海市农村语文教师培训者研修班(2013—2015 年)

学员：徐萍　周燕

二、“明师”成长

1. “明师”工作室

(1) 卜洪生：体育教育“明师”工作室导师(2015 年 9 月起)

2015 年 11—12 月　赴美国俄亥俄州立大学参加上海市体育学科

带头人海外研修

2017 年 8 月　上海市特级教师

2012 年　上海市体育学科带头人

2018 年 9 月　宝山区科技教育名师工作室主持人

2015 年 9 月　宝山区万名教师提质工程高中体育学科基地主持人

（2）陈岭：创客大智汇“明师”工作室导师（2015 年 9 月起）

2016 年 1 月　宝山区科技教育特长教师工作室领衔人

2017 年 12 月　宝山区科技教育名师工作室领衔人

2018 年 8 月　全国十佳优秀科技辅导员

2018 年 12 月　上海科普教育创新奖“科普贡献奖（个人）三等奖”

2019 年 3 月　2018 上海教育年度新闻人物提名奖

（3）周燕：德馨语文苑“明师”工作室导师（2015 年 9 月起）

2015 年 9 月　宝山区万名教师提质工程初中语文学科基地主持人

（4）张群：魅力班主任“明师”工作室导师（2015 年 9 月起）

2013 年　宝山区十佳金奖班主任

2014 年　上海市优秀班主任

（5）徐旭东：科学新视界“明师”工作室导师（2017 年 9 月起）

2016 年　宝山区教育系统优秀党员志愿者

（6）徐萍：青藤高中语文“明师”工作室导师（2019 年 9 月起）

1998 年宝山区新长征突击手

2007 年宝山区教学能手

2. 历届宝山区骨干教师

1999—2001 年行知实验中学区级以上骨干教师名单

教学能手:杨卫红

教坛新秀:唐向东 龚赟

2002—2003 年行知实验中学区级以上骨干教师名单

青年尖子:杨卫红

2004—2006 年行知实验中学区级以上骨干教师名单

学科带头人:杨卫红 孟黎明

教学能手:唐向东 周崇英 徐道明 龚赟

2007—2008 年行知实验中学区级以上骨干教师名单

学科带头人:杨卫红 张道义

教学能手:唐向东 徐萍 徐旭东 贺秉飞

2009—2012 年行知实验中学区级以上骨干教师名单

学科带头人:周燕 卜洪生 冯江华

教学能手:周丽芳 徐旭东 李芳

2013—2016 年行知实验中学区级以上骨干教师名单

首席教师:卜洪生

学科带头人:徐旭东 周燕 唐向东

教学能手:冯霞 贺秉飞 张群

2017—2020 年行知实验中学区级以上骨干教师名单

学科带头人:徐旭东 周燕 冯霞 范晓艳 陈贤 蒋克清
陈岭

教学能手：张群　龚赟　毛先会　邵懿　孙颖　沈洁　艾佳奕
唐莉君　许林园　陶侃

三、"明师"辐射

1. 上海市中小学中青年教师教学评选活动

1999 年　杨卫红获化学学科一等奖

2010 年　卜洪生获体育学科二等奖

2013 年　张群获英语学科三等奖

2017 年　倪佳慧获体育学科二等奖

2. 上海市金爱心教师

陈　贤　2016 年上海市金爱心教师一等奖

陈越天　2018 年上海市金爱心教师二等奖

3. 宝山区学陶师陶楷模、标兵

杨卫红　2013 年宝山区第一届学陶师陶楷模

沈裕华　2015 年宝山区第二届学陶师陶标兵

韩　茜　2017 年宝山区第三届学陶师陶标兵

周　燕　2019 年宝山区第四届学陶师陶标兵

4. 园丁奖

1997 年宝山区园丁奖：张国琪　杨卫红

1999 年宝山区园丁奖：沈裕华　徐道明

2001 年上海市园丁奖：祁珥城

2001 年宝山区园丁奖：周燕

2004 年上海市园丁奖：王玲琴

2007 年上海市园丁奖：葛娟

2007 年宝山区园丁奖：张丽智

2009 年宝山区园丁奖：赵胜斌　朱建兰　周丽燕

2012 年上海市园丁奖:杨卫红

2012 年宝山区园丁奖:王静　杨鹏　冯江华

2014 年上海市园丁奖:卜洪生

2014 年宝山区园丁奖:蒋克清

2017 年上海市园丁奖:周燕

2017 年宝山区园丁奖:唐莉君

2019 年上海市园丁奖:徐旭东

2019 年宝山区园丁奖:龚柳　沈洁

5. 五四奖章

2012 年宝山区青年五四奖章(个人):陈岭

2014 年宝山区青年五四奖章(个人):张奕卿

2015 年宝山区青年五四奖章(集体):科技创新团队

2016 年宝山区青年五四奖章(集体):龙狮教学团队

2017 年宝山区青年五四奖章(个人):张群

2018 年宝山区青年五四奖章(集体):问题化教学团队

2019 年宝山区青年五四奖章(个人):米雪

6. 十佳青年

2013 年第四届宝山区教育系统十佳青年:陈岭

2017 年第六届宝山区教育系统十佳青年提名:冯霞

2019 年第七届宝山区教育系统十佳青年提名:倪佳慧

7. 新长征突击手

1998 年宝山区新长征突击手:徐萍

2006 年宝山区新长征突击手:蒋克清

7. 上海市行知实验中学科技教育足迹

2010年

11月

“小先生”宣讲团法制、科技进社区宣讲活动

2011年

1月

学生管泽海获得2011年上海市青少年单片机应用活动慧烁高中组8X8字符显示 第三名，指导教师：陈岭

学生管泽海获得2011年上海市青少年单片机应用活动慧烁高中组LCD显示 第五名，指导教师：陈岭

学生黄申乐获得2011年上海市青少年单片机应用活动慧烁高中组LCD显示 第四名，指导教师：何国俊

学生管泽海获得2011年上海市青少年单片机应用活动慧烁高中组LED显示 第四名，指导教师：陈岭

学生黄申乐获得2011年上海市青少年单片机应用活动慧烁高中组LED显示 第五名，指导教师：何国俊

学生管泽海获得2011年上海市青少年单片机应用活动慧烁高中组乐曲编程 第三名，指导教师：陈岭

学生黄申乐获得2011年上海市青少年单片机应用活动慧烁高中组乐曲编程 第五名，指导教师：何国俊

3月

学生陆方晶获得2011年上海市无线电测向锦标赛高中女子组2米波段个人赛 第三名，指导教师：何国俊

学生龚玉婷获得2011年上海市无线电测向锦标赛高中女子组2

米波段个人赛 第四名，指导教师：何国俊

学生汤佩雯获得 2011 年上海市无线电测向锦标赛高中女子组 2 米波段个人赛 第五名，指导教师：何国俊

学生刘念成获得 2011 年上海市无线电测向锦标赛高中男子组 2 米波段个人赛 第四名，指导教师：何国俊

学生刘念成获得上海市第二十七届青少年无线电侧向、定向越野比赛高中男子 2 米个人 第六名，指导教师：何国俊

学生杨洋获得上海市第二十七届青少年无线电侧向、定向越野比赛高中女子 80 米个人 第四名，指导教师：何国俊

学生汤佩雯获得上海市第二十七届青少年无线电侧向、定向越野比赛高中女子 2 米个人 第四名，指导教师：何国俊

学生陆方晶、龚玉婷、汤佩雯获得 2011 年上海市无线电测向锦标赛高中女子组 2 米波段团体赛 一等奖，指导教师：何国俊

学生刘念成获得 2011 年上海市“无管杯”业余电台锦标赛暨 2012 年全国青少年无线电通信锦标赛（上海市预赛）高中组对讲机通信 第六名，指导教师：何国俊

学生唐旭获得 2011 年上海市“无管杯”业余电台锦标赛暨 2012 年全国青少年无线电通信锦标赛（上海市预赛）高中组对讲机通信 第六名，指导教师：何国俊

学生陈成获得 2011 年上海市第二十六届青少年无线电测向、定向竞赛探雷个人项目高中组 三等奖，指导教师：何国俊

学生陈子厚获得 2011 年上海市第二十六届青少年无线电测向、定向竞赛探雷个人项目高中组 一等奖，指导教师：何国俊

学生陆俊杰获得 2011 年上海市第二十六届青少年无线电测向、定向竞赛探雷个人项目高中组 二等奖，指导教师：何国俊

学生唐旭获得2011年上海市第二十六届青少年无线电测向、定向竞赛探雷个人项目高中组 三等奖，指导教师：何国俊

学生席依晶获得2011年上海市第二十六届青少年无线电测向、定向竞赛探雷个人项目高中组 一等奖，指导教师：何国俊

学生刘念成获得2011年上海市无线电测向锦标赛高中男子组2米波段个人赛 第四名，指导教师：何国俊

学生刘振华获得2011年上海市无线电测向锦标赛高中男子组2米波段个人赛 第五名，指导教师：何国俊

学生徐天阳、张杰获得26届创新大赛上海市二等奖、复兴杯专项奖，指导教师：陈岭、何国俊

5月

气象小实验比赛获一等奖、地震小实验比赛一等奖、气象知识竞赛二等奖及气象知识笔试中获得多个奖项

10月

承办了2011年"行知实验杯"上海市无线电测向锦标赛

2012年

3月

学生贺畅获得27届创新大赛上海市三等奖，指导教师：何国俊

学生吴一凡、丁盛豪、翁羽習获得27届创新大赛上海市三等奖，指导教师：陈岭、何国俊

学生谢远翔、席依晶、刘振华获得27届创新大赛上海市三等奖，指导教师：陈岭、何国俊

学生刘念成、唐旭、龚玉婷获得27届创新大赛上海市三等奖，指导教师：陈岭、何国俊

学生陆方晶、龚玉婷、汤佩雯获得27届创新大赛上海市三等奖，

指导教师:何国俊

学生龚玉婷获得2012年全国青少年无线电通讯锦标赛对讲机竞赛宝山区选拔赛(高中组)三等奖,指导教师:何国俊

学生王子豪获得"同达杯"2012年上海市学生阳光体育大联赛中小学定向越野竞赛宝山区选拔赛高中男子组 第三名,指导教师:何国俊

学生宋亚楠获得"同达杯"2012年上海市学生阳光体育大联赛中小学定向越野竞赛宝山区选拔赛高中女子组 第三名,指导教师:何国俊

学生吴筝佳获得"同达杯"2012年上海市学生阳光体育大联赛中小学定向越野竞赛宝山区选拔赛高中女子组 第四名,指导教师:何国俊

学生沈友成、吴一凡、张兆丰获得2012年上海市无线电测向锦标赛宝山区竞赛2米测向高中男子组 二等奖,指导教师:何国俊

学生刘念成获得2012年上海市青少年电子模拟探雷竞赛高中组二等奖,指导教师:何国俊

学生杨洋获得2012年上海市青少年电子模拟探雷竞赛高中组 一等奖,指导教师:何国俊

学生吴筝佳、杨洋获得2012年上海市无线电测向锦标赛宝山区竞赛2米测向高中女子组 三等奖,指导教师:何国俊

学生张思嘉获得2012年上海市无线电测向锦标赛宝山区竞赛2米测向高中女子组 二等奖,指导教师:何国俊

学生方路杰获得2012年上海市无线电测向锦标赛宝山区竞赛80米测向高中男子组 二等奖,指导教师:何国俊

学生王青洋、王子豪获得2012年上海市无线电测向锦标赛宝山

区竞赛80米测向高中男子组 一等奖，指导教师：何国俊

学生吴天平、杨一帆获得2012年上海市无线电测向锦标赛宝山区竞赛80米测向高中男子组 二等奖，指导教师：何国俊

学生郑嘉杨获得2012年上海市无线电测向锦标赛宝山区竞赛80米测向高中男子组 三等奖，指导教师：何国俊

学生沈友成获得2012年上海市无线电测向锦标赛高中男子组2米波段个人赛 第五名，指导教师：何国俊

学生张兆丰获得2012年上海市无线电测向锦标赛高中男子组2米波段个人赛 第三名，指导教师：何国俊

学生王青洋获得2012年上海市无线电测向锦标赛高中男子组80米波段个人赛 第八名，指导教师：何国俊

学生王子豪获得2012年上海市无线电测向锦标赛高中男子组80米波段个人赛 第六名，指导教师：何国俊

学生宋亚楠获得2012年"无管杯"上海市业余电台锦标赛高中组对讲机 三等奖，指导教师：何国俊

学生吴竽佳获得2012年"无管杯"上海市业余电台锦标赛高中组对讲机 三等奖，指导教师：何国俊

学生宋亚楠、王子豪、吴竽佳获得2012年"无管杯"上海市业余电台锦标赛高中组理论 二等奖，指导教师：何国俊

学生刘念成、唐旭获得2012年全国青少年无线电通讯锦标赛（上海预赛） 三等奖，指导教师：何国俊

学生获得2012年全国青少年无线电通讯锦标赛（上海预赛） 三等奖，指导教师：何国俊

学生刘念成、唐旭获得2012年全国青少年无线电通讯锦标赛对讲机竞赛宝山区选拔赛（高中组） 二等奖，指导教师：何国俊

学生席依晶获得 2012 年全国青少年无线电通讯锦标赛对讲机竞赛宝山区选拔赛(高中组) 三等奖,指导教师:何国俊

5 月

完成校园无线电台建设

宝山区在我校举行中小学无线电科普活动创新联合体成立仪式,我校任宝山区无线电联合体盟主单位

陈岭老师获评宝山区青年五四奖章

9 月

学生方路杰、吴天平、杨一帆获得上海市第一届市民运动会宝山区定向越野百米竞赛高中男子组 三等奖,指导教师:何国俊

学生郑嘉杨获得上海市第一届市民运动会宝山区定向越野百米竞赛高中男子组 一等奖,指导教师:何国俊

学生方路杰、吴天平、杨一帆获得“漕河泾开发区杯”上海市第一届市民运动会宝山区定向越野竞赛高中男子组 三等奖,指导教师:何国俊

学生郑嘉杨获得“漕河泾开发区杯”上海市第一届市民运动会宝山区定向越野竞赛高中男子组 一等奖,指导教师:何国俊

2013 年

3 月

学生丁盛豪获得 28 届创新大赛上海市二等奖、延安杯专项奖,指导教师:陈岭、何国俊

学生丁盛豪、吴一凡、沈友成获得 28 届创新大赛上海市三等奖,指导教师:陈岭、何国俊

学生王苏蕾、郑皆鑫、陶龙俊获得 28 届创新大赛上海市三等奖,指导教师:陈岭、何国俊

陈岭老师教具制作获得28届创新大赛上海市一等奖、赛复优秀科技教师奖

5月

学生丁盛豪获得第11届上海市青少年明日科技之星评选上海市明日科技之星称号，陈岭老师获得优秀辅导奖。

行知实验中学科技创新团队被评为2013年度宝山区青年五四奖章(集体)称号

8月

陈岭老师教具制作获得28届创新大赛全国二等奖

9月

陈岭老师获评第四届宝山区教育系统十佳青年

2014年

1月

闵中杯计算机竞赛我校获得上海市团体一等奖、郑皆鑫同学获上海市二等奖，指导教师万智顺

3月

学生丁盛豪、吴一凡、沈友成获得29届创新大赛上海市三等奖，指导教师：陈岭、何国俊

陈岭老师教具制作获得29届创新大赛上海市二等奖

万智顺老师教具制作获得29届创新大赛上海市二等奖

5月

学生丁盛豪获得第12届上海市青少年明日科技之星评选上海市科技希望之星称号

8月

组织学生赴上海市工业技术学校开展了第三次“职业小达人”

活动

2015 年

3 月

陈岭老师教具制作获得 30 届创新大赛上海市一等奖

学生郑尧峰获得 30 届创新大赛上海市三等奖，指导教师：陈岭

4 月

行知实验中学科技创造社团受邀参展第十二届上海教育博览会

5 月

我校科技特色项目入选青岛举办的全国教育信息化应用展览，刘延东等中央领导出席

邀请上海地质调查研究院陈勇博士来我校开展科技讲座

6 月

我校组织学生参加 2015 年全国“实验室开放日”活动

陈岭老师的《被弹飞的铝环》在《中学科技》杂志上刊出

7 月

陈岭老师获得动手做上海市教具大赛二等奖

陈岭老师被评为宝山区第一届创客家庭，宝山电视台专程前往陈岭老师家中采访并播出了相关报道

我校部分学生来到上海信息技术学校，参加“电视特效师”的职业体验

8 月

陈岭老师教具制作获得 30 届创新大赛全国三等奖

陈岭老师的《我们的科技之路》在《上海教育》杂志上刊出

9 月

完成“求真创造”创新实验室一期及相关课程建设

方世忠区长一行走访参观了我校创新实验室

10月

陈岭老师被遴选参加2015年“科学伙伴手拉手——STEM云进山区”贵州支教活动

创新实验室接待山海幼儿园小朋友参观

与云校公司合作智能阅卷系统

11月

成立《创科大智汇》科技明师工作室，工作室成员与校长、副书记一同前往风语筑公司进行参观学习

创新实验室接待广州市海珠区中小学校工会骨干学习培训班参观学习

组织学生参加无线电定向测向积分赛(共6周)

陈岭老师被评为区优秀创客家庭，并在科技节闭幕式上发言

我校成为宝山区首批STEM+试点学校

陈岭老师被遴选参加全国科技骨干培训班

上海市旅游局、团市委主办“微游上海”项目承办方“稻草人旅行”的领队金晶给我校“JA社会创新”社带来一场别开生面的创新讲座

12月

陈岭老师作为“国培计划”导师赴云南给当地科技教师授课

我校陈贤、徐旭东老师及学生黄孜海、梁韵清的科技文章在《中学科技》上刊登

完成“求真创造”创新实验室一期及相关课程结题

陈岭老师在上海科技馆进行了“假日物理俱乐部”反重力专题科普活动

陈岭老师完成了全国乐高教师培训

“楞次定律演示仪”实用新型专利证书发放

我校代表队在“未来城市设计大赛”中国上海赛区晋级五强，获得最佳答辩展示奖

我校获得区科普英语优秀组织奖

我校多位学生获得上海市物理实验竞赛（宝山赛区）等第奖

编撰校本教材 25 本

2016 年

1 月

区委书记汪泓一行到我校创新实验室走访调研

陈岭老师的 3D 打印变形金刚在《中学科技》杂志中刊登

宝山区成立首批科技特长教师工作室陈岭老师任领衔人

3 月

陈岭老师教具制作获得 31 届创新大赛上海市一等奖

学生徐嘉琪获得 31 届创新大赛上海市二等奖，指导教师：万智顺

学生黄孜海获得 31 届创新大赛上海市二等奖，指导教师：陈贤

4 月

我校的三项“互联网 + 教育”特色项目：弹幕平台、AR 物理实验、云校阅卷系统在 2016 上海教育博览会中展出

我校学生获得第六届“低碳杯”上海市中学生地球科学知识竞赛中一等奖（1 个）二等奖（4 个）三等奖（8 个），指导教师米雪获得优秀指导教师奖

5 月

南京市教育局潘东标副局长率市电教馆、教育装备相关负责同志一行 8 人，在上海市教委教育技术装备中心竺建伟主任陪同下来我校考察 STEM 实验室装备与应用方面的做法

邀请著名的鸟类研究学者何鑫博士为我校学生开设爱鸟护鸟讲座

学生周荃获得第十四届上海市明日科技之星提名奖，指导教师：陈岭

学生张哲祥、王涵佳同学获得第七届"北斗杯"全国青少年科技创新大赛中学组二等奖，指导教师：陈岭

7月

陈岭老师受邀参与由上海市宝山区教育局、上海市宝山区教师进修学院、美国学区教育长协会、三力国际集团和杰森课堂联合举办的2016中美STEM+教育公开教研活动，与美方教师——杰森课堂教育和职业发展总监艾米·奥尼尔以及杰森课堂全国首席培训师瑞克·福沃尔同场切磋，开展"同题异构"公开教研活动

9月

陈岭老师受邀参与STEM进山区支教活动，在湖北恩施建始县留守儿童学校授课

梁韵清同学以小发明——智能垃圾桶参与少年爱迪生节目录制

10月

获批"可变径轮"国家实用新型专利

11月

陈岭老师作为专家点评学生发明作品刊登在《中学科技》杂志中

米雪老师指导学生拍摄《新李时珍传》科学影视，获得第七届全国青少年科学影像节全国二等奖，(上海地区)一等奖

12月

米雪老师组织学生参加未来城市大赛，获得上海市第五名，并入围全国，获全国二等奖及最佳虚拟城市专项奖，米雪、龚赟、陈岭老师

获优秀指导教师奖

陈岭老师获得第九届国际发明展览会成人组发明创业奖银奖

完成了区科委课题“穿越宝山”的结题工作

2017 年

1 月

米雪老师、王歆宇老师指导学生李晔、严智恒、董晨阳拍摄作品《新李时珍传》参加 2016 年宝山区青少年科普微电影节 荣获二等奖

3 月

陈岭老师获得上海国际发明展金奖 2 枚

学生徐乐阳获得第 15 届上海市青少年明日科技之星评选上海市明日科技之星提名奖称号，指导教师：陈岭

学生潘怡然获得第 15 届上海市青少年明日科技之星评选上海市科技希望之星称号，指导教师：陈岭

筹建创新实验室二期

《DIY3D 打印机》获评宝山区百门优质校本课程

陈岭老师完成区一般课题《高中物理创意实验微课(程)的开发与应用》，担任主持人获评宝山区教科研成果评比三等奖

4 月

我校学生获得第七届“低碳杯”上海市中学生地球科学知识竞赛中一等奖(1 个)二等奖(7 个)三等奖(22 个)，指导教师米雪获得优秀指导教师奖

6 月

新民晚报当代教育整版刊登采访的文章《用科技给物理造点趣——访上海市行知实验中学物理教师陈岭》

参加创新大赛，学生获上海市二、三等奖 18 人次，陈岭获教师教

具类上海市二等奖

参加第32届上海市青少年科技创新大赛获得全国青少年科学影像节上海地区优秀奖

筹办"启动航天梦——2017宝山区"行知实验杯"中学生STEM+主题赛事"

获批《频闪观察镜》实用新型专利

徐雯老师参与中央电教馆课题"教育大数据分析研究"结题

学生翁祯敏获得全国青少年STEAM创意展示交流活动，全国一等奖及2个专项奖，指导教师：陈岭

参与上海市青少年建筑模型锦标赛获三等奖4人，指导教师：马敬中

8月

陈岭老师教具制作获得32届创新大赛全国二等奖及优秀STEM园丁奖

9月

陈岭老师获第25届上海市青少年科技辅导员论文征集活动一等奖、全国三等奖，并在2017上海市科学园丁节上发言、交流论文

获评上海市无线电特色校

陈岭老师获评宝山区学科带头人(校外教育)

陈岭老师被聘为2017学年宝山区见习教师规范化培训基地学校指导教师，带教宝山少科站季立昂老师

学生韩雨洁 参加2016年我与植物的故事征文(上海科技教育出版社与上海自然博物馆合办)荣获优秀奖

10月

参与上海市第九届模型节两队分获一等奖与三等奖，指导教师：马敬中

11 月

陈岭老师参加教育部中小学骨干教师“网络学习空间人人通”专题培训(浙江东阳)

接待贵州、天津、义乌等地教师团参访创新实验室

米雪老师参与第八届全国青少年科学影像节展评活动,并获得全国二等奖一项、三等奖二项

学筹办科技活动月,并承办区科幻画冠名杯比赛

12 月

我校科技社被评为宝山区十佳科技社团

学生倪嘉佳 当选上海市青少年科学研究院宝山分院副理事长

陈岭老师被命名为首批“宝山区科技教育名师工作室”领衔人

我校学生获得 2017—2018 年度未来之城上海区域展评活动中学组特等奖、全国二等奖,指导教师:徐雯

我校六名学生获得上海市未来工程师比赛二等奖

2018 年

1 月

陈岭老师被聘为宝山区见习教师规范化培训基地学校指导教师

上海市第十七届初中学生科普竞赛(初高 宝山赛区)一等奖 1 人二等奖 2 人三等奖 5 人,指导教师:马敬中

第十五届上海市青少年“明日科技之星”评选活动——开放式学生论坛 三等奖 3 人,指导教师:马敬中

专利授权:ZL201720493732. 8(学生卢登一)

专利授权:ZL201720603061. 6(学生潘怡然)

专利授权:ZL201720501935. 7(学生丁婕、陆佳丽、庞家骏)

《科普时报》2018. 1. 5 刊登《陈岭:用科技给物理造点“趣”》报道

2月

《上海教育》刊载《“超越无限”2016 中美 STEM⁺ 同题异构课程》（陈岭）

3月

第33届上海市青少年科技创新大赛 青少年科技实践活动 全国青少年科学影像节上海地区优秀奖，指导教师：米雪

陈岭老师获得第33届上海市青少年科技创新大赛 科技辅导员科教创新成果 二等奖、STEM 优秀园丁奖

我校学生获得第33届上海市青少年科技创新大赛 青少年科技创新成果 三等奖2项

上海大学基础教育集团首届中小幼学生创意设计及成品展示大赛创意大爆炸 一等奖1项、二等奖1项、三等奖1项、优秀指导奖（徐雯）

4月

我校师生受邀参展上海教育博览会

陈岭老师获得中国（上海）国际发明创新展览会 银奖

专利授权：ZL201720316065.6（陈岭）

专利授权：ZL201720493160.3（学生周志俣）

专利授权：ZL201720671915.4（学生徐乐阳、翁桢敏、石海娟）

专利授权：ZL201720594180.X（学生张文兴、李凯文、张睿漪）

参与培训浙江温州中央电化教育馆创客教育专题培训班（陈岭）

我校与义乌义亭中学结对

陈岭老师受邀在上海 STEM 沙龙活动中进行主旨演讲

江苏省无锡市中小学（幼儿园）STEM 专题培训班走访我校

上海技术物理研究所邵军研究员与同学漫谈科研方法

我校学生获得第八届“低碳杯”上海市中学生地球科学知识竞赛

中一等奖(1 个)二等奖(3 个)三等奖(4 个)，指导教师米雪获得优秀指导教师奖

5 月

第十六届宝山区青少年明日科技之星评选活动 优秀组织奖

第十六届宝山区青少年明日科技之星评选活动“明日科技之星”称号(学生陈莉)

第十六届宝山区青少年明日科技之星评选活动“明日科技之星”称号(学生潘怡然)

徐雯老师参与中央电教馆——英特尔“教育大数据分析研究”项目完成结题

6 月

杨卫红校长在 2018 年宝山区青少年科学研究院工作推进大会上进行汇报《科技圆梦——做科技创新的引领者》

7 月

陈岭老师辅导上海科技馆 2018 科普智多星夏令营

陈岭老师辅导、评审上海科技馆 2018 小小讲解员评比

8 月

陈岭老师获得第三十三届全国青少年科技创新大赛科技辅导员科技教育创新成果项目 科教制作类 二等奖

陈岭老师被评为全国 十佳优秀科技辅导员

陈岭老师受邀参展首届全国科技辅导员年会论坛

9 月

三星探知未来科技女性培养计划课程 9 名学生完成，指导教师：金嘉敏

陈岭老师获得第十届国际发明展览会暨第三节世界发明创新论

坛“发明创业奖·项目奖”金奖

10月

米雪老师在2018年中国陶行知研究会中学教育专业委员会第十八届年会“教学做合一”课堂大赛 二等奖

陈岭老师受邀在上海市青少年儿童创新力玩学具研发与应用研讨会中展示与发言

马敬中老师参加“2018科学伙伴计划——STEM云进山区（甘肃省永靖县）”支教活动

参与上海市第十届模型节两队均获二等奖（8人），指导教师：马敬中

11月

我校举办科学幻想伴我成长——2018年宝山区“行知实验杯”艺术创客嘉年华活动

我校创新实验室代表上海参展第四届中国教育创新成果公益博览会（珠海）

12月

陈岭老师获得2018年上海科普教育创新奖 科普贡献奖（个人）三等奖

陈岭老师获得2018年度上海市青年教师课题评审二等奖，入选《课改播未来——2018年度上海市基础教育“三项评选”成果集》

我校学生获得2018—2019年度未来之城上海区域展评活动中学组特等奖、全国二等奖，指导教师：张群、马敬中

我校学生获得第九届全国青少年科学影像节展映展评活动全国二等奖、三等奖，指导教师：米雪

我校承办创“新引领时代，智慧点亮生活”2018宝山区科技教育名师与特长教师工作室成果展示

陈岭老师获评2018年度上海教育新闻人物提名奖

陈贤老师指导学生戴雨辰荣获2018年首届青少年家庭创客化学实验技能竞赛二等奖

陈贤老师指导学生温家点荣获2018年首届青少年家庭创客化学实验技能竞赛二等奖

陈贤老师荣获2018年首届青少年家庭创客化学实验技能竞赛优秀指导教师奖

2019年

1月

承办“行知实验”杯猜咚哩猜青少年计算机博弈城市邀请赛

3月

学生金希文荣获34届上海市创新大赛创意三等奖，指导教师：陈贤

陈岭老师创新教具获得34届上海市创新大赛 科教制作二等奖，赛复科技教师奖

4月

陈岭老师获得中国（上海）国际发明创新展览会 金奖

陈岭老师受邀参与“2019年青少年科学工作室研讨会（石家庄）”活动

5月

参与上海市宝山区3D打印“火星家园大改造”获一等奖（7人），指导教师：马敬中

8. 上海市行知实验中学非遗传承——龙狮活动掠影

日期	成果名称	奖项名称	获奖等级	颁奖部门
2014.6	首届上海市学生龙文化全能赛	龙狮比赛中学组南狮北狮套路	一等奖	上海市学生龙文化全能赛组委会

续 表

日期	成果名称	奖项名称	获奖等级	颁奖部门
2014.6	首届上海市学生龙文化全能赛	龙狮比赛中小学组龙狮同台套路	二等奖	上海市学生龙文化全能赛组委会
2015.6	上海市第二届学生龙文化全能赛	龙狮比赛初中组舞龙自选套路	一等奖	上海市学生龙文化全能赛组委会
2015.6	上海市第二届学生龙文化全能赛	龙狮比赛初中组龙狮传统套路	二等奖	上海市学生龙文化全能赛组委会
2015.6	上海市第二届学生龙文化全能赛	龙狮比赛初中组舞龙自选套路	一等奖	上海市学生龙文化全能赛组委会
2015.6	上海市第二届学生龙文化全能赛	龙狮比赛高中组龙狮传统套路	二等奖	上海市学生龙文化全能赛组委会
2015.6	上海市第二届学生龙文化全能赛	龙狮比赛高中组舞龙自选套路	二等奖	上海市学生龙文化全能赛组委会
2015.6	上海市第二届学生龙文化全能赛		体育道德风尚奖	上海市学生龙文化全能赛组委会
2015.9.26	2015 浦东国际龙狮文化节	上海校园龙狮文化展演	最佳才艺奖	上海市龙狮协会
2015.10	2015 年上海市民体育大联赛	舞龙舞狮总决赛	二等奖	上海市民体育大联赛办公室
2016.6	上海市第三届学生龙文化全能赛	龙狮比赛高中组龙狮传统套路	一等奖	上海市学生龙文化全能赛组委会
2016.6	上海市第三届学生龙文化全能赛	龙狮比赛初中组舞龙自选套路	一等奖	上海市学生龙文化全能赛组委会
2016.6	上海市第三届学生龙文化全能赛	龙狮比赛初中组龙狮传统套路	一等奖	上海市学生龙文化全能赛组委会
2016.6	上海市第三届学生龙文化全能赛	龙狮比赛高中组舞龙自选套路	二等奖	上海市学生龙文化全能赛组委会
2016.11	2016 年第九届全国舞龙舞狮锦标赛	少年组舞龙自选套路	第二名	中国龙狮运动协会
2016.10	2016 年上海市民体育大联赛	舞龙舞狮总决赛	一、二等奖	上海市民体育大联赛办公室

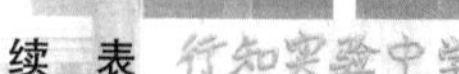

续　表

日期	成果名称	奖项名称	获奖等级	颁奖部门
2017.6	上海市第四届学生龙文化全能赛	龙狮比赛初中组舞龙自选套路	一等奖	上海市学生龙文化全能赛组委会
2017.6	上海市第四届学生龙文化全能赛	龙狮比赛高中组龙狮传统套路	一等奖	上海市学生龙文化全能赛组委会
2017.6	上海市第四届学生龙文化全能赛	龙狮比赛高中组舞龙自选套路	二等奖	上海市学生龙文化全能赛组委会
2017.6	上海市第四届学生龙文化全能赛	龙狮比赛初中组龙狮传统套路	三等奖	上海市学生龙文化全能赛组委会
2017.11.17—20	2017年第十届全国舞龙舞狮锦标赛	舞龙传统套路少年组	第二名	上海市龙狮协会
2017.11.17—20	2017年第十届全国舞龙舞狮锦标赛舞	舞龙自选套路少年组	第二名	上海市龙狮协会
2017.11.25	2017年上海城市业余联赛“礼谦杯”上海市舞龙精英赛	舞龙自选套路高中组	二等奖	上海市龙狮协会
2017.11.25	2017年上海城市业余联赛“礼谦杯”上海市舞龙精英赛	舞龙自选套路初中组	二等奖	上海市龙狮协会
2018.6	上海市第五届学生龙文化全能赛	龙狮比赛初中组龙狮传统套路	一等奖	上海市学生龙文化全能赛组委会
2018.6	上海市第五届学生龙文化全能赛	龙狮比赛高中组舞龙自选套路	一等奖	上海市学生龙文化全能赛组委会
2018.6	上海市第五届学生龙文化全能赛	龙狮比赛高中组龙狮传统套路	二等奖	上海市学生龙文化全能赛组委会
2018.6	上海市第五届学生龙文化全能赛	龙狮比赛初中组舞龙自选套路	二等奖	上海市学生龙文化全能赛组委会
2018.9.22	2018年城市业余联赛“中国体育彩票杯”上海市第八届舞龙舞狮锦标赛	少年组龙狮传统套路	第三名	上海市龙狮协会

续 表

日期	成果名称	奖项名称	获奖等级	颁奖部门
2018.9.22	2018 年城市业余联赛“中国体育彩票杯”上海市第八届舞龙舞狮锦标赛	少年组舞龙自选套路	优胜奖	上海市龙狮协会
2018.9.22	2018 年城市业余联赛“中国体育彩票杯”上海市第八届舞龙舞狮锦标赛		体育道德风尚奖	上海市龙狮协会
2018.10.15	第十一届全国龙狮锦标赛	少年组龙狮传统套路	第一名	中国龙狮协会
2018.10.15	第十一届全国龙狮锦标赛	少年组舞龙自选套路	第六名	中国龙狮协会
2018.11.17	2018 年城市业余联赛“三林杯”上海市首届中学生龙狮邀请赛	舞龙自选套路	二等奖	上海市龙狮协会

后 记

《砥砺奋进26年——上海市行知实验中学兴学陶师陶展行实风华实录》是整整一代行实人风雨兼程、秣马厉兵、前赴后继、守正创新陶行知教育思想、提升学校办学水平、更好地为区域发展为社会提供优质服务的真实写照,凝聚了全体行实人学陶师陶的心血与智慧,是难得的过程展示、经验总结。

2019年恰逢育才学校建校80周年,回望走过的路,写书就是一种记录,是为了记住曾经为之付出过的艰辛与努力、尝试与拼搏、坚守与创新、成功与喜悦。今后的历程是过去走过的延续,过去发生的故事哪怕只是一朵浪花,对于今后的再续前缘、再创辉煌都将弥足珍贵,极富启示。

过去26年,上海市行知实验中学的风风雨雨,是行实人同甘共苦、携手共进、学陶师陶、一路向前走过来的,行实师生、学生家长都是学校发展的见证人,学校壮大的奉献者。大家付出的努力甚至个人利益的牺牲,在成就学校荣耀的今天已经毫不足道,它必将载入学校发展史册。

行知实验中学从一开始摸索到不断成长发展,广大校友给予了极大的关注,倾注了极大的热忱,提供了极大的帮助。他们与行实人同

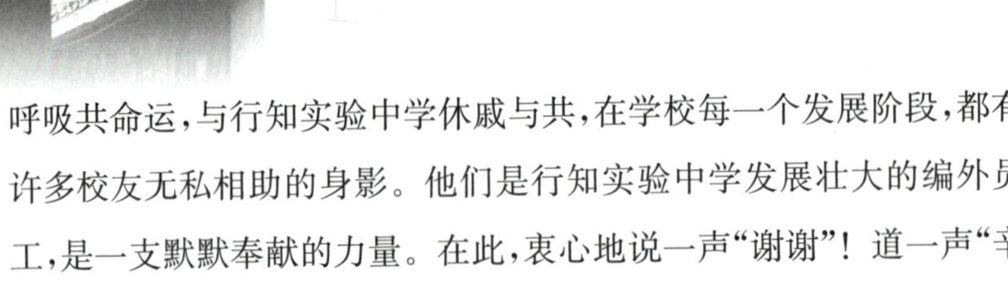

呼吸共命运，与行知实验中学休戚与共，在学校每一个发展阶段，都有许多校友无私相助的身影。他们是行知实验中学发展壮大的编外员工，是一支默默奉献的力量。在此，衷心地说一声“谢谢”！道一声“辛苦”！

行知实验中学的快速发展壮大，更离不开宝山区教育局领导与相关上级部门的亲切关心和大力支持。学校期待着在上级部门领导一如既往地关心支持下，学校“师陶立德”特色发展再谱新篇。

行知实验中学的学陶师陶，得到了社会各界的关注与支持，特别是区域相关单位、共建基地、陶研机构都给予了热情的帮助，为学校培育“真人”提供了难得的资源共享。在此，一并表示衷心的感谢！

在本书的编辑中，得到了学校历任领导、教师的关心支持，提供了翔实的材料，在此，表示感谢！尤其要感谢黄治民老师对此书出版的精心指导！

杨卫红

2018年1月由校友赵志荣先生设计的上海市行知实验中学校史浮雕墙图稿